DER NAIVE SCHWEDE

OLLE BOBACK

DER NAIVE SCHWEDE

Aus dem Schwedischen
von einem Übersetzerkollektiv

Bibliografische Information der Deutschen Nationalbibliothek
Die Deutsche Nationalbibliothek verzeichnet diese Publikation
in der Deutschen Nationalbibliografie; detaillierte bibliografische
Daten sind im Internet über http://dnb.d-nb.de abrufbar.

© 2021 Olle Boback
Grafik: Everett Collection/ PhuchayHYBRID/ Alex Stemmers/
Shutterstock.com

Umschlagdesign, Satz, Herstellung und Verlag:
BoD - Books on Demand
ISBN 978-3-7543-6699-8

Kapitel 1

Juli 1975 – Prolog

Der übliche Gestank von verfaultem Tang liegt über dem Hafen von Trelleborg.

Tommy Oskarsson, 25 Jahre, aus Örebro, ein blonder, jungenhafter Typ, und Bert Svensson, ein mürrischer, ständig müder 19-Jähriger aus Västerås, stehen im Stau vor der Eisenbahnfähre »Skåne« von SJ, der schwedischen Eisenbahngesellschaft.

»Igitt, wie das hier stinkt«, murmelt Bert. »Geht die Fähre nicht bald? Ich brauche ein Bier.« Tommy reagiert wie immer kontrolliert und etwas zurückhaltend: »Zuerst müssen die LKW an Bord, danach sind wir an der Reihe. Übrigens, was glaubst du, was uns in Saßnitz erwartet?« »Was verdammt meinst du damit? Massenweise dicke Deutsche und gutes Bier, was weiß denn ich«, schimpft Bert. »Weißt du nicht, dass wir auf dem Weg nach Ostdeutschland sind?« Ungläubig betrachtet Tommy seinen jungen Kollegen.

Tommy arbeitet seit ca. einem Jahr bei einem der größten schwedischen Bauunternehmen, AB Vägförbättringar, auch genannt ABV. Im Frühjahr ist bekannt geworden, dass das Unternehmen den Auftrag zum Ausbau des Hafens in Saßnitz erhalten hat. Saßnitz befindet sich auf der ostdeutschen Insel Rügen.

Die Möglichkeit, steuerfrei zu arbeiten und sich ein neues billiges Auto aus dem Ausland zuzulegen, ist für viele reizvoll. Aber erwartungsgemäß ist es nicht so einfach, müde Stockholmer aus der Stadt zu locken. Es ist immerhin gelungen, den erfahrenen

Brückenbauer, Anders Nyström, aus der Großstadt als Projektchef zu gewinnen.

»Wir brauchen noch ein paar bezahlbare Vermessungstechniker für Saßnitz. Hast du welche auf Lager?« Anders richtet die Frage an den Personalchef Christer Lundin, der gelangweilt antwortet: »Wir haben einen Burschen vom Land eingestellt. Ich glaube, dass er irgendwo aus der Gegend kommt, wo sie eher plärren als sprechen. Er ist ein typischer Hinterwäldler – zuverlässig, aber ganz schön naiv. Sein Großvater ist ein Deutscher und soweit ich weiß, spricht er ganz gut Deutsch.« »Das klingt gut«, erwidert Anders. »Besorg ihm einen Kollegen.« Doch Christer hatte keine Lust, seine kostbare Zeit weiter mit dieser Frage zu verschwenden. Ihm fiel ein, dass ein Freund ihn gefragt hat, ob er nicht für seinen prachtvollen Sohn Bert, der gerade das Gymnasium beendet hat, einen Job bei ABV habe.

Bert schien nicht die geringste Ahnung zu haben, dass es zwei deutsche Staaten gibt. Er glaubte wie die meisten Schweden, dass Ost- und Westdeutschland nur eine geografische Bezeichnung ist, und stöhnt den längsten Satz hervor, seit sie Stockholm verlassen hatten: »Es spielt wohl keine Rolle, ob wir auf dem Weg nach Ost- oder Westdeutschland sind.«

Tommy, wie immer gut vorbereitet, beginnt, einen Vortrag über deutsche Geschichte zu halten: »Wenn wir von der Fähre in Saßnitz fahren, befinden wir uns hinter dem Eisernen Vorhang. In einem autoritären Staat ...« »Verdammt, wovon schwafelst du? Welchen Eisernen Vorhang meinst du?« Bert wacht langsam auf und rülpst geräuschvoll.

Zwei Stunden später befindet sich die Fähre irgendwo zwischen Schweden und der DDR – eine Abkürzung für Deutsche Demokratische Republik – oder wie die meisten schwedischen Medien sagen: Ostdeutschland. Der heruntergekommene Speisesaal auf der Fähre ist trotz Ferienzeit nur halbgefüllt. Die meisten sind Touristen mit einem Transitvisum auf dem Weg nach Westberlin. Einige polnische LKW-Fahrer und eine Gruppe ostdeutscher

Männer in Anzügen sitzen jeder für sich separat in einer Ecke. Tommy und Bert sitzen bei den anderen Schweden, die am Projekt arbeiten werden und alle gemeinsam mit der gleichen Fähre reisen.

»Großartig, euch alle hier heute zu sehen. Wir haben zwei spannende Jahre vor uns.« Als alle ihr fettiges Schweinekotelett aus Skåne genossen hatten, richtete sich der Projektchef Anders Nyström an alle: »Ich möchte damit beginnen, uns, die am Projekt in Saßnitz arbeiten, gegenseitig vorzustellen.«

»Stefan Palm aus Malmö ist mein engster Mitarbeiter. Er ist für die gesamte Produktion verantwortlich. Stefan hat langjährige Erfahrungen mit großen Bauvorhaben in Schweden und in Dänemark.« Palm ist 45 Jahre alt und kräftig gebaut. Er sagt in seinem breiten südschwedischen Dialekt: »Dieses Projekt wird uns wohl ein verdammt hohes Tempo abverlangen.«

»Zum Teufel noch mal, sitzt du hier und schläfst, während ich rede?«, faucht Palm und starrt auf Bert, der nach seinen zwei Starkbieren ein Mittagsschläfchen am Tisch hält. Bert räkelt sich im Stuhl und glotzt unverfroren zurück. Sprich Schwedisch, dann werde ich auch zuhören!«, brummelt er zurück. »Du kannst verdammt noch mal die nächste Fähre zurück nach Schweden nehmen«, explodiert Stefan.

»Nun beruhigen wir uns mal wieder etwas«, geht Anders dazwischen, der sich wie die meisten Schweden unbehaglich fühlt, wenn sich die Stimmung aufheizt. Mit rotfleckigen Wangen versucht er, die Wogen zu glätten. »Es wird alles gut, das werdet ihr noch sehen.« Von seinen Kollegen in Malmö hatte Tommy schon gehört, dass Palm ein aggressiver Typ ist, der gern den Ton angibt. »Mal sehen«, denkt er sich.

Anders setzt seine Vorstellung der Teilnehmer fort: »Da wir in Deutschland bauen, haben wir Walter Mahlstedt mit an Bord. Walter, du bist ja in Ostdeutschland aufgewachsen und hast dort 20 Jahre gelebt. Kannst du uns ein bisschen was darüber erzählen, was uns in Saßnitz erwartet?«

»Mit großer Freude, mein lieber Anders«, beginnt Walter seine langatmigen Ausführungen. Walter ist ein schlanker, dunkelhaariger Deutscher von 35 Jahren, den ständig ein schwer zu definierender Duft mit einem Hauch von Zimt umgibt. Er ist zu Beginn der 60er-Jahre, noch vor dem Bau der Mauer, die Ost von West trennt, nach Schweden ausgewandert und spricht Schwedisch mit einem typisch deutschen Akzent. Er beschreibt, was bei der Einreise in die DDR passiert:

»Jedes Mal, wenn ihr in die DDR einreist, müsst ihr eine Zählkarte in zweifacher Ausfertigung ausfüllen. Ein Exemplar behalten die Passkontrolleure. Das zweite Exemplar behaltet ihr. Es muss bei der Ausreise wieder abgegeben werden.«

»Was zum Teufel passiert, wenn ich es verliere?«, will Bert wissen, der erwacht ist und sich fragt, wo er hier gelandet ist. »Wenn du es nicht verlierst, dann sorge ich dafür, dass du es verlierst«, schreit Stefan Palm ihn an.

»Also, meine Herren, wenn ihr die Karte verliert, wird es sehr schwer, ohne meine Hilfe wieder rauszukommen«, lispelt Walter mit einer bedeutungsvollen Miene. »Außerdem ist es das Beste, wenn ihr so wenig wie möglich Kontakt mit der einheimischen Bevölkerung aufnehmt. Die Behörden sehen es gar nicht gern, wenn ihre Bürger mit westlichen Kapitalisten Umgang haben.«

»Wovon redet er?«, denkt Tommy. »Sollen wir wie in einem Lager leben oder worum geht es hier? Das hört sich nicht besonders gut an. Rücksichtslose Südschweden und nervige Stockholmer. Wie soll ich das mit diesen Menschen zwei Jahre aushalten?«

Auf der Steuerbordseite tauchen die weißen Kreidefelsen auf, die den Nationalpark Stubbenkammer auf der nördlichen Seite der Insel Rügen umgeben. Die höchste Klippe ist der sogenannte Königsstuhl, der sich immerhin 118 Meter hoch über die Wellen der Ostsee erhebt.

Die schwedische Clique beendet ihre Besprechung und geht an Deck, um einen Blick auf das Land zu werfen, in dem sie die nächsten zwei Jahre verbringen werden. »Das sieht ja richtig nett aus, so grün und schön«, jubelt Annika, die Frau des Projektchefs. »Das lässt sich hier bestimmt wunderbar wohnen.« »Warte nur ab, du ...«, murmelt Walter vor sich hin, «... wir werden euch alle zurück auf den Boden der Tatsachen holen, ihr verwöhnten Schweden ...«

Die Fähre fährt rückwärts in den baufälligen Eisenbahnhafen im Zentrum von Saßnitz ein. ABV hat den Auftrag, diesen in einen völlig neuen, modernen Fährhafen umzubauen.

Tommy hat schon jetzt die Lust verloren und fühlt die Angst an seinem Körper emporkriechen wie ein feuchtkaltes Hemd, das ihn in die Tiefe zieht.

Kapitel 2

Juli 1975 – Stasi Berlin

Über dem sonnigen Ostberlin liegt eine Dunstwolke von Benzin aus Zweitaktmotoren. Die breiten Straßen rund um den Alexanderplatz sind mäßig mit Autos der Marken Trabant, Lada und Wartburg befahren. Das eine oder andere Westauto fährt vorsichtig durch die Stadt, ängstlich und sich der totalen Überwachung durch die Volkspolizei bewusst.

Die Geschäfte rund um den Alexanderplatz sind für ostdeutsche Verhältnisse gut mit Waren gefüllt. Touristen aus ganz Osteuropa kommen hierher, um Winterstiefel von Salamander zu kaufen. Natürlich sind Sommerschuhe bereits ausverkauft. Und genauso sicher, wie der Regierungschef Erich Honecker die nächste Wahl gewinnt, werden im nächsten Winter auch Stiefel ausverkauft sein.

Der höchste Chef der Hauptabteilung XVIII im Ministerium für Staatssicherheit, Oberst Grosse, sitzt in seinem großen, kühl eingerichteten Büro im Stadtteil Berlin-Lichtenberg und leitet eine Besprechung, die sich mit Sicherheitsfragen im Zusammenhang mit dem Bau des neuen Fährterminals in Saßnitz beschäftigt.

»Liebe Genossen, wie sind wir organisiert, um mit den Bürgern aus dem nicht sozialistischen Ausland umzugehen, die das Projekt realisieren sollen?«, eröffnet Oberst Grosse die Besprechung mit seinen engsten Mitarbeitern und einer kleinen Delegation der Bezirksverwaltung aus Rostock.

Die hochrangigen Mitarbeiter der kleinen Gruppe gehören alle der Staatssicherheit an, ein Wort, das bei den ostdeutschen Bürgern Migräne auslöst und ihnen einen kalten Schauer über den Rücken laufen lässt. In Anlehnung an Hitlers Geheime Staatspolizei, »Gestapo«, nennen die Ostdeutschen die verhasste Staatssicherheitsorganisation der DDR schlicht »Stasi«. Leider bleibt es nicht nur bei der Übereinstimmung, den Organisationen jeweils ein Kürzel zu geben, die neue Diktatur hat unter dem Deckmantel der freiheitsliebenden Kommunistischen Partei auch die Methoden zur Verfolgung der Andersdenkenden übernommen. Mit der üblichen deutschen Gründlichkeit hat sich die Stasi in kurzer Zeit zu einer der effektivsten unterdrückerischen Organisationen des gesamten Ostblocks entwickelt. Da keinerlei Transparenz und demokratische Kontrolle stattfinden, kann die Organisation ungestört arbeiten.

»Warum lassen wir nicht unsere eigene Bauindustrie den Hafen in Saßnitz ausbauen? Wir brauchen doch wohl keine Hilfe aus dem nicht sozialistischen Ausland?« Der Fragesteller ist Major Ingo Schmidt von der Stasi-Bezirksverwaltung in Rostock.

»Bester Major Schmidt, auf eine sehr relevante Frage eine sehr einfache Antwort«, entgegnet Oberst Grosse und beginnt einen langen Vortrag über den Beschluss des 9. Parteitages der SED zu halten: »Bis zum Jahr 1980 müssen ungefähr eine Million neue Wohnungen in unserem geliebten Vaterland gebaut werden, damit alle Bürger ein Dach über dem Kopf haben. Zugleich wurde die DDR im Jahre 1972 als eigenständiger Staat anerkannt und das hat eine Reihe internationaler Verpflichtungen mit sich gebracht. Eine davon ist die Verbesserung der Eisenbahnverbindung zwischen der DDR und Schweden. Das bedeutet, dass der neue Fährhafen in Saßnitz spätestens 1978 fertig gestellt sein muss.«

»Glaubt jemand in diesem Raum, dass unsere eigene Industrie das schaffen würde? Natürlich nicht!«, beantwortet Oberst Grosse seine eigene Frage. »Wie immer hat KoKo verdienstvoll mitgewirkt und unsere lieben Kollegen dort haben nach langen Verhandlungen mit dem schwedischen Bauunternehmen ABV den Vertrag über den Bau des Fährhafens abgeschlossen.«

Am Tisch wird eine lebhafte Diskussion darüber geführt, wie die Bürger das wohl auffassen werden. Jedoch kommt man zu dem Schluss, dass es die Bevölkerung nichts angeht. Das war eine schnelle, rationale Schlussfolgerung der ganzen Diskussion.

»Unsere zeitlich organisatorische Planung für die Überwachung dieses speziellen Projektes fußt auf folgenden Prinzipien«, beginnt Major Jähnert, einer von Oberst Grosses Favoriten im Ministerium. Jähnert ist gleichzeitig zum Ärger der anderen hochrangigen Mitarbeiter, einer der Mitarbeiter, die größtes Vertrauen von Alexander Schalck-Golodkowski genießen, der wiederum direkten Kontakt zu Erich Honecker hat.

Andreas Jähnert ist ein 35-jähriger, blonder Mann, in dessen Anwesenheit sich andere Männer trotz seines guten Aussehens wohlfühlen. Er kommt aus einer intellektuellen, deutschen Familie. Sein Vater war Professor für Sportmedizin an der Universität in Leipzig und seine Mutter war Kinderärztin. Beide Eltern waren überzeugte Nationalsozialisten. Aber wie andere Ostdeutsche auch hatten sie nach dem Zweiten Weltkrieg ohne Schwierigkeiten schnell wieder einen Platz in der oberen Gesellschaft eingenommen. Die Erziehung von Andreas war geprägt von Disziplin und hohen Erwartungen. Zugleich erhielt er erhebliche elterliche Unterstützung während seines Studiums. Zum großen Bedauern seiner Eltern entschied er sich jedoch gegen ein Medizinstudium und wählte eine klassische deutsche Ingenieurausbildung. Seinen Militärdienst leistete Andreas bei den ostdeutschen Grenztruppen. Durch seine soziale Kompetenz verstand er sehr schnell, wie das System funktionierte, und er schaffte sich innerhalb kurzer Zeit gute Kontakte zur Partei und der Staatssicherheit. Nach seinem Examen wurde er von der Stasi angeworben und hatte bis jetzt eine intensive Ausbildung erfahren, unter anderem ein Jahr Aufenthalt als Spion beim Klassenfeind in Westdeutschland. Er ist auch bei KoKo angestellt.

KoKo – oder wie es offiziell heißt: Kommerzielle Koordinierung – ist eine Organisation, die den Zugang zu Westdevisen sichern sollte, um die Liquidität der DDR aufrechtzuerhalten. KoKo ist nach außen eine selbstständige Organisation, in Wirklichkeit aber tief verwurzelt bei einer kleinen Eliteschicht der Stasi.

»Ich selbst werde als zweiter Mann beim Auftraggeber Deutsche Reichsbahn in Saßnitz tätig sein«, setzt Andreas seine Ausführungen fort. »Selbstverständlich haben wir auch andere Kollegen vor Ort, die ich direkt koordiniere.«

»Vielen Dank, Major Jähnert, damit können wir die Besprechung hier und jetzt beenden.« Oberst Grosse verabschiedet schnell alle Teilnehmer außer Andreas, der noch bleibt und es sich in einer Sesselgruppe bequem macht.

»Möchtest du einen Weinbrand?«, fragt ihn der Oberst. Ohne die Antwort abzuwarten, füllt er zwei große Gläser aus Bleikristall aus der Tschechoslowakei. Dazu rauchen beide eine Zigarette von der Marke Club, die in Ostdeutschland sehr beliebt ist. »Schön, dass wir die Pappnasen aus Rostock los sind. Und jetzt, wo wir unter uns sind, die Frage: Wie sieht die Organisation wirklich aus?«

Andreas lächelt und erklärt, wie man mit den Schweden umgehen wird. »Wir müssen nicht nur deren Technik und Organisation studieren, sondern uns auch absichern, dass kein Schwede durch unerlaubte Kontakte mit der Bevölkerung der DDR schadet oder was noch viel schlimmer wäre: geheime Informationen außer Landes an die kapitalistische Gesellschaft gelangen. Wir müssen uns auch bewusst sein, dass der schwedische Geheimdienst durch einen verkappten Bauingenieur vor Ort sein kann. Mit den Mitteln und Möglichkeiten, die wir haben, sehe ich jedoch keine großen Probleme auf uns zukommen. Es sind Mitarbeiter von uns vor Ort und wir verstärken unsere Einheiten im Grenzschutzgebiet. Außerdem haben wir schon einen informellen Mitarbeiter etabliert, der Einblick in die Arbeit der Schweden hat.

Kapitel 3

Juli 1975 – Der Schuppen

Tommys roter Saab V4 – natürlich ausgerüstet mit Lederlenkrad und drei Rennwagenscheinwerfern vom Typ Hella Le Mans Halogen sowie doppeltem Weber-Vergaser, alles wie beim Auto von Tommys großem Idol, Stig Blomqvist, dem berühmten Rallyefahrer aus Örebro – rollt vorsichtig die Stahlbrücke hinauf, die von der Fähre im Hafen von Saßnitz zum ersten Kontrollpunkt der Grenzübergangsstelle führt.

»Was zum Teufel geht hier vor?«, murmelt Bert. Soldaten der Grenztruppen der DDR in ihren graugrünen Kampfanzügen bewachen den Weg hinauf zum ersten Grenzkontrollpunkt, ausgerüstet mit Maschinengewehren vom Typ AK 47, einem russischen Gewehr, das für seine niedrige Treffsicherheit bekannt ist. Tommy kann nicht glauben, was er sieht. Sein Puls rast wie noch nie. Vor Aufregung kann er kaum die Gänge einlegen. »Wir fahren wieder nach Hause! Was zum Teufel haben uns die verfluchten Stockholmer hier eingebrockt?« Bert sieht geschockt auf Tommy. Er ist für einen Moment sprachlos.

Der Mitarbeiter der Passkontrolleinheit, der in einem kleinen Häuschen sitzt, vor dem Tommy seinen Saab zum Stehen bringt, sieht sie streng an und sagt: »Passkontrolle der DDR. Geben Sie mir Ihren Pass und füllen Sie die Zählkarte aus.« Ewig lange untersucht er die Dokumente und legt diese dann in eine kleine Ledertasche, die auf einem Transportband weitergeschickt wird.

Bert, der sein Sprachvermögen und auch ein wenig Selbstsicherheit wieder erlangt hat, sagt: »Welche Irren schicken unsere Pässe mit einem Transportband los und wo zum Teufel landen die?« Tommy starrt erschrocken auf Bert und entgegnet: »Kannst du nicht deine Schnauze halten? Was ist, wenn die Schwedisch verstehen?« »Da scheiß ich drauf«, antwortet Bert, dessen ärgster kämpferischer Humor zurückgekehrt ist. Vorsichtig fährt Tommy den roten Saab zur Zollkontrolle, die als nächste Instanz auf dem Weg hinter dem Eisernen Vorhang vorgesehen ist. Tommy begreift langsam dessen Bedeutung …

Ein kleiner, dicker Zollbeamter, der keinen Hals zu haben scheint, heißt die beiden jungen Schweden willkommen und sagt lautstark: »Zollkontrolle der DDR. Steigen Sie aus dem Auto, bauen Sie die Rücksitze aus und öffnen Sie den Tankdeckel.« »Das kannst du selbst machen, du dicker Deutscher …«, antwortet Bert. Das sollte er natürlich besser nicht getan haben. »Sie fahren in die Garage«, schreit der deutsche Zollbeamte.

Die Garage, ein schuppenähnliches Gebäude, ist dafür berüchtigt, dass der ostdeutsche Zoll sich einen Spaß daraus macht, ungehorsame Kapitalisten ein bisschen zu piesacken. »Du kannst in Zukunft fahren, mit wem du willst, aber nicht mehr mit mir«, flüstert Tommy, der mittlerweile kurz davor ist, seine Fassung zu verlieren.

Bert steht da und stiert vor sich hin, während der Zoll die druckfrischen Auflagen der schwedischen Erotikzeitschrift FIB-aktuellt und Lektyr und allerlei anderes herausfischt, was nicht in die sozialistische DDR eingeführt werden darf. Tommy, der nicht versteht, dass es auch absolut verboten ist, Musikkassetten mitzubringen, und seine gesamte Sammlung schwedischer Tanzmusik an die Zöllner verliert, fühlt sich immer kraftloser und körperlich schlecht.

Als Strafe lässt der dicke Zöllner die Schweden die üblichen zwei Stunden warten, bis er sich mit seiner Kontaktperson vor Ort in Verbindung setzt. Der wiederum nimmt Kontakt mit Andreas Jähnert auf und stimmt mit ihm ab, wie die Schweden zu bestrafen sind. »Nach meinen Informationen von unserem Kontakt in Schweden ist der ältere Herr Oskarsson ein harmloser, naiver Schwede, den Sie ein bisschen erschrecken können. Der jüngere Herr Svensson ist nicht besonders angenehm und kann uns Probleme bereiten und deshalb werden wir ihn beobachten. Zur Strafe sollen sie 50 DM bezahlen und dann weiterfahren.«

Drei Stunden, nachdem die anderen Schweden den Hafen in Saßnitz verlassen haben, stehen nun Tommy und Bert endlich vor dem dritten und letzten Kontrollpunkt. »Bitte sehr, meine Herren«, sagt die Passkontrolleurin und gibt ihnen die Pässe zurück mit dem Ausreiseformular, das sie niemals verlieren sollten. Sie lächelt kühl und heißt sie herzlich willkommen in der sozialistischen DDR.

Kapitel 4

August 1975 – Sommer in Binz

Die Sonne spiegelt sich in den Ostseewellen am Strand von Binz. Dieses Paradies war vor dem Zweiten Weltkrieg einer der vornehmsten Badeorte in Norddeutschland. Nach 26 Jahren Sozialismus zeigen sich Verfallserscheinungen. Die wunderschönen Holzhäuser in stilvoller Architektur, deren Farbe bereits stark abblättert, wurden zu Feriendomizilen für Angehörige unterschiedlicher ostdeutscher volkseigener Betriebe. Die wenigen noch verbliebenen Restaurants haben, außer mürrischem Personal, nichts weiter zu bieten.

Andreas Jähnert war es gelungen, für ein massives Reetdachhaus mit Aussicht über die Bucht, einen Mietvertrag zu ergaunern. Er zwang einfach den ursprünglichen Eigentümer zum Verlassen des Grundstücks. Dieser war aufgeflogen, weil er unerlaubte Kontakte nach Westdeutschland hatte. Es war ein abgekartetes Spiel. Ein Gerücht, das Andreas durch seine Kontakte in Westdeutschland arrangierte. Rein zufällig kam dieses Gerücht zeitgleich auf mit der Notwendigkeit einer günstigen Unterkunft für die Zeit des Umbaus des Fährhafens in Saßnitz auf der anderen Seite der Bucht.

»Das hast du gut gemacht, mein lieber Sohn«, sagt Professor Dr. Dr. Peter Jähnert, ein sportlicher Mann um die 60, Marathonläufer und einer der Köpfe, die hinter dem medizinischen Wunder steckten, das eine große Anzahl ostdeutscher Elitesportler hervorbrachte. »Hast du noch mehr Bier? Es ist schrecklich, wie durstig man im Urlaub wird.«

Andreas ist wie die meisten deutschen Männer Haushaltsarbeit nicht gewohnt. Er überlässt daher das Bierholen seiner 28-jährigen Frau Heidemarie. Sie sind seit fünf Jahren verheiratet. Andreas hat sie kennengelernt, als sie bei seiner Mutter Liselotte Assistenzärztin war. Mit ihrem kurzen, jungenhaften Haarschnitt, ihrer sportlichen Figur und dem sommersprossigen Gesicht hätte Heidemarie jeden Mann bekommen können. Das Schicksal hatte sie jedoch mit Andreas zusammengeführt, auch wenn sie Zweifel an seinem Charakter hatte. Aber sie verfiel der Verlockung, aus der Dreiraumwohnung ihrer Eltern im Stadtteil Halle-Neustadt entfliehen zu können. (Im Volksmund auch Hanoi genannt.) Der Name war nicht nur eine Abkürzung, sondern auch eine Anspielung auf die große Anzahl vietnamesischer Gastarbeiter, die für die ostdeutsche Industrie gebraucht wurden.

Heidemarie und Liselotte sitzen oft gemeinsam in der Küche, während ihre Männer die großen Lebensfragen dieser Zeit auf der Terrasse diskutieren. »Glaubst du, dass es in Ordnung ist, wenn wir Kasseler Steak zum Abendbrot servieren?«, fragt Liselotte auf ihre demütige Art. Nach einer langen Ehe mit ihrem Mann Peter hat sie akzeptiert, dass sie für den Haushalt verantwortlich ist, während er einen großen Teil seiner Freizeit dazu verwendet, seinen Studentinnen zu erklären, wie die Gesellschaft funktioniert, und diese wiederum seinen Bedarf an Nähe zufriedenstellen.

Heidemarie entgegnet ihrer Schwiegermutter, dass es bestimmt in Ordnung gehen wird mit dem Kasseler Steak. In Gedanken aber träumt sie von einem anderen Leben – einem Leben voller Fürsorge und gegenseitiger Liebe. Sie kann nicht klagen. Es geht ihr materiell gut, sie wohnen fantastisch hier in Binz und haben ihr neues Auto, einen roten Lada 2106, nach nur drei Jahren Wartezeit bekommen. Der normale Ostdeutsche muss dafür 15 Jahre warten. Aber der Mangel an Respekt gegenüber Frauen ist bei ihrem Schwiegervater und auch ihrem Mann deutlich ausgeprägt. Sie sieht, wie schlecht ihre Schwiegermutter behandelt wird, vor allem an den blauen Flecken, die sie bei ihrem morgendlichen gemeinsamen Bad in der Ostsee bemerkt, obschon diese sie vergeblich zu verstecken versucht. Das ist aber schwierig, da sie wie die meisten Ostdeutschen nackt nach dem FKK-Prinzip baden.

FKK steht für Freikörperkultur, eine gewisse Freiheit in einer ansonsten streng regulierten sozialistischen Diktatur.

»Ich habe vor, heute Abend die Ferienanlagen der Universität zu besuchen. Hast du vielleicht Lust, mich zu begleiten?«, fragt Peter hypothetisch seinen Sohn. »Sehr gern. Hast du einige interessante Gesprächspartner dort?« Andreas blickt erwartungsvoll seinen Vater an. Schon allein der Gedanke, am Abend junge Studentinnen zu treffen, reicht aus, ihn in Erregung zu versetzen.

Kapitel 5

August 1975 – Der Schuster

Das Geräusch der drei mechanischen dieselbetriebenen Spundhämmer, die auf leicht verschmutzten und rostigen Åkerman-Kranen sitzen, hallt im Dreiertakt über ganz Saßnitz. Tommy ist unruhig und hat kalten Schweiß am ganzen Körper. Er befürchtet, dass die 20 Meter langen »Larsen-Spundwandelemente«, die paradoxerweise beim Klassenfeind in Westdeutschland vom Stahlkonzern Hoesch hergestellt werden, nicht die erforderliche Form bilden, damit die Trelleborg-Saßnitz-Fähren problemlos anlegen können.

»Ihr müsst unserer vorgegebenen Linie besser folgen, ansonsten wird die Fähre nicht in das neue Fährbett passen.« Tommy steht neben dem Vorarbeiter der Firma Göteborgs Betongpålar, die im Auftrag von ABV in den nächsten sechs Monaten über 2 500 von diesen leicht rostbraunen Elementen einschlagen soll. Der Vorarbeiter stiert Tommy mit seinen verkaterten Augen an und antwortet: »Wenn du und dein genauso untauglicher Hilfsarbeiter schneller aus dem Arsch kommen würden, könnten wir auch unseren Job machen. Hol lieber einen Kasten Bier im Intershop.«

»Ihr dürft keinen Alkohol auf der Baustelle trinken«, entgegnet Tommy, der vor Aufregung in seinen Dialekt verfällt, der in Närke in Mittelschweden gesprochen wird. »Was zur Hölle sagst du Grünschnabel da? Das geht dich einen Scheiß an – fahr nach Hause und werde lieber Flickschuster.« Der Vorarbeiter dreht sich zu seinen zwei Kollegen um und sagt mit seinem unverwechselbaren Göteborger Dialekt: »Jetzt nehmen wir erst einmal einen Schluck und du, Schuster, zischst mit deinem Lehrling schnellstens ab.«

Tommy und Bert ziehen niedergeschlagen in Richtung ihres Büros ab, das sich neben vielen anderen Bürocontainern an der Stahlbrücke befindet, die den Verkehr zwischen Fähre und Pass- und Zollkontrolle regelt. Tommy will sofort zum Projektchef, Anders Nyström, der aber gerade mit dem Produktionschef, Stefan Palm, die umfassenden Aufgaben des Hafenausbaus bespricht. »Tut mir leid, wenn ich störe, aber ich brauche eure Hilfe«, sagt Tommy etwas kleinlaut. Sie schauen ihn an und Anders sagt: »Wir sind gerade beschäftigt, aber worum geht es?«

Tommy schildert genau, was sich gerade zugetragen hat, und Stefans Augen verengen sich. »Glaubst du, dass das hier eine kirchliche Einrichtung ist, in die du geraten bist? Die Jungs draußen sind die Besten für den Job, den wir machen – seht zu, dass die Spunde an der richtigen Stelle sitzen, ansonsten hol euch der Teufel.« Tommy fällt in sich zusammen und ist den Tränen nahe. Anders empfindet ein wenig Mitleid und versucht, die Wogen zu glätten: »Das wird schon wieder werden. Es ist in Ordnung, wenn sie ein oder zwei Bier trinken, wenn ihnen danach ist. Das wird besser, wenn sie genug von dem billigen Gesöff haben.«

»Übrigens Tommy, wir haben einen kleinen Spezialauftrag für dich. Wir brauchen einen Übersetzer, der unsere Jungs zu dem uns hier in Saßnitz zugeteilten Arzt begleitet. Es ist zweimal in der Woche, dienstags und donnerstags. Du holst die Jungs, die ärztliche Hilfe brauchen, morgens um 06:30 Uhr an deren Unterkunft ab und fährst mit ihnen zum Saßnitzer Krankenhaus. Dort meldest du dich bei der für uns zuständigen Dr. Heidemarie Jähnert.«

Tommy blickt misstrauisch auf seine Chefs und ahnt nicht, dass diese Mitteilung sein Leben für immer verändern wird.

Kapitel 6

Tommy

Die Wellen schlagen mit einem zischenden Geräusch in den feinen Sand der Landzunge, die die Ostsee vom Jasmunder Bodden trennt. Tommy hat niemals zuvor so etwas Schönes gesehen wie diesen zwölf Kilometer langen Strand. Seit er das erste Mal vor einigen Wochen zum Baden hierhergekommen ist, zieht es ihn immer wieder zu dieser Stelle, statt mit den anderen Schweden in der Unterkunft Bier zu trinken.

Er parkt seinen Saab und geht an dem lauwarmen Septemberabend durch den hinter dem Strand liegenden vom Wind gepeitschten Kiefernwald, der das wunderbare Schauspiel verbirgt, das sich ihm eröffnet, als er die Spitze der Sanddüne erreicht. Er schlendert langsam und planlos am Wasser entlang und hört auf die Geräusche und den Wind, die seine einzige Gesellschaft sind.

»Warum bin ich hier und wie komme ich hier wieder weg?« Tommys Gedanken kreisen unaufhörlich. Die starke Sehnsucht nach seinem Elternhaus und der Geborgenheit in Örebro macht ihn immer trauriger. Sein Gefühl der Einsamkeit und, dass er abseits der Gemeinschaft der anderen auf dem Bau steht, nagt an seinem Selbstbewusstsein und macht ihn noch unsicherer.

»Habe ich gestern richtig gerechnet, als wir die Linie für die nördliche Kaimauer bestimmten? Himmel, wenn das falsch war.« Der Druck und sein inneres Pflichtbewusstsein lassen ihn sich noch schlechter fühlen. »Vielleicht sollte ich das alles hier verlassen und etwas anderes studieren. Warum nicht Tiermedizin, wo ich doch so an Pferden interessiert bin?«

Tommy träumt vor sich hin. Aber die ganze Zeit spürt er eine starke innere Kraft – irgendeine Form von Selbstdisziplin, die ihn die Zähne zusammenbeißen und nicht aufgeben lässt. Die Sonne geht unter und Tommy wandert zurück zu seinem roten Saab, der seine Sicherheit und Bindung an Schweden ist.

Es ist nicht ratsam, nach Einbruch der Dunkelheit am Strand zu bleiben, denn die Patrouillen der ostdeutschen Grenztruppen sorgen dafür, dass ihre Mitbürger nicht über die Ostsee außer Landes fliehen.

Kapitel 7

Heidemarie

Heidemarie fährt in ihrem hellblauen Trabant 601 auf dem kurvenreichen Weg, der durch den hoch gewachsenen und melancholisch wirkenden Wald zwischen Saßnitz und Stubbenkammer führt. Das Ziel ist die gut versteckte Jagdhütte ihres geliebten Onkels Hans. Die Jagdhütte liegt ohne Einblick tief drin im Wald, verborgen in einer Vertiefung.

Sie parkt ihr Auto auf dem öffentlichen Parkplatz in der Nähe und geht die zwei Kilometer zu Fuß bis zur Hütte. Sie macht das immer nach ihrer Nachtschicht, wenn Andreas auf einer seiner geheimnisvollen Dienstreisen ist. Die Ruhe tief im Wald im Kontrast zum Stress im Krankenhaus führt dazu, dass sich ihre Nerven entspannen und sie wieder klar und strukturiert denken kann. »Schön, hier zu sein und die Nähe zur Natur zu fühlen.«

Heidemarie schließt auf und betritt das spartanisch eingerichtete Haus. Es hat einen großen Raum, der auf einer der kurzen Seiten von einem offenen handgemauerten Kamin dominiert wird. Auf der gegenüberliegenden Seite steht ein grob gezimmertes, breites Bett aus Holz, abgedeckt mit einem Wildschweinfell.

Ihr Onkel leidet seit seiner Zeit in der Normandie 1944 unter einem schweren Trauma. Deshalb hat er sich einen 150 Meter langen Evakuierungstunnel geschaffen, der ihm die Möglichkeit gibt, das Haus unbemerkt verlassen zu können, wenn er sich bedroht fühlt. Unter der Steinplatte vor dem Kamin befindet sich der Eingang zu diesem Tunnel. Der Tunnel ist nach dem

Prinzip konstruiert, das beim Bau der deutschen U-Boote Verwendung fand.

»Ich frage mich, was Andreas heute macht?« Ihre Gedanken gehen zu ihrem Mann, von dem sie glaubt, dass er sich in Karl-Marx-Stadt befindet, um Teile der Stahlkonstruktion zu kontrollieren, die beim Bau des Fährhafens verwendet werden sollen. »Ich pfeif im Übrigen drauf, wo er ist. Er ist sicher bei irgendeiner seiner Geliebten …« Ein Anflug von Eifersucht und Hass fährt durch ihren Körper. Sie legt sich aufs Bett und die Müdigkeit überwältigt sie. Das Gefühl, nicht gut genug zu sein und nicht von Andreas geliebt zu werden, lässt ihre Gedanken nicht zur Ruhe kommen.

Sie wacht vom Duft frischgebrühten Westkaffees auf. Onkel Hans ist vorbeigekommen und bereitet gerade ein Frühstück mit frischen Brötchen und Rührei zu. »Guten Morgen, mein Liebes«, sagt er mit seiner festen Stimme. »Zeit, aufzustehen. Es ist schon 11 Uhr.«

Sie steht auf, geht zu ihm und umarmt ihn. »Was wäre mein Leben ohne dich. Ich fühle mich ohne Grund unglücklich. Irgendetwas stimmt nicht. Ich fühle mich eingesperrt, ohne es zu sein. Ich fühle, dass mir etwas fehlt, ohne dass ich etwas brauche. Ach was rede ich. Wichtiger ist, wie geht es dir?«

Onkel Hans schaut sie mit seinen traurigen, braunen Augen an. »Mein Mädchen, du weißt, dass es im Leben auf und ab geht, aber solange Frieden ist und wir zu essen haben, sollen wir da klagen?« Heidi schämt sich ein bisschen für ihre Traurigkeit, als sie daran denkt, was Onkel Hans durchgemacht hat.

Zu Beginn des Jahres 1944 wurde er als 17-Jähriger zur SS-Panzerdivision »Leibstandarte Adolf Hitler« eingezogen. Obwohl er nie in der Hitlerjugend war und eine normale Figur hatte, war er für diese Elitetruppe ausgewählt worden. Die Hauptsache war gewesen, dass die Lücken, die die gefallenen Soldaten hinterlassen hatten, schnell wieder mit unverbrauchten Soldaten aufgefüllt wurden. Nach einer kurzen und äußerst realitätsnahen Kriegsausbildung in einer Kaserne in Belgien wurde er Ende Juni 1944 mit seinem Bataillon nach Caen in die Normandie verlegt. Was er dort bis zu seiner Gefangenschaft in Falaise im August erlebte, hat er nie jemandem erzählt.

Heidemarie konnte durch ihren Beruf als Ärztin sehr gut einschätzen, dass es zu spät war für irgendeine Entlastung oder Therapie, die ihn von seinen Albträumen und Depressionen befreien würde. Nach drei Jahren in englischer Gefangenschaft und Rückkehr in ein besetztes Deutschland hatte dies nicht auf der Tagesordnung gestanden. Die Devise lautete: Solange es zu essen gibt und dich keiner jagt, ist alles in Ordnung. Durch seinen Fleiß und seine Disziplin gelang es ihm, eine Ausbildung zum Förster zu machen. Danach war er verantwortlich für das große Waldgebiet auf Rügen. Eine eigene Familie wollte er nie haben. Er lebte einsam in einem Haus in Saßnitz mit Blick über die Ostsee.

»Ich bin die einzige Familie, die er hat, und ich kann ihm nicht helfen, dass er endlich zur Ruhe kommt«, denkt Heidemarie, als sie ihm gegenübersitzt.

Kapitel 8

Andreas

Andreas wacht in dem runden Bett im Hotel Neptun in Warnemünde auf und blickt in den großen runden Spiegel an der Decke. Was er sieht, macht ihn sehr zufrieden. Links von ihm liegt die blonde Marlene und rechts die brünette Charlotte. Beide nur mit dem gelben Laken zugedeckt. Die zwei sind ihm unterstellte Mitarbeiterinnen. Sie haben den Dienstgrad eines Fähnrichs und sind auch in der Kunst des Verführens ausgebildet, um westdeutschen Männern beim Besuch in der DDR Informationen entlocken zu können.

»Das Leben kann nicht besser werden als jetzt«, denkt Andreas und streckt sich, sodass die beiden Frauen an seiner Seite aus ihrem tiefen Schlaf nach einer ereignisreichen Nacht aufwachen. »Was sagt Ihr meine lieben Kolleginnen, sollen wir nicht ein stärkendes Frühstück und einige Flaschen sowjetischen Sekt bestellen, sodass wir danach unsere Arbeit dort fortsetzen können, wo wir gestern aufgehört haben?« Er blickt lustvoll auf die schönen Frauen und vergisst alles andere um sich herum.

Das Hotel, in dem sie sind, hat das schwedische Bauunternehmen Siab vor fünf Jahren gebaut und ausgestattet. Es ist das feinste Luxushotel im gesamten Ostblock. In den fünf Jahren, die seit der Eröffnung, an der auch Fidel Castro teilgenommen hatte, vergangen sind, wurde das Hotel zu einem begehrten Treffpunkt für erfolgreiche Menschen aus Ost und West. Die meisten Politiker und Geschäftsleute aus dem Westen sind so naiv, dass ihnen nicht der Gedanke kommt, dass das Hotel eventuell gründlich überwacht und abgehört werden könnte. Die Stasi hat dafür gesorgt, dass in jedem Bereich des Hotels eigene Mitarbeiter angestellt sind. Unter den Rezeptionisten, dem Reinigungspersonal und der Leitung – überall gibt es Personal des Ministeriums. Ferner ist auch spezielle Abhörtechnik in den Zimmern installiert, in denen die interessantesten Gäste wohnen.

Andreas wandert am Warnow Strand entlang, der wie ein weißer Kreideteppich zwischen Hotel und Ostsee liegt. Die Fähre, die Warnemünde in Richtung Dänemark verlässt, erreicht die Freiheit in nur zwei Stunden. Andreas blickt mit Abscheu auf die Urlauber, die sich an Bord einer solchen Fähre wähnen und von dieser Freiheit träumen.

»Welche Idioten. Sie wissen nicht, wie gut wir es hier in unserem Vaterland haben.« Und er denkt an seine eigene Situation und wie hervorragend er sein Leben aufgebaut hat. »Sie müssen einfach lernen, härter zu arbeiten, und nicht hierherkommen und träumen.« Er ist wie viele erfolgreiche Männer in der DDR überzeugt, in seinem eigenen Leben die Hauptrolle zu spielen, und die übrigen sollen froh sein, dass sie eine Nebenrolle haben. »Genau wie meine liebe Frau, die glaubt, dass sie unglücklich ist, dabei hat sie doch das Glück, mit mir verheiratet zu sein.«

Er schlendert weiter in Richtung Leuchtturm, der den Schiffen den Weg zur Anlegestelle in Rostock weist.

Kapitel 9

September 1975 – Der erste Besuch im Krankenhaus

Tommy fährt den hellblauen Ford Transitbus vorsichtig auf der sandigen Straße, die zu zwei Mehrfamilienhäusern führt, in denen die Bauarbeiter für das Projekt in Zweibettzimmern wohnen. Es ist zeitig am Dienstagmorgen. Die Hitzewelle, die in den letzten Wochen über Rügen liegt, ist der Grund für die riesige Staubwolke, die sich trotz seiner vorsichtigen Fahrweise hinter ihm zusammenbraut und die die ohnehin trockene Luft noch trockner macht.

»Wie zum Teufel soll ich mit diesen Rabauken umgehen und wie soll ich es mit meinem Deutsch schaffen, dass sie die richtige ärztliche Behandlung erhalten?« Tommy zweifelt wie gewöhnlich an seinen Fähigkeiten und fühlt sich unwohl, wenn er im Mittelpunkt steht. Wie so viele aus seiner Heimatstadt Örebro wurde er nicht so erzogen, dass er in seinem Leben gern die Hauptrolle spielt. Stattdessen fühlt er sich wohler, wenn er eine unterstützende Rolle hat oder noch besser eine Statistenrolle ohne irgendwelche Verpflichtungen.

Vor dem Haus steht eine kleine Gruppe von vier Männern. Mit großem Schrecken stellt Tommy fest, dass unter ihnen auch der gemeine Vorarbeiter Nisse ist, mit dem er vorige Woche Streit hatte. »Was zur Hölle … Schuhmacher, bist du Busfahrer geworden?«, schreit Nisse in seinem breitesten Göteborger Dialekt. Die anderen Jungs grinsen und springen in den Bus. Nisse setzt sich neben Tommy und sagt: »Ich habe irgendeine Scheiße an meinem

Schwanz bekommen. Das muss abgeklärt werden.« Tommy errötet und weiß nicht, was er entgegnen soll.

Am Krankenhaus in Saßnitz angekommen, führt Tommy seine kleine Gruppe zur in die Jahre gekommene Rezeption und fragt mit seinem aufgefrischten Deutsch nach dem Weg zum Sprechzimmer von Frau Doktor Jähnert. Sie nehmen Platz in dem renovierungsbedürftigen Wartezimmer, das wie alle offiziellen Gebäude in der DDR nach gebohnertem Linoleum riecht. Nach einer Weile kommt Schwester Adelheid und bittet Herrn Oskarsson, ihr zu folgen.

Tommy macht einen großen Schritt in das Besprechungszimmer und fühlt plötzlich, wie die Zeit stehen zu bleiben scheint. »Was passiert hier gerade?«, denkt er. Sein Herz spielt verrückt und er weiß nicht, was er tun soll. Tommy starrt auf die schönste Frau, die er in seinem ganzen Leben gesehen hat, und steht wie ein Idiot mitten im Raum.

Und Heidemarie ist so überrascht, als der schwedische Bauingenieur durch die Tür kommt, den sie mit Spannung erwartet hatte, dass sie an ihrem Schreibtisch sitzen bleibt. »Gott ist der süß und wie jung er noch ist…« Sie fühlt sich unmittelbar berührt und zu dem jungen Mann hingezogen.

Schwester Adelheid, die nach einem langen Leben als Krankenschwester ihre Empathie größtenteils verloren hat, herrscht Tommy an: »Setzen Sie sich Frau Doktor gegenüber.«

Tommy geht auf wackligen Beinen zum Schreibtisch und begrüßt Heidemarie. Sie kann es nicht lassen, ihn ein wenig zu necken, und fragt: »Was haben Sie für ein Problem, Herr Oskarsson?«

»Ich bin nicht krank, ich bin nur der Dolmetscher.« Heidemarie lächelt verschmitzt und Tommy versteht, dass sie nur mit ihm gescherzt hat. Er errötet, senkt seinen Blick auf den Tisch und weiß nicht, was er sagen soll. »Vielleicht sollten wir den ersten Patienten hereinrufen?«, sagt Heidemarie zu Schwester Adelheid mit einer natürlichen, aber bestimmenden Autorität, die Tommy sehr imponiert.

Natürlich kommt als Erster Nisse, der sich auf den Stuhl neben Heidemarie setzt. »Wie kann ich Ihnen helfen, Herr Eriksson?«, fragt sie. Nisse sagt zu Tommy: »Du weißt ja, was mein Problem ist. Sag es Frau Doktor.« Tommy stottert und faselt: »Er klagt, dass sein Glied nicht funktioniert.«

»So, so, da nehmen wir eine kleine Probe mit einem Schaber, Herr Eriksson. Schwester Adelheid ist dafür Expertin. Es wird ein bisschen brennen, aber seien Sie ein richtiger Mann und beißen Sie die Zähne zusammen!« Dr. Jähnert guckt Nisse mit einer Härte an, die Tommy nicht verstehen kann. Er übersetzt so gut er kann und Nisse wirkt jetzt gar nicht mehr so überheblich. Er wird bleich unter seiner Sonnenbräune und folgt wie ein gehorsamer Hund Schwester Adelheid ins Untersuchungszimmer.

»Möchten Sie ein Glas Wasser, Herr Oskarsson?« Dr. Jähnert spürt, dass auch Tommy leicht nervös wirkt. »Ja, danke, das wäre gut. Es ist das erste Mal, dass ich die Aufgabe als Dolmetscher wahrnehme.« Verdammt, was für eine dumme Antwort, denkt Tommy, als würde sie das nicht wissen …

»Wir werden das hier gemeinsam gut lösen. Atmen Sie tief durch und dann wird es besser. Ohne dass ich das Ergebnis von der Probe kenne, kann ich aber schon sagen, dass sich Herr Eriksson mit Gonorrhö infiziert hat. Er hatte sicher Umgang mit einigen leichten Mädchen aus der Diskothek hier in Saßnitz. Ich werde ihm ein starkes Penicillin verschreiben. Innerhalb weniger Wochen ist die Infektion weg. Ich bin auch gezwungen, danach zu fragen, mit welchen Damen er zusammen war, aber ich werde stattdessen schreiben, dass er zu betrunken war, um diese beschreiben zu können. Ich werde ihm auch klar sagen, dass es im Wiederholungsfall chronisch werden kann und dass er immer ein Kondom benutzen soll.«

Tommy hört betroffen zu und ist erleichtert über ihre Hilfsbereitschaft. »Vielen Dank, Frau Doktor. Es ist für meine schwedischen Kollegen nicht so leicht mit der Situation hier, mit dem billigen Alkohol und anderen Vergnügungen zurechtzukommen.«

»Wir sind selbstverständlich für Sie da, um Sie dabei zu unterstützen, dass das wichtige Hafenprojekt rechtzeitig fertig wird. Ich sehe einer erfolgversprechenden Zusammenarbeit mit Ihnen entgegen, Herr Oskarsson.«

Die Behandlung der anderen Kollegen verging wie im Flug. Nachdem er sich bei Frau Doktor bedankt hat, schwebt er leichtfüßig durch die Tür nach draußen erfüllt vom Gefühl, dass er sich gerade bis über beide Ohren verliebt hat.

Kapitel 10

Oktober 1975 – Baubesprechung

Im großen Projektkonferenzraum ist der Zigarettenrauch so dicht wie der Nebel in Lützen und der Lärmpegel ist hoch. Der Auftraggeber, die Deutsche Reichsbahn, hat eine erste größere Besprechung einberufen, um den Stand zum Projekt abzustimmen und die Möglichkeiten größerer Zulieferungen aus der DDR für das Projekt zu beschließen.

»Ich begrüße alle Teilnehmer aus Schweden, meine lieben Parteikollegen und alle anderen, und heiße Sie zu dieser Besprechung herzlich willkommen. Ich habe auch den Auftrag, Sie von unserem verehrten Außenhandelsminister, Genossen Horst Sölle, zu grüßen und allen Beteiligten für den Beitrag zur Stärkung der bilateralen Beziehungen zwischen dem Königreich Schweden und der sozialistischen Deutschen Demokratischen Republik zu danken«, eröffnet der auffallend großgewachsene Dr. Egon Weinhardt, gekleidet in einen viel zu großen, weiß gestreiften Anzug, die Besprechung.

Das Parteiabzeichen für die kommunistische SED – das Symbol, das die Staatstreuen in der DDR von der übrigen Bevölkerung unterscheidet – schimmert in Rot und Gold an seinem linken Anzugrevers. Er ist Chef für die ostdeutsche Eisenbahn im Parteibezirk Rostock und der höchste Verantwortliche des Auftraggebers für den neuen Fährhafen.

»Ich übergebe nun das Wort an meinen Stellvertreter, Genossen Andreas Jähnert.« Weinhardt lässt sich schwer auf seinen Stuhl fallen, wischt sich den Schweiß von der Stirn.

Tommy sitzt mit am Tisch. Er darf nur für die Beantwortung von Fragen zur Messtechnik, für die er verantwortlich ist, an der Besprechung teilnehmen. Tommy denkt darüber nach, wie Andreas, der noch so jung ist, schon in eine so hohe Position gelangen konnte, obwohl es doch so scheint, als würden die alten Parteibonzen alles bestimmen. »Wie nett er wirkt, nicht wie die anderen ostdeutschen Höhergestellten, denen man bisher begegnet ist.«

Für die schwedische Delegation nimmt Sven Nilsson, Auslandsdirektor von ABV, als höchster Vertreter teil. Er gehört zu der Generation in Schweden, die vor dem Kriegsende studiert hat, und deshalb spricht er ein ausgezeichnetes Deutsch. Er ist ein eleganter, gut frisierter und geschmackvoll angezogener Mann Mitte 50. Weltgewandt hat er viele Reisen zu den unterschiedlichen Projekten in der ganzen Welt gemacht und beherrscht die Kunst, mit Vertretern aller Formen von Diktaturen zu sprechen. Er steht auf und sagt: »Wir von der schwedischen Seite versichern Ihnen, dass wir die Fähranlage termingemäß vor dem 28. Jahrestag der friedliebenden DDR im Oktober 1977 fertigstellen werden. Wir tun alles, um die bilateralen Beziehungen zwischen unseren Nationen, für ewig verbunden durch die Ostsee, zu stärken.

Alle anwesenden Ostdeutschen beginnen frenetisch mit der Faust auf den Tisch zu klopfen, sodass es klingt, als wären mindestens 20 Spechte im Raum. Die schwedischen Teilnehmer, zu denen außer Direktor Nilsson noch der Projektchef Anders Nyström, Produktionschef Stefan Palm und Tommy gehören, zucken zusammen und fragen sich, was los ist. Deren Dolmetscher, Walter Mahlstedt, sieht es und sagt auf Schwedisch: »Das bedeutet, dass allen die Rede von Direktor Nilsson gefallen hat. Es ist ein alter Brauch aus dem 18. Jahrhundert. Die deutschen Studenten haben ihn angewendet, wenn ihre Professoren eine besonders gute Vorlesung gehalten haben.« Die Deutschen sehen, dass die Schweden über ihr Klopfen etwas verwirrt sind, und der Beifall ebbt ab.

In einer Besprechungspause kommt Andreas Jähnert zu Tommy und sagt: »Herr Oskarsson, wir haben noch nicht miteinander gesprochen und deshalb will ich die Gelegenheit wahrnehmen und Ihnen für die sorgfältige Arbeit danken, die Sie hier in Saßnitz ausführen. Meine Kollegen, die von unserer Seite für den messtechnischen Teil verantwortlich sind, sind von Ihrer Arbeitsweise und Technik tief beeindruckt.« Andreas lächelt und sieht Tommy an, der errötet und versucht, ein Dankeschön hervorzubringen.

»Entschuldigen Sie bitte, wenn ich ein bisschen dreist bin. Wäre es möglich, dass Sie im Geiste der Erhöhung des Verständnisses zwischen unseren beiden Ländern einen Vortrag an der Universität Rostock über Ihre schwedischen Methoden halten könnten?«, setzt Andreas fort.

»Das können wir einrichten«, sagt Anders Nyström, der die Unterhaltung zufällig mit angehört hat. »Das bekommst du hin Tommy, nicht wahr?«

Tommy weiß wie gewöhnlich nicht, was er antworten soll, nickt aber bestätigend. »Wie zur Hölle soll ich das schaffen? Als hätte ich nicht schon genug mit meinen normalen Aufgaben zu tun …« Er denkt nach, ist aber gleichzeitig darüber geschmeichelt, dass jemand seine Arbeit schätzt: »… Ein Glück, dass ich durch meinen Opa so viel von der deutschen Sprache mitbekommen habe. Mit ein bisschen Wiederholung und Übung geht das Sprechen immer noch ganz gut. Aber es gibt einen Unterschied zwischen dem Deutschen, das man in der Schule lernt, und dem DDR-Deutsch, von dem ich jetzt mehr und mehr verstehe. In der DDR benutzt man spezielle Worte und Formulierungen, die man nur in einer sozialistischen Republik anwenden kann. Aber so ein Vortrag an der Universität – das ist doch wohl eine Nummer zu groß?«

Kapitel 11

Oktober 1975 – Die sowjetische Ostseeflotte

Regen und Nebel liegen dicht über dem Hafen von Saßnitz. Der Rauch von tausenden Schornsteinen verbreitet den Geruch von Braunkohle schlechter Qualität, die Fischfangflotte zieht mit ihren abgenutzten Dieselmotoren vorbei und eine Vielzahl von Möwen schreien ihren Protest kreischend heraus.

Die wunderschönen Sommertage, wo das Leben leicht war, liegen nun schon länger zurück. Tommy und Bert gehen eine der Molen entlang, wo die Spundwände bereits fertig sind. Der Lehm klebt an ihren Stiefeln, sodass es sich anfühlt, als hätten sie Skischuhe an den Füßen. »Verdammt, wie schwer das ist. Müssen wir den Scheiß hier bei diesem Pisswetter machen?«, murrt Bert sehr schlecht gelaunt.

»Wir müssen den nächsten Schritt vorbereiten, damit die Jungs die Verankerung festschweißen können, sodass wir mit der Kies-Befüllung beginnen können.« Tommy versucht, seinen jungen Kollegen etwas aufzumuntern. »Wenn wir das hier geschafft haben, kannst du ein bisschen länger Mittagspause machen.«

Sie kämpfen im leichten Nebel mit der Messausrüstung, die nun klitschnass ist. Die Sicht durch die Linse des Theodoliten wird immer schlechter. »Nun seht verdammt noch mal zu, dass ihr mal fertig werdet«, schreit ein wütender, klein gewachsener Schmied von der Firma Kävlinge Svets in Skåne mit seinem schauerlichen Dialekt. Tommy und Bert sind durchnässt und frieren im Wind, der aus Richtung Norden über das Hafengelände weht.

»Reiß dich zusammen, Bert. Wir sind gleich fertig und können danach Mittagessen gehen«, versucht Tommy, Bert zu motivieren. In den vergangenen vier Monaten ist Bert auf eine Weise erwachsen geworden, die für Tommy schwer zu verstehen ist. Seine Schwäche wurde durch etwas anderes ersetzt – durch eine Entschlossenheit und Kraft, die soeben deutlich wurde, als er den kleinen, wütenden Schmied bittet, nach Hause nach Skåne oder an eine wärmere Stelle zu verschwinden. Bert, der zum Unterschied zu Tommy, einen großen Teil seiner Freizeit mit den anderen Bauarbeitern in der Disko Stubbenkammer in Saßnitz unter dem Einfluss einer bedeutenden Menge deutschen Bieres verbringt, macht den Eindruck, als wäre er ein harter Kerl geworden.

»Bert denkt nicht so viel nach wie ich. Er liegt auch sicher nachts nicht wach und grübelt. Vielleicht sollte ich mehr wie die anderen sein und mit meinen negativen Gedanken Schluss machen«, konstatiert Tommy, als er sein Nachdenken beendet und zur Hafenseebrücke hinüberblickt, die an das Bauprojekt grenzt.

Dort liegen vier mittelgroße Schiffe, die zur Ostseeflotte der Sowjetunion gehören. Die sich in gutem Zustand befindliche graublaue Kriegsmaschinerie zeigt ihm deutlich, wo er sich befindet, nämlich nur 110 Kilometer von Schweden entfernt, aber so weit hinter dem Eisernen Vorhang, wie man überhaupt nur sein kann. Auf dem Kai betreibt eine Kompanie junger Soldaten Krafttraining, nur mit kurzen, blauen Sporthosen bekleidet.

Tommy und Bert vergessen, wie durchgefroren sie eigentlich sind, und patschen durch den schweren Lehmschlamm zum Bürocontainer. Sie sind trotz alledem zufrieden, dass sie Schweden sind und sich nicht im strömenden Regen von einem russischen Leutnant quälen lassen müssen.

Kapitel 12

Oktober 1975 –
Der Konferenzraum von Oberst Grosse

Ein großer, schwerer Eichentisch ist von sechs dunkelbraunen Ledersesseln umgeben in einer Ausführung, wie sie die ostdeutsche volkseigene Möbelindustrie heute nicht produzieren kann. Walter Mahlstedt, der Oberst Grosse das erste Mal besucht, nickt zufrieden und sagt: »Herr Oberst, die Möbel hier sind sehr elegant und geschmackvoll. Wie sind Sie dazu gekommen?«

»Lieber Herr Mahlstedt, durch meine guten Kontakte zur KoKo und deren Chef, Alexander Schalk-Golodkowski. Die KoKo hat eine Tochtergesellschaft in Mühlenbeck, die Kunst & Antiquitäten. Diese ist beim Einsammeln von Wertsachen von Mitbürgern behilflich, die wir begleiten, wenn sie unser geliebtes Vaterland verlassen. Die KoKo verkauft diese über verschiedene Kanäle ins kapitalistische Ausland und erhält auf diese Weise Westvaluta, die wir wiederum bei unserer Arbeit zur Stärkung unseres Landes verwenden.

Walter ist überwältigt von der Offenheit, die ihm Oberst Grosse entgegenbringt, und bringt nur ein kurzes »interessant« als Antwort zustande. Nun beginnt der Oberst, der Walter und Andreas Jähnert gegenübersitzt, seine Stimme zu heben: »Es wäre nun interessant, Herr Mahlstedt, wenn wir etwas Förderliches aus Ihrem Auftrag in Erfahrung bringen könnten.«

Walter verließ die DDR, noch bevor 1961 die Mauer gebaut wurde. Er hat außer seiner Arbeit bei dem schwedischen Bauunternehmen ABV auch ein Abkommen mit der Stasi als inoffizieller Mitarbeiter geschlossen. In dieser Funktion soll er über die Aktivitäten des am Bau des Fährhafens beteiligten schwedischen Personals berichten, wenn diese nicht mit den Interessen der kommunistischen Partei übereinstimmen.

»Es sind seit dem Projektstart nun gut vier Monate vergangen und wir wissen immer noch nicht, wer dem schwedischen Nachrichtendienst angehört. Kann es sein, dass wir den Auftrag der falschen Person gegeben haben?« Walter beginnt zu schwitzen und seine Gedanken kreisen umher. Er braucht dringend die steuerfreien 1500 DM, die jeden Monat auf sein Konto in Westberlin überwiesen werden.

»Vielleicht müssen wir unseren Vertrag überdenken und müssen Ihre Verwandten hier im Lande genauer kontrollieren? Ihre Schwester Ingrid in Halle hat ja nun eine gute Position als Schuldirektorin. Es wäre vielleicht nicht so gut für sie, wenn wir Ihnen nicht mehr vertrauen könnten?« Oberst Grosse richtet seinen strengsten Blick auf Walter.

Andreas, der bisher während der Besprechung geschwiegen hat, beendet die nach der Drohung des Obersten entstandene peinliche Stille: »Vielleicht, Walter, können wir die Frage gemeinsam lösen? Lass uns überlegen, welchen Eindruck wir bisher von deinen schwedischen Kollegen gewonnen haben.« Er guckt dabei mit seinem charmanten Lächeln freundlich auf Walter.

»Ein Glück, dass ich mit Andreas so gut befreundet bin«, denkt dieser. »Vielleicht komme ich mit seiner Hilfe ohne Schaden aus dieser Situation heraus, denn mit diesem Oberst ist nicht zu spaßen.« Er denkt verzweifelt nach, welche Information er geben kann und sagt: »Die meisten Projektangestellten sind nur daran interessiert, dass die Arbeit so gut wie möglich vorangeht. Die zwei leitenden Chefs haben beide ihre Familien dabei und ich habe bisher nicht gesehen, dass irgendetwas darauf hindeutet, dass sie an irgendeiner Form von Spionage beteiligt sind. Die Einzigen, die aus dem Rahmen fallen, sind die beiden jungen Vermessungsingenieure Tommy Oskarsson und Bert Svensson.«

»Auf welche Weise, meinen Sie, Herr Mahlstedt?«, fragt der Oberst.

»Der jüngere Herr Svensson ist ein selten unangenehmer Mensch, der sich in der Freizeit meistens mit den Bauarbeitern abgibt. Den größten Teil der Freizeit verbringen die in der Diskothek in Saßnitz, wo sie jede Menge Bier und Alkohol trinken. Einen gewissen Kontakt mit jüngeren Frauen habe ich auch bereits registriert«, sagt Walter und setzt dabei seine wichtigste Miene auf.

»Aus dem andern, etwas älteren Herrn Oskarsson werde ich nicht so richtig klug. Er ist die meiste Zeit für sich allein und spaziert ziellos am Strand entlang. Ich bin ihm wiederholt gefolgt, habe aber nicht gesehen, dass er irgendwie versucht hätte, unseren geheimen Objekten zu nahezukommen. Ich glaube aber, dass wir ihn etwas tiefer beleuchten sollten. Er spielt den naiven Schweden, aber da ist etwas im Hintergrund, aus dem ich nicht schlau werde.«

Andreas schaut den Oberst an und sagt: »Gib Walter und mir ein bisschen mehr Zeit, sodass wir dir bei unserem nächsten Wiedersehen ein besseres Ergebnis vorlegen können.« Andreas und der Oberst sagen schnell und mit barschem Ton auf Wiedersehen zu Walter, der niedergeschlagen aus dem Raum trabt.

»Wie hältst du es aus, mit so einem rückgratlosen Individuum zusammenarbeiten zu müssen?«, fragt der Oberst Andreas, als sie allein sind. »Das macht mir nichts aus, denn er ist trotz seines deutschen Hintergrundes gut bei den Schweden verankert und die vertrauen eher Gott als anderen Menschen.«

»Das klingt selten naiv, aber du hast weiterhin freie Hand. Es ist ganz gut, wenn Mahlstedt Angst vor mir hat«, entgegnet der Oberst. »Wie machen wir weiter, Major Jähnert?«

Andreas denkt nach und berichtet von seinen Plänen, für beide am Projekt arbeitenden Seiten eine Weihnachtsfeier im Hotel Rügen durchzuführen. »Ich werde Vertreter unseres Außenhandels, unserer eigenen Auftragsorganisation und die wichtigsten Schweden einladen.«

»Das klingt gut und sieh zu, dass Wodka fließt und sie ihre Selbstkontrolle verlieren, denn ich habe gehört, dass die Schweden schwer mit Alkohol umgehen können«, sagt der Oberst. »Wir werden auch einige Lockvögel einsetzen, um ihre Schwachstellen zu finden«, beendet Andreas seine Ausführungen.

»So machen wir das. Sieh zu, dass du den Tommy Oskarsson ein bisschen mehr überwachst. Es könnte ein möglicher Feind sein.« Der Oberst lehnt sich zurück und zündet sich eine Zigarette von der Marke Club an.

Kapitel 13

Oktober 1975 – Krankenhaus in Saßnitz

Wie eine alte Burg umgeben von hohen Buchen steht das baufällige Krankenhaus am Rande des Jasmunder Naturschutzgebietes. Vor dem Krankenhaus liegen wie ein Teppich ausgebreitet niedrige, von der Zeit gezeichnete Gebäude der Stadt Saßnitz. Das Krankenhausgebäude ist aber nicht so alt, wie es aussieht. Die Nazis bauten es erst in den 1930er-Jahren als Ausbildungszentrum für ihre zukünftigen Parteifunktionäre. Nach Ende des Zweiten Weltkrieges wurde es mit geringen finanziellen Mitteln zum Krankenhaus umgebaut. Wie in den meisten ostdeutschen Unternehmen und Institutionen fand ein Machtkampf zwischen den Interessen der Partei, den rein medizinischen und den Interessen der Mitarbeiter statt.

Dr. Heidemarie Jähnert nimmt an der wöchentlichen Besprechung der Krankenhausleitung teil. Diese findet in einem der alten Konferenzräume statt. Aus ökonomischen Gründen ist der Zustand des Raumes nahezu unverändert wie vor dem Krieg. Einzig das Bild von Hitler wurde gegen das Porträt von Erich Honecker, dem ostdeutschen Staatschef, ausgetauscht. Von den damals beim Bau eingesetzten Holzfenstern blättert der Lack ab und durch die undichten Rahmen strömt ein Duft von frischer Ostseeluft, die die typische vom Schimmelgeruch feuchter Wände durchsetzte Krankenhausluft etwas erträglicher macht.

Um den Tisch sitzen ungefähr 20 Ärzte und Verwaltungsangestellte. Die meisten in ihren weißen Kitteln und die übrigen in ihrer Alltagskleidung. Die Besprechung wird vom Krankenhausdirektor Manfred Braun geleitet. Er ist ein relativ kleiner und fülliger Mann, der das mit einer mächtigen Bassstimme wettmacht: »Mir ist zu Ohren gekommen, dass unsere Abteilung für Allgemeinmedizin eine erhöhte Zuteilung von Material wünscht, weil wir auch für die medizinische Versorgung der schwedischen Gastarbeiter hier in Saßnitz verantwortlich sind.« Er macht eine kurze Pause und setzt fort: »Unser Budget lässt keine solche Wünsche zu.«

Einer der jüngeren Oberärzte, Dr. Schmidt, erhebt sich. Er ist sehr parteiverbunden und Heidemarie weiß von ihrem Mann, dass auch er auf der Gehaltsliste der Stasi steht. Er sagt beruhigend: »Genosse Braun, ganz so schlimm kann es ja nicht sein. Es ist wichtig für unser Ansehen, dass unsere schwedischen Gäste die gesundheitliche Betreuung bei uns bekommen, die sie aus ihrem Land gewöhnt sind. Wir müssen nicht so deutlich zeigen, dass wir ein vorübergehendes Versorgungsproblem mit medizinischem Material haben. Ich kann über meine Kontakte in Berlin arrangieren, dass das kleine Problem schmerzlos gelöst wird.«

»Vorübergehendes Problem«, einer von den älteren Oberärzten, Dr. Sickert, erhebt sich dabei in seiner ganzen Größe und sagt weiter: »Das hier vorübergehend genannte Problem ist ein andauerndes und unsere Patienten erhalten in keinster Weise die notwendige Behandlung. Mein lieber Dr. Schmidt, wir haben nicht dafür gekämpft, dieses Land nach dem Sieg über den Faschismus im wahren Geist des Sozialismus aufzubauen, damit Sie und Ihre Gleichgesinnten nun versuchen, Mängel zu vertuschen und gewisse Schichten der Bevölkerung zu bevorteilen. Nein, sage ich, weder die Schweden noch andere privilegierte Eliten in der DDR sollen irgendwelche Vorteile bekommen.«

Sofort wird es still im Raum und Dr. Schmidt, hochrot im Gesicht, blickt starr auf den älteren Kollegen, Dr. Sickert. Er denkt intensiv nach, wie er aus der entstandenen Situation herauskommt – ohne, dass es gegen die Partei geht und ohne, dass er durch die erwähnten Kontakte in Berlin mit der Stasi in Verbindung gebracht wird.

Heidemarie nimmt trotz ihres noch jungen Alters und ihrer nur geringen Erfahrung all ihren Mut zusammen, steht auf und sagt: »Bitte entschuldigt, dass ich mich in die Diskussion einmische, aber ich fühle mich verantwortlich dafür, dass die Frage überhaupt auf dem Tisch ist. Ich behandle seit Juli die schwedischen Gastarbeiter, die den für die DDR so wichtigen Fährhafen bauen. Die sind die Methoden und medizinischen Geräte, mit denen wir behandeln, nicht gewohnt. In dieser Woche waren wir gezwungen, der Ehefrau des Chefs des Bauvorhabens Blut abzunehmen. Wie Sie alle wissen, kann es dabei mit den uns zur Verfügung stehenden groben Kanülen manchmal zu einem kleinen Blutbad kommen. Es gab deshalb etwas Unruhe und Aufsehen. Im Interesse der termingemäßen Fertigstellung der Fähranlage sollten wir solche Probleme zukünftig vermeiden. Ich verstehe und bin völlig ihrer Meinung, dass alle Bürger das Recht auf eine gleichwertige Behandlung haben, aber das hier ist eine andere Situation. Der Vorschlag von Genosse Dr. Schmidt ist vielleicht ein gangbarer Weg, das uns hier in Saßnitz gegebene Ziel der Parteiführung zum Bau des Fährhafens zu unterstützen.«

Heidemarie setzt sich. Sie fühlt sich erschöpft und fragt sich, was sie getan hat. Die übrigen Besprechungsteilnehmer nicken ihr dankbar zu und der Krankenhausdirektor lobt: »Das war eine ausgezeichnete Zusammenfassung der Lage und ein guter Vorschlag, Genossin Dr. Jähnert.« Die Teilnehmer klopfen auf den Tisch. Aber nach dem Blick von Dr. Sickert macht sich trotz der Freude über die positive Reaktion sofort ihr schlechtes Gewissen bemerkbar. Ihr ist bewusst, dass sie die Parteiinteressen über das Wohl seiner Patienten gestellt hat.

Kapitel 14

Oktober 1975 – Das Schlepperboot

Eine große Anzahl der am Bau Beschäftigten hat sich am Pier in Richtung Einfahrt versammelt. Vermutlich ist es einer der letzten warmen Tage. Der Herbst mit Dunkelheit und schlechtem Wetter nähert sich.

»Wir hatten mit ihr über das Radio Kontakt. Sie kommt in 20 Minuten an«, sagt Stefan Palm mit autoritärer Stimme. »Sie« ist ein schwedisches Schlepperboot und hat den Namen »Königin des Südens«. Das Boot kommt aus Stockholm. Die Besatzung an Bord besteht aus dem bekannten Taucher Göran Strömstedt, seinem Helfer Hasse und dem Hund Vasa. Weiterhin sind zwei Hilfstaucher aus Südschweden mit an Bord, die in Trelleborg zugestiegen sind. Beide sind gut trainierte ehemalige Feuerwehrleute, Krister Hansson und Sören Rasmussen. Sie haben sich als Taucher selbstständig gemacht und ein eigenes Unternehmen gegründet und sind nun für das Unternehmen von Göran tätig.

»So, Jungs, jetzt müssen wir uns konzentrieren, damit wir eine Punktlandung schaffen«, sagt Göran mit seiner leichten Bassstimme, verursacht von einigen Flaschen Whisky, die sie während der Drei-Tage-Fahrt von Stockholm bis hierher getrunken haben.

Die »Königin des Südens« ist eine ausgediente, leicht gerostete Schönheit und wird von einem zur ostdeutschen Marine gehörenden Schnellboot begleitet. Als sie vor der Hafeneinfahrt in Saßnitz angekommen sind, signalisieren sie der schwedischen Besatzung, dass die Begleitung beendet ist und sie nun einfach geradeaus zum Pier Nummer Eins fahren sollen.

»Verfluchte Kommunisten, aber sie haben verdammt feine Boote«, murmelt Göran, der in der Vergangenheit in der schwedischen Marine gedient hat. Jetzt hat er das Steuer von dem immer leicht abwesenden Helfer Hasse übernommen, der stattdessen die Taue für das Einlaufen vorbereitet. Sie geben einige laute Signale in Richtung der großen Anzahl neugieriger Schweden auf dem Pier ab.

Tommy und Bert bewundern neugierig das Spektakel: »Der Vorarbeiter der Taucher scheint ein harter Kerl zu sein.« Tommy schaut auf den muskulösen, breitschultrigen und braun gebrannten Göran. In seinen weißen Jeans und dem blau gestreiften Hemd sieht er eher aus, als wäre er auf dem Weg nach St. Tropez und nicht zu ihrem Bauvorhaben hier in Saßnitz.

»Wie soll ich die Zusammenarbeit mit einem so bekannten Mann schaffen?« Tommy zweifelt mal wieder an sich selbst, wird aber durch Bert unterbrochen. Dieser ruft der Besatzung, die mittlerweile ihr Boot festgemacht hat und auf etwas unsicheren Beinen auf dem Weg zum Land ist, zu: »Was zur Hölle, vertragt ihr keinen Alkohol? Wie sollt ihr da hier im Hafen tauchen können, verdammte Warmduscher!«

Görans Gesicht verfinstert sich und er blickt starr auf den frechen Grünschnabel auf dem Kai. Bevor er ihn aber zu packen bekommt, stellt sich Stefan Palm in seinen Weg und sagt: »Tommy, nimm deinen untauglichen Helfer und haut ab, macht etwas Nützliches. Ich kümmere mich um das hier.« Palm schüttelt fest Görans Hand und heißt ihn willkommen auf der Baustelle. »Es ist mir eine große Freude, mit dir Strömstedt und deinen Mitarbeitern zusammenzuarbeiten. Lass es mich wissen, wenn wir euch behilflich sein können.«

Göran, der immer noch über Berts Sticheleien verärgert ist, sagt: »Lass mich nur den langhaarigen Tölpel in die Bodenplatte unter dem Hafen einmauern, so wird alles gut!«

»Ich bin in diesem Punkt vollständig deiner Meinung«, entgegnet Palm. »Ich habe schon selbst an etwas Ähnliches gedacht. Komm, Strömstedt, wir gehen zum Büro und essen eine Kleinigkeit.«

Palm und Strömstedt bahnen sich einen Weg durch die Zuschauer. Bevor sie die Gruppe verlassen, dreht sich Strömstedt um und ruft mit seiner tiefen Stimme: »Ich lade alle hier von der Baustelle heute Abend zu einem tollen Einstand ein. Wir haben ausreichend Bier und Schnaps und 40 Kilo bereits gut gekochte Krebse an Bord. Kommt alle rauf zur Unterkunft und organisiert ein paar Weibsbilder, sodass der Bau endlich an Fahrt gewinnt!«

Kapitel 15

November 1975 – Der Vortrag

Die große Aula der Universität von Rostock ist bis auf den letzten Platz mit Studenten und Lehrkräften aller Fachrichtungen besetzt. Das Interesse für den Thementag über Messtechnik, der durch die Fakultät für Bautechnik gemeinsam mit den optischen Werken Carl Zeiss Jena organisiert wurde, ist groß.

Tommy sitzt gemeinsam mit Andreas Jähnert in der ersten Reihe. Er ist so nervös, dass er keinen klaren Gedanken fassen kann. »Verflucht, wie komme ich aus der Nummer wieder raus? Ich werde das hier niemals schaffen.« Er hat gemeinsam mit Vermessungsexperten von ABV eine gut durchdachte Präsentation ausgearbeitet, in der der amerikanische Minicomputer »Compucorp« eine zentrale Rolle spielt.

Andreas blickt mit seinem üblichen charmanten Lächeln auf Tommy und sagt: »Lieber Herr Oskarsson, Sie sind dem Publikum, vor dem Sie hier gleich sprechen werden, Lichtjahre voraus, und müssen überhaupt nicht beunruhigt sein.« Doch mit unsicherem Gang geht Tommy nach vorn und schaut befangen auf seine Zuhörer.

»Sehr geehrte Damen und Herren«, so beginnt er seinen 45-minütigen Vortrag. Mit dem Blick auf Andreas schöpft er Kraft und es beginnt bestens zu laufen. Als er zeigt, was man mithilfe des kleinen amerikanischen Computers alles machen kann, erfüllt es ihn mit Ruhe und das erste Mal in seinem Leben empfindet er auch Zufriedenheit, dass er ein so großes Publikum erreicht.

Die Zeit vergeht wie im Glücksrausch und er kommt erst wieder zu sich durch das enthusiastische akademische Klopfen der 100 Teilnehmer auf die Tische.

Als er zu seinem Platz zurückkommt, stehen Andreas und der verantwortliche Professor auf und danken und beglückwünschen Tommy für seinen großartigen Vortrag. Sie setzen sich wieder und Andreas sagt zu ihm: »Ich habe für heute Abend einen Tisch im Nachtclub vom Hotel Neptun reservieren lassen. Die ostdeutsche Eisenbahn, Deutsche Reichsbahn, möchte Ihnen gern für Ihren heutigen Einsatz danken.« Tommy antwortet aufgeregt durch seinen Erfolg: »Das wird bestimmt sehr schön.«

Der Nachtclub vom Hotel Neptun befindet sich in der obersten Etage, reichlich 60 Meter über dem Meeresspiegel der Ostsee. Die Aussicht am Tage ist großartig. Aber jetzt am Abend ist die Umgebung im Novembernebel versteckt, der sich auch noch mit Kohlenrauch aus den Essen der umgebenden Wohnhäuser und aus den Schornsteinen der Werftindustrie vermischt. Tommy wird von einem Oberkellner in weißer Smokingjacke und in dazugehörigen schwarzen Hosen empfangen.

»Herzlich willkommen in unserem Nachtclub, Herr Oskarsson. Folgen Sie mir bitte zum Tisch, an dem Ihre Gesellschaft bereits wartet.« Tommy ist beeindruckt, dass der Oberkellner seinen Namen kennt, und fühlt sich sehr wohl, als er sich dem besten Tisch am Fenster nähert, wo Andreas Jähnert und zwei Frauen bereits auf ihn warten.

Andreas steht sofort auf und begrüßt Tommy: »Wie schön, dass Sie kommen konnten, um mit uns Ihren großartigen Erfolg von heute zu feiern. Es ist mir ein Vergnügen, Ihnen zwei Kolleginnen von der Verwaltung der Deutschen Reichsbahn in Berlin vorzustellen, die Ihnen zu Ehren an unserem Abendessen teilnehmen. Das ist Marlene Schmidt.« Die blonde Frau mit den langen welligen Haaren erhebt sich und sagt.« Es war sehr interessant, Ihnen heute zuzuhören.« Die andere Frau mit kurz geschnittenen braunen Haaren stellt sich als Charlotte Pfeiffer vor. Sie ergänzt: »Sie sprechen wirklich gut Deutsch, es klingt so charmant mit Ihrem leichten schwedischen Akzent im Hintergrund.

Sie setzen sich. Andreas hat bereits den besten ostdeutschen Sekt der Marke Rotkäppchen bestellt. »Nun stoßen wir auf einen wunderschönen Abend an und noch einmal einen großen Dank von der Deutschen Reichsbahn an Sie, Herr Oskarsson.«

Die Unterhaltung am Tisch berührt verschiedene Themen. Tommy ist überrascht über die freimütige Diskussion seiner Tischgesellschaft – auch wenn es um politische Themen geht, wie den Mangel auf allen Gebieten oder wie schwer es ist, Bekleidung und Schuhe der letzten Mode oder andere Konsumprodukte zu bekommen. Tommy weiß nicht so richtig, wie er sich zu dieser Offenheit verhalten soll, und lenkt die Diskussion auf Themen, bei denen er sich mehr zu Hause fühlt, wie zum Beispiel die Situation in Schweden oder wie er es erlebt, als Schwede hinter dem Eisernen Vorhang zu arbeiten.

»Jetzt haben wir aber genug geredet«, meint Andreas nach dem Drei-Gänge-Menü. »Darf ich bitten«, sagt er zu Marlene und sie verschwinden auf der Tanzfläche zum Hit des Jahres, Paloma Blanca.

Tommy, der noch nicht so weltgewandt ist, weiß nicht, wie er sich verhalten soll. Er fühlt sich trotzdem sehr wohl in der Gesellschaft von Charlotte, die attraktiv und unterhaltsam ist. Jetzt wo sie allein am Tisch sitzen, ergreift Charlotte die Initiative und führt das Gespräch auf angenehme Weise. »Jetzt haben wir aber lange still gesessen. Haben Sie Lust, mit mir zu tanzen, Herr Oskarsson?« Er steht auf und sie geben sich den Klängen gefühlvoller Musik hin. Tommy versteht langsam, dass er trotz allem zum richtigen Zeitpunkt am richtigen Ort ist.

Kapitel 16

November 1976 – Von sich selbst überrascht

In der Form, die die eingeschlagenen Spundbohlen in der harten Kreide unter dem Fährbett geschaffen haben, soll nun Platz geschaffen werden für die 150 Meter lange Fähre. Das bedeutet, dass zuerst das gesamte Material in zehn Meter Tiefe vergraben werden muss. Darauf wird mithilfe der Taucher eine ein Meter dicke Betonplatte gegossen, die die Kaimauer vor den Schiffsschrauben schützen soll.

Der Tauchervorarbeiter ist buchstäblich in seinem Element. Seine Stimme ist durch den Lautsprecher auf dem Ponton zu hören, von wo aus die Arbeiten unter Wasser gesteuert werden: »Gebt mir etwas mehr Schlauch nach und seht zu, dass der Luftdruck im Kompressor für den Bohrhammer nicht sinkt. Der verdammte deutsche Lehm sitzt wie Beton in den Spundbohlen. Und seht zu, dass sich die Südschweden auf die Ablösung vorbereiten. Ich komme in einer halben Stunde hoch.«

Zur Kontrolle der korrekten Tiefe führen Tommy und Bert regelmäßig Messungen durch, um zu sehen, wie tief der Bagger und die Taucher gekommen sind. Bert, der nach seiner unnötigen Attacke auf den Vorarbeiter auf gar keinen Fall in seine Nähe kommen will, wenn dieser auftaucht, sagt zu Tommy: »Verdammt bin ich hungrig. Ich gehe hoch ins Büro und nehme ein kleines Frühstück.«

Tommy, der langsam eine neue Sicht auf sein Dasein gewinnt und sich nach der Nacht mit Charlotte im Hotel Neptun mehr als

Mann fühlt, sagt zu Bert: »Das ist wohl das Beste, wenn du nicht mit in die Bodenplatte eingegossen werden willst.«

Der Cheftaucher ist aufgetaucht und sitzt in seinem schweren Taucheranzug auf einem Poller. Den großen Messinghelm hat er abgenommen. Man sieht, dass ihn die schwere körperliche Arbeit schon gezeichnet hat. Das versucht er auf elegante Art durch Pfeife rauchen zu verbergen. Er sieht Tommy an und sagt: »Schuster, ich habe gesehen, dass sich eine Spundbohle gelöst hat, die schon ganz schön weit im Fährbett steht. Wir müssen das nachmessen, um zu verhindern, dass es später ein Problem gibt. Wir können wohl deinen Taugenichts von Helfer nach unten schicken.« Göran sieht auf ihn mit einem Blick von Schadenfreude und Ernst.

»Es ist das Beste, wenn ich deinen Anzug anziehe und mich selbst nach unten begebe. Einer von den Südschweden kann vielleicht mit mir kommen und sicherstellen, dass ich wieder nach oben komme.« Tommy staunt selbst über seinen Vorschlag und ohne, dass er Zeit zum Nachdenken hat, ziehen ihm die anderen schon die Taucherausrüstung über. Als er auf dem Steg mit den schweren Bleischuhen steht und ihm der Messinghelm aufgesetzt wird, fragt er sich, wie er so dumm sein konnte, diesen Wahnsinn mitzumachen. Er hört über den Lautsprecher in seinem Helm, dass er die Luftmenge im Anzug durch ein Ventil im hinteren Teil des Helmes regulieren muss. Wenn er mit dem Hinterkopf drückt, dann verschwindet die Luft aus dem Helm und er sinkt. Drückt er aber nicht regelmäßig, dann steigt er wieder auf.

Tommy klettert jetzt langsam in das trübe Wasser und durch die beiden kleinen Fenster im Helm sieht er das letzte Tageslicht, und dann wird es dunkel um ihn. Er weiß, dass Krister, der größere von den zwei südschwedischen Tauchern, neben ihm ist und dieser sagt: »Bleib ruhig, atme normal und drück die Luft aus dem Ventil, sodass wir auf den Grund kommen.« Tommy drückt die Luft und sinkt viel zu schnell, aber er kommt unten an. »Wie halten die nur die Arbeit hier unten aus«, denkt Tommy. Die Sicht beträgt trotz ihrer starken Handlampe höchstens einen halben

Meter. Sie finden den gebrochenen Spund und Tommy macht seine Kontrollmessung.

»Gute Arbeit, Schuster«, hört er über den Lautsprecher. »Du kannst jetzt wieder auftauchen. Lass die Luft allmählich raus, so kommst du nach oben.« Tommy will nichts lieber, als dieser dunklen Welt entkommen, und hört auf, die Luft herauszulassen. Das führt dazu, dass er wie eine Rakete viel zu schnell hochkommt und wie ein Michelin-Männchen mitten im Fährbett schwimmt. Sie ziehen ihn zur Pontonbrücke, helfen ihm auf und nehmen ihm den Helm ab.

Der Vorarbeiter der Taucher lächelt Tommy an und sagt: »Ich bin sehr angetan von dir. Das war verdammt gut, Schuster, das hätte ich dir nicht zugetraut. Jetzt hast du für deinen ersten richtigen Tauchgang einen echten Wodka verdient.« Tommy, der eigentlich mit Schnaps sehr vorsichtig ist, leert sein Glas zu seiner eigenen Verwunderung in einem Zug und zeigt sein breitestes Lächeln.

Stefan Palm, der alles aus seinem Bürofenster mit angesehen hat, dreht sich zu Walter Mahlstedt um, der an seinem Schreibtisch sitzt, und sagt zu ihm: »Diesen Oskarsson musst du im Auge behalten. Er scheint bei den Deutschen und auch bei den Jungs beliebt zu sein. Es ist Zeit, ihn wieder auf den Boden der Tatsachen zu holen.« Er lächelt Walter an: »Das bekommst du doch hin, nicht wahr?«

Kapitel 17

November 1975 – Nebel in Lützen

Der Platz der berühmten Schlacht vom November 1632 liegt genau wie damals im dichten Nebel. Der große Unterschied ist, dass statt Gefechtslärm nun der Gestank der umliegenden riesigen Chemieanlagen in Leuna und Buna die Luft durchzieht. Beide Anlagen produzierten im Krieg synthetisches Benzin und wurden daher schwer bombardiert. Weil Ostdeutschland nicht über ausreichend harte Währung verfügt, ist die hier ansässige Produktion von Treibstoff und anderen chemischen Produkten absolut notwendig für das Überleben der Nation als souveräner Staat. Beide Kombinatsleitungen haben das Mandat der Partei, die Anlagen ohne Rücksicht auf die Menschen und die Umwelt zu betreiben. Die technischen Anlagen sind noch die gleichen wie während des Krieges und wurden danach nur ständig repariert und zusammengestückelt. Um den Betrieb immer aufrechtzuerhalten, bedarf es einer enormen Anzahl an Mitarbeitern.

Heidemarie ist einige Tage zu Besuch bei ihrer geliebten Oma, die allein in ihrem Elternhaus am Rande des kleinen Dorfes Lützen zwischen Halle und Leipzig wohnt. Sie weiß von einem Studienkollegen, der als Arzt in der Poliklinik in Leuna arbeitet, wie schlecht es um die Umwelt bestellt ist. Er hat ihr im Vertrauen gesagt, dass aus zugänglichen Statistiken hervorgeht, dass die mittlere Lebenserwartung der 70 000 Beschäftigten in beiden Kombinaten 55 Jahre beträgt, mit der Tendenz, weiter zu sinken.

Für die Bevölkerung im Umkreis der Anlagen von 20 Kilometern wird sogar davon ausgegangen, dass die Lebenserwartung zehn Jahre niedriger ist als in anderen Teilen Ostdeutschlands. Natürlich dürfen diese Angaben nicht an die Öffentlichkeit gelangen. Das Risiko, dass das passiert, ist allerdings gering. Die Stasi sorgt dafür, dass sogar das kleinste Leck zu verheerenden Konsequenzen für denjenigen führt, der die Information verbreitet, auch für dessen Familie.

»Oma Friede«, wie Heidemarie ihre Oma nennt, »willst du nicht zu uns nach Rügen ziehen? Onkel Hans und ich wären glücklich, dich in unserer Nähe zu haben. Onkel Hans hat ja in seinem großen Haus in Saßnitz so viel Platz.«

»Mein kleines Mädchen«, entgegnet Oma, »niemals werde ich von hier wegziehen. Hier bin ich geboren und hier will ich auch sterben. Weder die Nazis noch die Amerikaner, Russen oder die bösen Kommunisten haben es geschafft, mich von hier zu vertreiben. Ich verstehe ja, du bist besorgt, dass die schlechte Luft mir schadet. Aber ich bin 70 Jahre alt geworden und die schlechte Luft macht mir nicht den Garaus, bevor ich eines natürlichen Todes sterbe. Und außerdem kann ich meine Hühner nicht im Stich lassen.« Die Oma schaut zärtlich auf ihre geliebte Enkelin und sagt weiter: »Sieh lieber zu, dass du dich um dich selbst kümmerst. Wenn ich so jung wie du wäre, würde ich dieses heuchlerische Land verlassen und versuchen, in das freie Deutschland zu kommen. Ich habe die Kommunisten so satt. Sie glauben, dass sie im Interesse des Volkes handeln, in Wirklichkeit sind sie an die Russen gebunden.« Heidemaries Oma war nun in ihrem Element und setzt fort: »Dein sogenannter Mann ist auch so ein Prototyp dieser Individuen. Er denkt nur an sich selbst und hurt hinter deinem Rücken herum. Du solltest ihn augenblicklich verlassen und in den Westen fliehen.«

Heidemarie sieht sie geschockt an und denkt sich, dass sie früher niemals so offen über dieses Tabuthema gesprochen hätte. »Was ist passiert?«, denkt sie und sagt: »Ich werde dich niemals verlassen. Andreas verlasse ich, so schnell ich kann. Aber ich habe es ja gut hier im Osten, was soll ich im Westen? Unser Teil von Deutschland ist auf den richtigen Idealen aufgebaut.«

»Aber nun reiß dich mal zusammen, du solltest es besser wissen, mein Fräulein«, sagt Oma Friede mit tiefem Ernst in der Stimme. »Nach dem Krieg, als alles zerstört und der Hunger am schlimmsten war, glaubte ich auch an das Märchen. Aber nach 30 Jahren Kommunismus siehst du ja, wohin das führt. Ein neues Unterdrückungssystem ist auf das andere gefolgt und dein Mann steht in vorderster Reihe. Jetzt heißt es Stasi. Als ich jung war Gestapo. Und weißt du nicht mehr, dass sie das Leben meines Mannes nahmen, den ich so vermisse?«

Ihre Oma sackt zusammen und beginnt zu weinen. Heidemarie nimmt sie in ihre Arme und versucht, sie zu beruhigen. Sie streicht ihr über die grauen Haare, die sie zu einem großen Knoten im Nacken zusammengebunden hat. »So darfst du niemals mit irgendjemand anderem reden außer mit mir. Und so schlimm ist es doch gar nicht.«

Heidemarie führt ihre Oma ins Wohnzimmer zum Sofa gegenüber dem großen schwarzen, gusseisernen Kamin, der einen gleichmäßig singenden Ton abgibt, verursacht durch die Hitze, die sich bildet, wenn die Braunkohle abbrennt, die in einem der großen Tagebaue südlich von Leipzig abgebaut wird. Ihre Oma schläft mit dem Kopf in Heidemaries Armen ein. Es sind bestimmt 30 Grad in dem kleinen, nett möblierten Raum und Heidemarie schlummert auch ein und träumt davon, wie sie als kleines Mädchen selbst auf dem Sofa geborgen in Omas Armen lag.

Kapitel 18

November 1975 –
Das Millionenprogramm für Marzahn

Tommy wird wach vom Geruch gebratenen Rühreis und fragt sich, wo er ist. Er öffnet die Augen mit einem Gefühl der Unwirklichkeit. »Bist du endlich wach, mein schwedischer Schatz?« Eine lächelnde Charlotte kommt in einem eleganten hellblauen Morgenmantel mit einem großen Frühstückstablett in ihren Händen. Tommy ist verwirrt: »Wo bin ich und was ist passiert?«

Er liegt in einem breiten Doppelbett in einer fein eingerichteten Wohnung. Die Realität beginnt ihn einzuholen, und er erinnert sich, dass er gestern mit dem Zug von Saßnitz nach Ostberlin gekommen war.

Nach ihrem Treffen in Rostock hatte Charlotte ihm einen Brief geschrieben und ihn zu einem Wochenendbesuch eingeladen, um ihm die Hauptstadt zu zeigen. Er fühlte sich sehr geschmeichelt und gleichzeitig war er aufgeregt, dass eine solche Frau wie Charlotte daran interessiert war, ihn wiederzusehen. Tommy erinnert sich mehr und mehr an gestern.

Weil er noch nie in Berlin war, hatte er, um sicherzugehen, bereits den Zug am Freitagnachmittag genommen. Nach einem harten Tag der Arbeit und nach fünf Stunden in dem voll besetzten Zug war er ganz schön müde, als er gegen 21 Uhr in Berlin-Lichtenberg ankam, wo ihn eine fröhliche und aufgeregte Charlotte mit einer liebevollen Umarmung in Empfang nahm.

»Wie schön, dass du dir Zeit genommen hast, mich zu besuchen. Das macht mich sehr glücklich und stolz. Herzlich willkommen in Berlin, der Hauptstadt der DDR, lieber Tommy.« Als sie seine Hand nahm und ihn durch den grauen und kalten Bahnhof führte, fühlte er sich leicht und aufgekratzt. Sie kamen zu ihrem weißen Trabant 601 und er fragte: »In welchem Hotel hast du für mich gebucht?« Charlotte sah ihn verwundert an und entgegnete: »Du brauchst kein Hotel, ich habe eine Neubauwohnung im Stadtteil Marzahn und ich denke, das ist für dich am besten.«

Tommy errötete schüchtern: »Das wäre wirklich fantastisch, aber ich will dir keine großen Umstände machen.«

Charlotte lächelte nur und steuerte den kleinen Zweitakter durch ein trostloses Stadtbild mit einer Mischung aus Industriegebäuden, baufälligen Wohnhäusern, die in den letzten 35 Jahren keine Farbe gesehen haben, und riesigen neu erbauten Mietskasernen – alles eingebettet in einen Dunst von Zweitaktgemisch, verbrannter Kohle und leichtem Novemberregen.

Ihre Wohnung befand sich im zwölften Stock eines Wohnhauses und bestand aus zwei Räumen und einer kleinen Küche. Alles gemütlich eingerichtet und Tommy fühlte sich sofort zu Hause.

»Ich habe eine Gulaschsuppe und etwas Brot für uns vorbereitet. Ich hoffe, dass es für dich in Ordnung ist, denn es ist ja auch schon ganz schön spät?«

Wie selbstverständlich stellte sie das Essen auf den Tisch und mit ihrem Charme gelang es ihr, dass sich Tommy mehr und mehr entspannte. Nach dem zweiten Glas Sekt fühlte er eine nie zuvor gekannte Müdigkeit aufkommen. Charlotte schien nicht besonders überrascht zu sein, sondern sagte nur zärtlich zu ihm: »Nach so einem Tag ist jeder müde. Während ich die Betten vorbereite, kannst du ins Bad gehen und dich für die Nacht fertig machen. Oder möchtest du lieber hier auf dem Sofa im Wohnzimmer schlafen?« Sie lächelte Tommy schelmisch an und wartete nicht auf seine Antwort.

Jetzt wo die Erinnerung an gestern deutlicher wird und sein Gehirn wieder normal funktioniert, sagt er: »Charlotte verzeih mir, dass ich einfach so eingeschlafen bin. Du hast alles so fantastisch vorbereitet und ich habe dich so enttäuscht. Nicht einmal beim Abwaschen habe ich dir geholfen.«

Sie guckt ihn energisch an und antwortet: »Damit sich so etwas nicht wiederholt, Herr Oskarsson, sieh zu, dass du dein Frühstück aufisst, denn heute lernst du Ostberlin kennen.« Sie lächelt über seine Verwunderung und während sie gleichzeitig ihren Morgenmantel ablegt, sagt sie zu ihm: »Aber zuerst holen wir das nach, was wir gestern verpasst haben.« Sie zieht ihn ins Bett und Tommy vergisst erneut Zeit und Raum.

Kapitel 19

November 1975 – Checkpoint Charlie

Es ist schon später Sonnabendvormittag, als sie auf der Mühlenstraße in Richtung Berliner Zentrum fahren. An dem sonnigen und relativ milden Novembertag kommen sie im mäßigen Verkehr schnell voran. Ihnen voraus erhebt sich der 368 Meter hohe Fernsehturm auf dem Alexanderplatz und rechts sieht man den größten Ostberliner Bahnhof – den Ostbahnhof.

Tommy sieht eine hohe Betonwand auf der linken Seite. In etwa zehn Metern verläuft sie entlang der Straße. Zwischen der Straße und der Wand ist ein zwei Meter hoher Zaun und ein gut geharkter Kiesstreifen. »Was ist hinter der Wand?«, fragt Tommy neugierig. Er spürt, wie Charlotte zuckt, und bevor sie es schafft, ihre Gefühle zu kontrollieren, entgegnet sie kurz: »Die Freiheit.«

Tommy schaut auf die vier Meter hohe Wand und dann auf sie: »Bitte entschuldige, aber ich verstehe nicht, was du mit Freiheit meinst?« Genau wie Tommy können die, die das erste Mal die Mauer sehen, die Ostberlin und Westberlin trennt, nicht verstehen, was sie sehen. Es ist so widersinnig, dass ein Staat mitten durch die Stadt eine 160 Kilometer lange Mauer baut, die verhindert, dass Menschen ihr Land verlassen können, um in den Westen zu kommen, in die Freiheit.

Charlotte, die ihre Gedanken geordnet hat, bittet ihrerseits um Entschuldigung und beginnt eine kleine Erläuterung über die Mauer: »Was du hier siehst, ist die Mauer, die die Grenze zu Westberlin sichert. Westberlin wird von den drei Siegermächten des

Zweiten Weltkrieges, USA, England und Frankreich, kontrolliert. Und unsere Hauptstadt Berlin wird durch die vierte Siegernation, die Sowjetunion, unterstützt. Der Mauerbau wurde am 13. August 1961 zur Aufrechterhaltung des Friedens in Europa begonnen.

Tommy sieht sie mit großen Augen an und fragt: »Auf der anderen Seite ist also Westberlin?« Sie antwortet schnell: »Nicht genau hier, sondern hinter der Mauer befindet sich die Spree und auf der anderen Seite des Flusses liegt Westberlin.«

Tommy spürt, dass sich die Stimmung von Charlotte verändert hat, sie wirkt niedergeschlagen, aber auch angespannt, als ob sie eine Liste mit Aufgaben abarbeiten müsste. Er beschließt, nichts zu sagen, sondern einfach nur die Fahrt durch Berlin zu genießen. Sie parken das Auto auf der imposanten Karl-Marx-Allee und spazieren zum Alexanderplatz. »Wir lassen das Auto stehen und unternehmen unseren Rundgang von hier aus zu Fuß.«

Sie kommen am Fuße des Fernsehturmes an. Dort steht eine Schlange von mehreren hundert Metern mit Touristen aus dem gesamten Ostblock. Sie alle warten, um in die kugelförmige Aussichtsplattform zu gelangen, die sich in 207 Meter Höhe befindet. Charlotte geht an der Schlange vorbei bis zum Eingang, der von zwei Polizisten bewacht wird. Tommy hört nicht hin, was sie sagt, aber er sieht, wie sie so etwas Ähnliches wie eine kleine ID-Karte hinzeigt. Die Polizisten heben sofort ihre Hände zum militärischen Gruß und geleiten sie in den Korridor, der unmittelbar zum Fahrstuhl führt. Charlotte dreht sich zu Tommy und sagt pfiffig: »Mitunter ist es gut, dass solche wie du und ich eine ›Sesam-öffne-dich‹-Karte haben.«

Er versteht nicht, was sie meint und nickt nur. Sie steigen in den Fahrstuhl und Tommy wird ein bisschen stolz, als er sieht, dass es die schwedische ASEA war, die diese Hochleistungsmaschine geliefert hat.

Ein typisch deutscher Kellner wirft in seiner etwas herablassenden Art einen scharfen Blick auf Charlotte und innerhalb weniger Minuten wurden einige Touristen aus Bulgarien umgesetzt, sodass Tommy und Charlotte einen Tisch direkt am Fenster bekamen. Sie bestellen sich jeder ein Bier und Charlotte beginnt zu erklären, wie die Stadt aufgebaut ist, die bildlich gesprochen direkt zu ihren Füßen liegt. Nach einer Stunde hat sich die Stahlkugel einmal um ihre Achse gedreht und sie beschließen, wieder nach unten zu fahren.

Sie setzen ihren Spaziergang in Richtung des großen deutschen Domes fort, der direkt am Ufer der Spree steht. Gegenüber scheint die Sonne auf das neue Parlamentsgebäude, das ihm Charlotte voller Stolz zeigt. Es wiederholt sich die gleiche Prozedur und über einen Seiteneingang gelangen sie mit der kleinen ID-Karte in das Gebäude.

Tommy wundert sich mehr und mehr, was ihm passiert, und Charlotte wirkt zunehmend bedrückter. Sie setzen ihren Rundgang auf der prachtvollen Straße Unter den Linden soweit es geht fort. Sie halten vor der ersten Absperrung vor der schrecklichen Mauer, die den Pariser Platz umgibt. Im Hintergrund nimmt Tommy das alte Denkmal Brandenburger Tor wahr. Rechts sieht er das riesige Reichstagsgebäude, das genau wie das Brandenburger Tor auf der anderen Seite der undurchlässigen Mauer in Westberlin steht.

Sie sagen nichts und wandern in schmerzlicher Stille weiter. Sie gehen auf der Straße Unter den Linden zurück bis zur Friedrichstraße und biegen nach rechts ab. Hier ist nahezu alles unverändert seit dem Krieg, der 1945 beendet wurde. Ruinen und verfallene Häuser begleiten sie. Straßenlicht erhellt die Dunkelheit, denn es ist bald 19 Uhr. Sie gehen hellem Licht entgegen und Tommy erkennt sofort, dass sie sich von hinten einem großen Grenzkontrollpunkt nähern, der im Westen Checkpoint Charlie heißt und hier im Osten Grenzübergang Friedrichstraße/Zimmerstraße.

Tommy erkennt auf der anderen Seite des Grenzkontrollpunktes eine große amerikanische Flagge. Er sieht Charlotte an und ohne, dass er etwas sagen muss, redet sie: »Hier können solche wie du in die Freiheit passieren, so oft sie wollen, ich bekomme erst die Genehmigung, wenn ich 60 Jahre alt geworden bin.« Sie beginnt zu weinen, er nimmt sie in seine Arme. Er spürt, dass sie vor Kälte zittert oder vom Gefühl der Unfreiheit, von dem sie gerade gesprochen hat.

Sie flüstert ihm leise ins Ohr: »Stell dir vor, wir könnten direkt hindurchgehen und alles hier ignorieren, ein Flugzeug in ein warmes Land besteigen und in Freiheit leben.« Er weiß nicht, was er sagen soll. Das Einzige, was ihm einfällt, ist: »Wir sollten zurück nach Marzahn fahren, denn du musst dich ein bisschen ausruhen.«

Tommy sitzt auf dem Sofa in Charlottes Wohnung und sie liegt mit dem Kopf in seinen Armen. Sie hat sich in eine dicke, braune Decke eingewickelt, aber zittert immer noch. Er streicht ihr über das Haar und sie sagt: »Du bist der feinste Mensch, den ich bisher getroffen habe. Lass mich eine Weile ausruhen und danach erzähle ich dir alles über mein Leben. Das wird dich sehr enttäuschen, aber ich kann dich nicht länger belügen. Charlotte schließt die Augen und Tommy fühlt eine große Unruhe bei dem Gedanken daran, was sie schildern wird.

Zwei Stunden später hat sich Charlotte erholt und bereitet einige warme Brote mit Pfirsichen aus der Büchse und gekochtem Schinken zu. Dazu hat sie eine Flasche ungarischen, halbtrocknen, roten Wein geöffnet. Sie sitzen in der Küche an dem kleinen Esstisch und sie erzählt über ihre Kindheit und ihr späteres Jurastudium an der Humboldt Universität.

»Es war dort, wo ich für den ostdeutschen Sicherheitsdienst angeworben wurde.«

»Du meinst doch nicht etwa Stasi?«, sagt Tommy erschreckt.

»Doch, das meine ich. Ich will nur nicht vorrangig dieses Wort verwenden, aber ich weiß, dass uns die Bevölkerung so nennt.«

»Du bist also nicht bei der Deutschen Reichsbahn beschäftigt?« Tommy wird immer unsicherer, wohin das führen soll.

»Das kann man nicht so richtig trennen«, sagt Charlotte. Ich bin im Ministerium für Staatssicherheit angestellt, aber wir können für gewisse Problemstellungen in einem solchen Projekt, wie der Fährhafen in Saßnitz, der aus politisch wichtigen Gründen gebaut wird, ausgeliehen werden.«

»Aber wie komme ich ins Bild und was hat deine Geschichte mit mir zu tun?« Tommy schaut fragend auf sie und sie antwortet: »Hier beginnt es, anstrengend zu werden, denn was ich dir jetzt erzähle, das ist so heikel, dass es niemals herauskommen darf, ansonsten überlebe ich es vermutlich nicht.«

Tommy, der mit der entstandenen Situation nicht klarkommt, bekommt Panik. »Ich will nichts mehr hören. Hör auf mit den Heimlichkeiten. Ich will da nicht mit hineingezogen werden.« Sie hält seine Hände über dem Tisch fest und sagt mit fester Stimme: »Ich will und muss dir das erzählen. Heute wurde es mir klar, wie verlogen das System und das Leben, das ich bisher gelebt habe, sind. Ich habe noch niemals einen so feinen Menschen wie dich getroffen und ich weiß, dass wir keine gemeinsame Zukunft haben. Aber ich habe mich aus vollem Herzen in dich verliebt. So habe ich noch nie gefühlt.«

Sie hält seine Hände fest und führt fort: »Wir haben den Auftrag, herauszufinden, wie der schwedische Geheimdienst den Fährhafenbau benutzt, um geheime Informationen über Ostdeutschland zu erhalten.«

Er blickt sie skeptisch an und sagt: »Das meinst du doch wohl nicht im Ernst?« »Doch, natürlich haben unsere schwedischen Kollegen einen solchen Plan. Unser Mann innerhalb der Baustellenorganisation gab uns deinen Namen als wahrscheinlichen Spion.«

Tommy zieht seine Hände weg, steht auf und schreit: »Jetzt hör aber auf!«

Sie versucht, ihn zu beruhigen, und sagt: »Denke daran, was ich vorhin gesagt habe, es ist nur für dich und mich gedacht. Das Haus hier ist sehr hellhörig, außerdem kontrolliere ich täglich, dass keiner meiner lieben Kollegen bei mir Abhörgeräte installiert hat.«

Tommy starrt sie an: »Ihr seid ja vollkommen verrückt. Wer von meinen Kollegen ist es, der für euch arbeitet? Ich bin es auf alle Fälle nicht, darauf können wir uns wohl einigen.« Er lacht etwas sarkastisch und seine Spannung lässt etwas nach.

»Ich glaube, dass du ahnst, wer es ist. Ihr Schweden scheint sehr naiv in diesen Fragen zu sein, aber so naiv bist du doch nicht?«

»Ich nehme an, dass es Walter Mahlstedt ist, der verfluchte Wichtigtuer.«

Charlotte nickt und sagt weiter: »Jetzt weißt du, vor wem du dich in Acht nehmen solltest. Das Gleiche gilt für meinen Chef, Major Andreas Jähnert, der solche wie dich und mich mit seinem wunderschönen Lächeln zum Frühstück verspeist.«

»Nicht er auch noch. Was ist das hier für ein Irrenhaus, in das ich geraten bin?« Sie nimmt erneut seine Hände und blickt ihm in die Augen: »Das ist die Wirklichkeit, in der ich täglich lebe. Ich verstehe, dass es für dich völlig unwahrscheinlich klingt. Ich begreife selbst langsam, dass das ganze System krank ist. Du hast mich erst dazu gebracht, meine Sinne zu öffnen, und mir wird immer mehr bewusst, dass es eine andere, bessere freie Welt gibt, außerhalb der undurchdringlichen Grenze dieses Landes.«

Es war weit nach Mitternacht und Charlotte schlug vor, das Gespräch am nächsten Morgen fortzusetzen. »Lass uns eine letzte Nacht zusammen schlafen. Ich möchte nur, dass du mich umarmst, weiter nichts. Und lass uns nur spüren, dass wir in einem anderen Leben an einem anderen Ort füreinander geschaffen wären. Morgen ist ein neuer Tag.«

Tommy liegt im Bett, als sich Charlotte an ihn schmiegt und sein Haar streichelt. Tränen rollen langsam über seine Wangen, als er in den Schlaf fällt.

Am nächsten Morgen steht Tommy vor dem Zug, der ihn nach Saßnitz zurückbringen wird. Charlotte steht vor ihm und hält seine beiden Hände. Sie schaut ihn zärtlich an und sagt: »Mein Liebling, ich bin traurig und verzweifelt, dass wir uns hier trennen müssen. Aber gleichzeitig kannst du stolz sein, dass du mir geholfen hast, den Schlüssel für eine bessere Welt zu finden. Alles hat seinen Preis und ich hoffe, dass wir beide aus der Situation gestärkt hervorgehen. Ich bitte dich, aber kann dich natürlich nicht zwingen, unsere Gespräche am Wochenende allein für dich zu behalten. Ich weiß, dass du eine starke Persönlichkeit hast und das Wissen im richtigen Sinne anwenden wirst. Wir werden uns im kommenden Jahr bei vielen Gelegenheiten in Saßnitz sehen. Lass uns durch unsere Blicke zeigen, wie sehr wir uns mögen. Du wirst in meinem Herzen immer einen besonderen Platz haben.«

Ihre Tränen begannen zu fließen und Tommy, der seine Gefühle auch nicht zurückhalten kann, bringt nur ein »Lebe wohl, Charlotte« hervor, bevor er im Zug verschwindet. Charlotte geht schnell, ohne sich noch einmal umzudrehen, einem neuen Teil ihres Lebens entgegen.

Kapitel 20

Dezember 1975 – Weihnachtsfeier

Es ist bereits Anfang Dezember. Es hat das erste Mal geschneit, aber der Schnee hat es kaum zu einer weißen Decke geschafft, bevor er sich mit dem braunschwarzen Kohlenstaub vermischte, den der Wind über die menschenleere Stadt verbreitet hat. Tommy hat die Kollegen abgeholt, die in irgendeiner Form medizinische Hilfe benötigen. Heute sind es nur drei Mann, sodass Tommy hofft, noch vor dem Frühstück um neun Uhr im Hafen zurück zu sein.

»Guten Morgen, Frau Doktor Jähnert«, grüßt er höflich, als er mit dem ersten Patienten hereinkommt, einem Zimmermann aus Südschweden mit dem passenden Spitznamen »Spiken« (Nagel). Er hat eine schwere Halsentzündung, die nicht weggehen will.

Heidemarie bekommt ernsthaft Angst, als sie sieht, in welch schlechtem Zustand sich Herr Oskarsson befindet. Er ist deutlich abgemagert und die dunklen Ringe unter seinen Augen sehen auch nicht gerade gut aus. Er hat außerdem einen großen Teil seiner positiven Ausstrahlung verloren, sodass sie sich für ein Gespräch mit ihm entscheidet, nachdem sie mit dem Patienten fertig ist. Der »Nagel« bekommt ein starkes Penicillin und er wird eine Woche krankgeschrieben, aber mit der üblichen Ermahnung, in der Zeit der Einnahme der Tabletten, keinen Alkohol zu trinken. Tommy kennt die Worte und übersetzt mechanisch, was Dr. Jähnert sagt.

Er steht auf, um den nächsten Mann hereinzuholen, aber Dr. Jähnert fragt ihn: »Kann ich bitte mit Ihnen allein sprechen?«

»Spiken« geht mit seinem schleppenden Gang hinaus und Tommy setzt sich wieder hin auf die andere Seite des Schreibtisches. »Wie geht es Ihnen selbst, Herr Oskarsson? Ich sehe, dass Sie sich nicht besonders gut fühlen. Gibt es etwas, womit ich Ihnen helfen kann?« Tommy schaut betrübt auf den Tisch und entgegnet mit leiser Stimme: »Ich hatte ein paar persönliche Probleme in der letzten Zeit und kann nicht besonders gut schlafen. Meine Gedanken wandern umher und ich finde keine Ruhe.«

»Essen Sie ausreichend und trinken Sie genug? Ich meine Wasser und nicht Bier, das Ihre Kollegen so gern trinken.« Sie lächelt mit ihrem umwerfenden Charme und Tommy antwortet: »Nein, ich habe keinen Appetit und ich trinke auch nicht ausreichend.«

»Bei ihren persönlichen Problemen kann ich Ihnen nicht helfen, aber ich kann Ihnen ein sehr wirksames Schlafmittel geben, das es nicht in der Apotheke gibt. Aber ich habe für meine Freunde einen kleinen Vorrat bei mir.«

»Danke«, sagt Tommy und steht auf.

»Herr Oskarsson, ich bin noch nicht fertig mit Ihnen. Sie sorgen dafür, dass Sie regelmäßig essen und trinken und wir werden eine Blutprobe nehmen, um zu sehen, ob alles in Ordnung ist. Und im Übrigen hoffe ich, dass wir uns auf der Weihnachtsfeier des Projektes am 12. Dezember sehen. Ich freue mich schon darauf und ich möchte dann gern mit Ihnen tanzen. Sehen Sie also zu, dass Sie bis dahin wieder fit sind.« Sie ruft Schwester Adelheid und gibt ihr Anweisung, Herrn Oskarsson eine Blutprobe zu entnehmen, und fügt hinzu: »Und nimm die dünne Kanüle, denn wir müssen uns um Herrn Oskarsson Sorgen machen.«

Tommy, zurück in seinem Büro auf der Baustelle, denkt darüber nach, was in den letzten Wochen passiert ist. Er vermisst Charlotte genau so sehr, wie er es hasst, was sie und ihre Kollegen tun. Er hatte noch niemals so eine innige Beziehung zu einer Frau und sehnt sich nach ihr, ist aber gleichzeitig beunruhigt, ob er sie noch mal treffen wird. Obwohl sie sich bisher nur bei zwei Anlässen gesehen haben, fühlt er, dass er verliebt ist.

Er muss darüber hinwegkommen, aber kann mit niemandem darüber sprechen. Gleichzeitig muss er auch sehr vorsichtig mit den Informationen sein, die er von Charlotte über Walter und Andreas Jähnert erhalten hat. Oder waren das auch Lügen, um ihn zu testen? »Zum Teufel, ich werde noch verrückt. Hoffentlich helfen die Schlaftabletten von Dr. Jähnert.« Er steht auf und geht hinunter in den Speisesaal, um zu frühstücken.

Die gesamte Mannschaft ist versammelt, um nach dem Frühstück einige Informationen über die Situation auf dem Bau vom Projektchef Anders Nyström zu erhalten. Er ist mit dem Fortschritt des Projektes sehr zufrieden. Sie halten den Zeitplan und das Kostenbudget ein. Als kleines Dankeschön geben er und die Deutsche Reichsbahn sich die Ehre, alle Angestellten des Projektes zu einer gemeinsamen Weihnachtsfeier am 12. Dezember in das Dachgeschoss des Rügen Hotels einzuladen.

»Ich bitte Walter, einige Worte zu sagen, wie es vonstattengehen wird.« Walter steht auf und teilt mit: »Es ist wichtig, dass ihr nicht die gute Zusammenarbeit mit unseren deutschen Freunden von der Auftragsseite stört. Trinkt nicht zu viel Alkohol und zeigt speziell Respekt vor den höheren Chefs aus Berlin von der Deutschen Reichsbahn und vom Handelsministerium, die ihr Kommen angemeldet haben. Von unserem Hauptbüro nimmt auch unser hochgeschätzter Direktor, Sven Nilsson, teil. Alle diese Ehrengäste werden am Ehrentisch platziert, wo von unserer Seite natürlich auch Anders, Stefan und ich selbst sitzen werden.«

Walter beendet seine kleine Rede mit einem zufriedenen Schmatzen. Tommys Blick verfinstert sich und er ist nahe dran, etwas Unpassendes zu sagen, aber denkt für sich selbst: »Du kleine Ratte, ich werde dafür sorgen, dass die Falle zuschnappt, noch bevor wir hier fertig sind.«

Tommy hat in den letzten zwei Wochen mithilfe der Tabletten von Dr. Jähnert wie ein junger Gott geschlafen. Das erinnert ihn ein bisschen an den Schlaf, den er in der ersten Nacht bei Charlotte in Berlin hatte, aber er denkt nicht weiter darüber nach. Er hat auch besser **gegessen** und getrunken, war viel draußen, ist am Strand von Binz gelaufen und fühlt sich nun wieder gestärkt. Die Sehnsucht nach Charlotte nagt weiter in ihm, aber nicht mehr die ganze Zeit und nicht mehr so tief.

Er denkt viel an die Weihnachtsfeier und wie es sein wird, Charlotte wieder zu begegnen. Immer öfter fragt er sich auch, was wohl Dr. Jähnert damit meinte, dass sie mit ihm tanzen will. Sie ist doch verheiratet mit Andreas Jähnert. Oder gehört sie etwa auch zu den Bösen? Er überlegt, ob es irgendjemanden in seiner Nähe gibt, dem er vertrauen kann, aber er findet keine Antwort.

Das Hotel ist weihnachtlich geschmückt mit einer Beleuchtung, die ABV gesponsert hat. In der ansonsten so dunklen Stadt leuchtet die Fassade über den ganzen Platz, der das Hotel umgibt, und die Gäste, die aus verschiedenen Richtungen kommen, sind alle beeindruckt.

Tommy kommt mit einigen Kollegen, die er am liebsten mag. Das sind Per Murström aus Stockholm, der für die Projektplanung zuständig ist, und Lasse Hansson aus Malmö, der sich um die Ökonomie kümmert. Beide sind ein wenig älter als er selbst und leben in festen Verhältnissen, sind aber hier in Ostdeutschland ohne ihre jeweilige Partnerin. Sie nehmen den Fahrstuhl nach oben und werden mit einem Glas Sekt von einem gut gekleideten Kellner willkommen geheißen. Sie gehen zu einer Tafel, die die Tischplatzierung anzeigt. Tommy sieht, dass sie alle drei am selben Tisch platziert sind, gemeinsam mit Dr. Jähnert und einigen mittleren Chefs der Deutschen Reichsbahn und einem Vertreter vom ostdeutschen Außenhandelsunternehmen.

Tommy freut sich über die Platzierung, ist aber auch etwas beunruhigt, weil Charlotte nur einige wenige Tische hinter ihm sitzt. Sie gehen zum Platz und setzen sich gerade, als Andreas Jähnert und seine Frau Heidemarie das Restaurant betreten. Tommy erkennt sie ohne ihren weißen Arztkittel kaum wieder. Als sie nun in einem schwarzen Overall ohne Ärmel auf ihn zukommt, ist er fasziniert. Sie ist so schön, dass er sprachlos ist, als Andreas ihr den Tisch zeigt und zu ihm sagt: »Passen Sie gut auf meine Frau auf, Herr Oskarsson. Ich weiß ja, was Sie können.«

Tommy errötet und versteht die Anspielung auf deren gemeinsamen Abend im Hotel Neptun. Die anderen lachen nur und Heidemarie sagt zu ihrem Mann: »Geh du nur zu deinem Ehrentisch. Meine Herren, hier an unserem Tisch wird es garantiert viel schöner werden.« Andreas lächelt und wünscht allen einen schönen Abend.

Und nun kommt auch Charlotte ins Restaurant, begleitet von Marlene und einigen Höheren aus Berlin. Sie ist schön und gleitet förmlich durch den Raum. Ihre Blicke begegnen sich und er fühlt eine angenehme Wärme im Körper.

Die Gespräche am Tisch fließen und das Essen ist erstaunlich gut. Das Rumpsteak ist nicht zäh und der Nachtisch – Vanilleeis mit warmen Moltebeeren, die Direktor Nilsson aus Norrland mitgebracht hat – ist ein voller Erfolg. Sie trinken eine Mischung aus Bier und russischem Sekt, da die zugänglichen Weine nicht gerade trinkbar sind.

Nach den langatmigen Reden spielt das Tanzorchester das erste Lied und Tommy spürt eine wohlbekannte Hand auf seiner linken Schulter. Die Hand gehört Charlotte, die fragt: »Darf ich mit Ihnen tanzen, Herr Oskarsson?« Er dankt höflich und folgt ihr auf die Tanzfläche. »Ist das hier klug von dir?«, flüstert er ihr ins Ohr.

Sie antwortet genauso leise: »Bleib ruhig. Man erwartet in meinem Job, dass ich solche Sachen mache.« Er fühlt ihre Nähe, muss sich aber beherrschen. Er flüstert: »Wie geht es dir? Du siehst aus, als würdest du dich besser fühlen als beim letzten Mal?«

Charlotte antwortet: »Ich habe es eine Zeit lang schwer gehabt, aber ich arbeite daran, meine Situation zu verändern. Warte ab, dann wirst du sehen.«

Tommy erwidert: »Das freut mich. Ich war sehr beunruhigt und vermisse dich.« Charlotte flüstert zurück: »Denk daran, was ich dir auf dem Bahnsteig zum Abschied gesagt habe. Wir müssen uns daran halten.«

Er fühlt, wie sie ihm diskret im Nacken streichelt, als sie zu ihrem Tisch zurückgehen. Er dankt höflich für den Tanz und als er zu seinem Tisch zurückkommt, schaut Dr. Jähnert ein bisschen verärgert auf ihn und sagt: »Ich dachte, dass wir heute Abend tanzen.« Tommy errötet und sagt: »Der Abend hat ja gerade erst begonnen. Wir haben noch viel Zeit, diesen zu genießen.«

Nach einer Weile verbessert sich die Stimmung zwischen Dr. Jähnert und Tommy wieder. Tommys Kollege Per tut am Tisch sein Bestes, damit sich alle wohlfühlen, und gekonnt glückt ihm das außerordentlich gut. Nach einem weiteren Glas von dem halbtrockenen russischen Sekt nimmt Tommy all seinen Mut zusammen und geht zu Frau Doktor und fragt: »Meine liebe Frau Doktor, darf ich bitten?«

Heidemarie sieht mit ernstem Blick zu ihm auf und sagt: »Gern, Herr Oskarsson.«

Sie gehen zur Tanzfläche und als sie näher an ihn herankommt, fühlt er, wie ein elektrischer Schock durch seinen Körper geht. »Das hier ist nicht wahr«, denkt er und ihn erfüllt ein solches Glücksgefühl, dass alle anderen auf der Tanzfläche aus seinem Bewusstsein verschwinden. »Geht es Ihnen nicht gut?«, flüstert sie in sein Ohr. »Ich habe mich noch nie besser gefühlt, Frau Doktor«, sagt er und lacht sie an. Nach drei Tänzen und zehn gefühlvollen Minuten, die man so wohl nur einmal in seinem Leben erlebt, sagt Heidemarie zu ihm: »Ich würde liebend gern den ganzen Abend mit ihnen tanzen, aber wir müssen nun zum Tisch zurückgehen, ansonsten gibt es noch Gerüchte. Sie spürt eine Leichtigkeit, die sie bisher noch nicht gekannt hat. Eine Liebe zu einer anderen Person erwächst in ihr – ein Gefühl, das sie nicht unterdrücken kann und auch nicht will.

Als es halb eins wird, steht Heidemarie auf und geht zu ihrem Mann, der, wenn er nicht bei den anderen Ehrengästen saß, die ganze Zeit mit der blonden Marlene getanzt hat. Nach einer kurzen Diskussion zieht sie ihn mit starrer Miene zum Tisch, an dem Tommy sitzt.

Andreas setzt sein künstliches Lächeln auf und sagt: »Meine liebe Frau hat morgen früh zeitig Dienst, sodass sie jetzt nach Hause fahren muss. Ich habe unser Auto mit Chauffeur bereits bestellt. Es wäre nett, wenn Sie, lieber Herr Oskarsson, sie zum Auto begleiten und dafür sorgen würden, dass sie sicher heimkommt, denn ich muss hierbleiben und mich um unsere Ehrengäste kümmern.« Tommy sieht ihn freundlich an und sagt: »Das ist mir eine große Ehre, Herr Jähnert.«

Heidemarie und Tommy stehen vor dem Fahrstuhl, der sie vom neunten Stockwerk zu den Garderoben im Erdgeschoß bringen wird. Sie sind die Einzigen, die so zeitig gehen. Als der Fahrstuhl kommt, steigen sie ein. Zu Tommys großer Verwunderung wendet Heidemarie sich ihm zu, sieht ihm tief in die Augen, zieht ihn an sich und küsst ihn mit einer Intensität und einem Gefühl, das er nie für möglich gehalten hätte.

»Warum ist das Leben so schön, aber auch so kompliziert?«, denkt Tommy, als sich die Fahrstuhltür öffnet und die harte Realität hereinströmt ...

Kapitel 21

Januar 1976 – Brüdervolk

Im Konferenzraum von Oberst Grosse sind alle Funktionäre des ostdeutschen Sicherheitsdienstes versammelt, die in die Kontrolle des grenzüberschreitenden Projektes im Hafen von Saßnitz involviert sind. Außer dem in Uniform gekleideten Oberst, der außergewöhnlich guter Laune ist, nehmen auch Andreas, Marlene und Charlotte teil – alle auch in Uniform.

Von der Abteilung in Rostock sind drei für Charlotte unbekannte Offiziere anwesend. Es ist nicht so leicht, das Personal in einer so schnell wachsenden Organisation wie der Stasi zu überblicken. Charlotte hat gehört, dass die Stasi nun über 60 000 fest angestellte Offiziere und Angestellte hat. Hinzu kommen über 200 000 Zeitsoldaten und eine Anzahl informelle Mitarbeiter, die als Informanten vor Ort arbeiten.

Innerhalb der Stasi bezeichnet man diese informellen Mitarbeiter als IM. Als IM hat man sich entschieden, seine Mission freiwillig oder im Austausch für materielle Vorteile zu erfüllen, oder man wurde aus irgendeinem Grund dazu gezwungen. Charlottes Erfahrung ist, dass nur wenige dieser Personen die Arbeit aus rein moralischen Gründen zur Verteidigung der sozialistischen Gesellschaft leisten.

Sie hat nach dem aufrüttelnden Wochenende mit Tommy in Berlin begonnen, sich für Sachen zu interessieren, von denen sie angenommen hatte, dass sie selbst nichts damit zu tun hat. »Man weiß ja nie, wie es kommt ... und wenn ich aus diesem Dreck hier herauskommen will, muss ich vorbereitet sein«, denkt sie und die Gedanken schweben aus dem Raum in eine andere Welt – ohne das Böse, das sie jeden Tag erlebt. Sie wird in die Wirklichkeit zurückgeholt, als der Oberst seine Erläuterungen beginnt.

»Ich danke euch im Namen der Partei für euren Einsatz zum Schutz unseres Vaterlandes gegen den negativen Einfluss auf die Sicherheit unseres Landes und unsere Bürger, der von den kapitalistischen Kräften ausgeht, die unseren Fährhafen bauen. Der so vortrefflich zusammengestellte Bericht des Genossen Jähnert gibt ein positives Bild der Situation. Rein technisch gesehen schreitet der Fährhafenbau – für mich persönlich etwas überraschend – außerordentlich gut voran. Die Dokumente, die die Deutsche Reichsbahn in den letzten 15 Jahren mit großer Sorgfalt erarbeitet hat, stimmen exakt und bisher konnten keine Anzeichen von Störungen oder bewusster Sabotage festgestellt werden. Das schwedische Unternehmen ABV hat seine Verpflichtungen in den ersten sechs Monaten mit großer Kreativität und mit einer Disziplin ausgeführt, die ich so nicht erwartet hätte.«

Der Oberst macht eine kurze Pause und trinkt aus einem eleganten Kristallglas einen Schluck kohlensäurehaltiges Mineralwasser der Marke Margonwasser. Er zündet sich eine neue Club-Zigarette an und gibt dann die Schachtel an seine Mitarbeiter weiter. »Nehmt, was ihr braucht, denn es dauert eine gute Stunde, diesen Bericht durchzugehen«, sagt er und fragt in die Runde: »Will jemand etwas hinzufügen?«

Andreas nickt und ergänzt: »Es ist genau, wie der Oberst sagt. Die Schweden realisieren dieses große Projekt in so kurzer Zeit auf eine Weise, von der ich glaube, dass unsere Bauindustrie eine Menge davon lernen kann. Die Verantwortung wird an diejenigen delegiert, die die Arbeit vor Ort ausführen. Ein Beispiel ist, dass die Maschinenführer, die die langen Spundbohlen einschlagen, das in eigener Verantwortung ausführen, ohne dass der Bauleiter jeden Schritt kontrollieren muss. Sehr seltsam, aber gleichzeitig effektiv. Auf meine Initiative hin haben wir einen kleinen Test durchgeführt. Wir haben einen ihrer jüngeren Ingenieure, einen gewissen Herrn Oskarsson, zur technischen Universität Rostock mitgenommen, um ihm die Chance zu geben, eine Vorlesung über die amerikanische Messausrüstung zu halten, mit der sie schnell und zuverlässig sicherstellen, dass alle Bauteile exakt an der vorgesehenen Stelle landen.«

Als Charlotte Tommys Namen hört, errötet sie unkontrolliert, was ihr früher nie passiert ist. »Ich muss mich zusammenreißen«, ermahnt sie sich selbst und blickt schnell nach unten auf den Tisch.

»Die Vorlesung war ein großer Erfolg und Herr Oskarsson fand einen bescheidenen Ton, der genau in das Bild passt, das Schweden von unserem Land als friedliebenden und neutralen Staat hat.«

»Eine ausgezeichnete Initiative, Herr Major, davon will ich noch mehr sehen. Es ist wichtig, dass wir Neues lernen, indem wir uns etwas von den Schweden abschauen. Ich nehme an, dass die genannte Ausrüstung aus Amerika, zu der wir bisher keinen Zugang hatten, über unsere Kanäle bereits bestellt ist?« Der Oberst nickt Andreas freundlich zu, der sich noch gerader aufrichtet und entgegnet: »Selbstverständlich, Herr Oberst.«

Der Oberst setzt seine langatmigen Erläuterungen fort: »Unsere Befürchtung, dass der schwedische Geheimdienst einen oder mehrere Mitarbeiter auf der Baustelle hat, hat sich nicht bestätigt. Die Informationen, die uns unser Mann auf der Baustelle übergab, erwiesen sich als völlig bedeutungslos. Wir verschwendeten unnötig Zeit und Energie auf diese Spur. Vielleicht können Sie, Fähnrich Pfeiffer, das noch etwas mehr vertiefen?«

Charlotte hat einen trockenen Mund, aber sie startet ihren eintrainierten Autopiloten und liefert eine kurze, rasche Beschreibung ihrer Operation: »Über den von unserem IM ausgemachten und schon in einem anderen Zusammenhang genannten Tommy Oskarsson habe ich eine komplette Analyse vorgenommen. Ich brachte ihn zum Einschlafen und fand nichts in seinen persönlichen Sachen, weder in Papierform noch in irgendeiner Form von Technik. Bei einer Rundfahrt durch Berlin zeigte sich, dass er völlig unwissend ist über die Situation in der Stadt und über das Verhältnis zu Westberlin. Er ist ein ganz normaler junger Mann, relativ intelligent, mit einer schnellen Auffassungsgabe und Einfühlungsvermögen, aber naiv und emotional. Wir können zu 100 Prozent ausschließen, dass er Kontakt zum schwedischen Geheimdienst hat.«

Charlotte schaut mit ihrem strengsten und seriösesten Blick auf den Oberst und der antwortet: »Danke, Fähnrich Pfeiffer, für die gute Zusammenfassung. Gibt es noch etwas zu ergänzen?«

Charlotte und Andreas sind in Vorbereitung der Sitzung zu dem Schluss gekommen, dass Walter Mahlstedt unter spezielle Beobachtung gestellt werden sollte, weshalb Andreas die Hand hochhob und anführte: »Ich bin der Ansicht, dass unser IM in Saßnitz einen großen Fehler gemacht hat in der Beurteilung der bis jetzt untersuchten Person. Es gibt ein gewisses Risiko, dass unser nicht ganz zuverlässiger IM selbst die Person sein könnte, die für den schwedischen Geheimdienst arbeitet.«

Der Oberst schaut verwundert auf Andreas und sagt: »Sie meinen als Doppelagent? Das klingt ein bisschen weit hergeholt, aber behaltet ihn im Auge. Beim kleinsten Verdacht schlagen wir mit voller Kraft zurück.«

Der Oberst zeigte sich nun von einer anderen Seite und sagt: »Wer sich gegen unsere Ideale stellt, wird nie wieder glücklich werden.« Er blickt in die Runde der Teilnehmer und als sein Blick die Augen von Charlotte trifft, muss sie sich aufs Äußerste anstrengen, dem Blick standzuhalten, damit er ihre inneren verräterischen Pläne nicht erahnt.

»Gut, kommen wir nun zum letzten Teil des Berichtes, der vom Verhältnis zur ostdeutschen Bevölkerung handelt. Wir beobachten bei den rund 100 schwedischen Bauarbeitern und Teilen der Angestellten aus Schweden ein ausschweifendes Nachtleben in Saßnitz und teilweise auch in Rostock. Der Alkoholkonsum und die Kontakte zu einheimischen Frauen führen zu gewissen nicht erwünschten Konsequenzen. Wir haben bereits zwei Anträge über Eheschließungen vorliegen. Die Frage ist, ob es aus persönlichen Gründen ist oder um eine Ausreiseerlaubnis für den Westen zu erhalten.«

Der Oberst blickt auf die Teilnehmer und sagt weiter: »Gleichzeitig hat der schwedische Ministerpräsident, Olof Palme, diese Frage während eines Treffens mit unserem Staatschef, Erich Honecker, aufgeworfen. Sie kamen überein, dass das Verhältnis zwischen beiden Staaten durch Brüderschaft gekennzeichnet sein soll. Wir können natürlich nicht zulassen, dass sich ein neuer Weg öffnet, unkontrolliert das Land zu verlassen, und deshalb schlage ich Folgendes vor: Wir stimmen in den zwei Fällen schnell der Eheschließung unter der Bedingung zu, dass das Land innerhalb von vier Wochen nach der Hochzeit verlassen wird – und das gilt für beide Partner. Mit diesem Vorgehen erfahren wir, ob die schwedischen Männer entweder gefühlsmäßig so gebunden sind, dass sie dieses akzeptieren, oder ob sie die gut bezahlte und steuerfreie Arbeit hier doch nicht aufgeben und auch das verlockende Nachtleben nicht verpassen wollen.«

Alle am Tisch nicken zustimmend und der Oberst führt weiter aus: »Es ist wichtig, dass die Botschaft so verbreitet wird, dass diese die Schweden auf deutliche Art und Weise erreicht.« Andreas sagt mit einer gewissen Ironie in der Stimme: »Das ist ja ein ausgezeichneter Auftrag für unseren schwedisch-deutschen IM.«

»Danke, das war alles für heute. Ich will gern mit Ihnen, Fähnrich Pfeiffer, separat sprechen. Bitte folgen Sie mir.« Der Oberst gibt Charlotte ein Zeichen, mit ihm zu gehen, was sie auf schwachen Beinen tut. Als sie in sein Zimmer kommen, sagt er, ohne dass sie sich gesetzt haben: »Ich habe einen neuen Auftrag für Sie. Sie werden in Saßnitz zum Schutz des Fährhafens nicht länger gebraucht, sondern werden ab heute in einer Operation tätig, die die amerikanische Botschaft hier in Berlin betrifft.«

Der Oberst sieht ihr direkt in die Augen, so als könnte er ihre

Gedanken lesen. »Selbstverständlich, Herr Oberst.« Charlotte blickt fest zurück und denkt sich: »Das wird mein letzter Auftrag für dich und deine verfluchte Organisation, du Schwein.«

Kapitel 22

Januar 1976 – Der Brief

Heidemarie hat nach der für sie einschneidenden Weihnachtsfeier ein wahnsinnig schlechtes Gewissen, wie sie sich im Fahrstuhl gegenüber Herrn Oskarsson benommen hat. Sie kann nicht fassen, dass sie die Kontrolle über sich selbst auf eine solch peinliche Art verloren hat.

Sie hatte sich sehr auf die Weihnachtsfeier mit dem exotischen Schweden vom Fährhafen gefreut und darauf, dass sie vielleicht auch rein zufällig mit Herrn Oskarsson ein wenig privat sprechen kann. Als sie sah, dass ihr Mann Andreas ganz offen seine Gefühle für die Stasi-Schlampe Marlene zeigte, und dass die andere Mitarbeiterin Charlotte heimlich mit Herrn Oskarsson flirtete, wurde sie mit einer Intensität eifersüchtig, die sie noch nie zuvor gekannt hat. Sie verstand nicht, warum sie plötzlich solche Gefühle für den jungen Schweden bekam.

Ihre kurzen Weihnachtsferien, die sie gemeinsam mit Andreas bei seinen Eltern verbracht hat, waren auch eine Katastrophe. Sie versuchten, sich so oft wie möglich aus dem Weg zu gehen, und auch die Eltern von Andreas hatten nicht gerade ihre besten Stunden.

Andreas Mutter Liselotte versuchte wie üblich, die Familie zusammenzuhalten. Keiner von den Männern war jedoch daran interessiert. Jeder verbrachte die Zeit mit sich selbst mit verschiedenen sportlichen Aktivitäten wie Tennis in der Universität oder Joggen im Volkspark. Nach zwei Tagen nahm Heidemarie ein

Taxi für die 20 Kilometer zu ihrer Oma in Lützen und blieb dort bis zum Neujahrstag.

Der graue Alltag in Saßnitz hatte sie wieder im Griff. »Was soll ich machen, wenn Herr Oskarsson morgen erstmals nach der Weihnachtsfeier wieder mit seinem Krankentransport kommt? Wir können nicht hier im Krankenhaus darüber sprechen. Hier gibt es zu viele Ohren und Mikrofone«, denkt sie sich. »Die einzige Möglichkeit ist, dass wir uns in meinem Auto treffen und ich ihn dafür im Wald hinter dem Krankenhaus auf dem Weg nach Stubbenkammer mitnehme. Das erscheint ihm vielleicht etwas kompliziert, aber ich schreibe ihm einen kurzen Brief mit den Instruktionen.«

Heidemarie ist unsicher, was sie eigentlich will, aber die Sehnsucht nach etwas anderem als ihrem gegenwärtigen Leben ist zu groß, als dass sie rational handeln könnte, was sie bisher immer getan hatte. Der Hass und ihr Unbehagen gegenüber Andreas werden stärker und stärker – im gleichen Takt wie seine Karriere bei der Stasi voranschreitet.

Die Begegnungen mit dem schwedischen Personal von der Baustelle haben auch dazu geführt, dass Heidemarie zu verstehen beginnt, dass die ostdeutschen Ideale, mit denen sie aufgewachsen ist, auf Angst aufgebaut sind, was sie bisher nicht verstand oder gesehen hat. Die Schweden, die sie getroffen hat, wirken freier und sorgloser und verbreiten Wärme und Sympathie um sich herum. Verglichen mit den harten, unromantischen deutschen Männern, die sie umgeben, erscheint ihr ein Mann, wie Herr Oskarsson, wie ein Traum aus einer besseren Welt. Ihre Gedanken schweifen schon wieder ab, doch die Stimme von Schwester Adelheid holt sie ins Krankenhausleben zurück.

Tommy hat Weihnachten bei seinen Eltern in Örebro verbracht und ist mit der Fähre auf dem Weg zurück nach Saßnitz. Es war ein ganz anderes Weihnachten in diesem Jahr. Es war natürlich schön, Familie und Freunde zu treffen, aber alles wurde durch das im zurückliegenden Halbjahr Erlebte überschattet. Er fühlte sich nicht länger zu Hause auf die Art, die er von früher kannte, und hatte niemanden, mit dem er über das Erlebte sprechen konnte.

»Ich kann doch nicht erzählen, dass ich ein Verhältnis mit einer Frau hatte, die eine Agentin des ostdeutschen Sicherheitsdienstes ist, und auch nicht, dass eine verheiratete Frau, deren Mann gleichfalls ein höherer Beamter bei derselben Organisation ist, mich im Fahrstuhl in Saßnitz geküsst hat. Was soll ich machen? Vielleicht ist es das Beste, dass ich überhaupt keine Kontakte mit Ostdeutschen habe, das Projekt abschließe und zurück nach Schweden fahre und ein normales Leben führe.« Doch Tommy fühlt, dass Sehnsucht und Verlangen nach dem, was er mit Charlotte erlebte, immer noch tief in seinem Inneren stecken und zugleich das Gefühl, in Dr. Jähnert verliebt zu sein. »Wir werden sehen, was passiert. Ich verhalte mich nicht wirklich klug, aber ich schaffe es nicht länger, gegen diese Gefühle anzukämpfen.« Er lehnt sich zurück in den abgenutzten Sessel auf der schwedischen Fähre Skåne und schließt die Augen.

Am Dienstagmorgen fährt Tommy in angespannter Erwartung den Bus mit den Kranken an Bord hinauf zur wohlbekannten Silhouette des großen Gebäudes mit dem winterlichen Wald im Hintergrund. Er zittert vor dem Treffen mit Dr. Jähnert, als er an die Tür klopft, um die Patienten von heute anzumelden.

Mit einem »Guten Morgen, Herr Oskarsson«, eine deutsche Floskel, bei der Erfolg, Glück und Gesundheit die Hauptzutaten sind, wird er in der Tür begrüßt. Frau Doktor wirkt etwas verkrampft und ihr Erröten verrät ihre Nervosität. Tommy, der noch immer nicht alle diese deutschen Höflichkeitsformen beherrscht, antwortet ein bisschen kurz und schnell: »Das wünsche ich Ihnen auch, Frau Doktor.« Auch Tommy errötet und blickt auf den Fußboden.

»Wir können uns vielleicht hinsetzen und die Situation besprechen?«, schlägt sie vor. »Übrigens, hatten Sie schöne Weihnachtsfeiertage?« Tommy blickt sie an und antwortet etwas vorsichtig: »Ja, hatte ich und ich bin wahrscheinlich schon ein

bisschen deutsch geworden – ich habe Saßnitz sehr vermisst.«
Er sieht sie freundlich an und sie antwortet: »Ja, so kann man das wahrscheinlich sehen. Ich selbst war über Weihnachten in Leipzig, aber nun bin ich froh, dass ich wieder zurück in Saßnitz bin. Ich habe eine kleine Zusammenstellung der Behandlungen im letzten halben Jahr für das Personal ihres Projekts gemacht. Das ist eine ganz interessante Lektüre, die Ihnen vielleicht helfen kann, die Zahl der Krankenstände zu reduzieren. Im hinteren Teil sind Fakten, die nur für Sie bestimmt sind, Herr Oskarsson.« Mithilfe ihrer Mimik zeigt sie deutlich, dass Tommy das als eine private Nachricht auffassen soll ...

Als Tommy zurück auf der Baustelle ist, geht er in sein Zimmer, schließt die Tür und beginnt, die handgeschriebene Mitteilung zu lesen. Der Text lautet:

Lieber Herr Oskarsson, ich bitte Sie auf diese Weise aufrichtig um Entschuldigung für mein Benehmen auf unserer gemeinsamen Weihnachtsfeier. Es wäre gut, wenn wir uns sehen könnten, damit ich Ihnen das besser erklären kann. Nachdem es ist, wie es ist, mit meiner Beziehung und meiner Arbeit, ist eine solche Begegnung für uns beide gefährlich. Ich schlage vor, dass wir uns auf dem Weg treffen, der hinter dem Krankenhaus nach Stubbenkammer führt. Ungefähr 300 Meter vom Sportplatz entfernt gibt es einen kleinen Parkplatz auf der rechten Seite. Wenn Sie am Freitag um 19:30 Uhr dort sind, hole ich Sie mit meinem blauen Trabant ab. Ihr eigenes Auto sollten Sie am Rügen Hotel parken und dann zu Fuß gehen. Wenn wir das so machen, haben wir die Risiken unter Kontrolle. PS: Diese Mitteilung sollten Sie umgehend vernichten.«

Tommy musste aufstehen und seine Gedanken ordnen. »Wie zum Teufel kommen die Menschen hier unter diesem Druck und diesen ständigen Ängsten mit ihrem Leben zurecht?«, denkt er. Gleichzeitig ist er froh, dass sie ihn wiedersehen will und beschließt, zum Treffen zu gehen.

Als er aus seinem Zimmer geht, trifft er Walter Mahlstedt. Der sieht ihn mit scharfem Blick an und sagt: »Du hast doch wohl nichts Dummes getan, Tommy?! Denk daran, das hier ist eine gefährliche Welt für denjenigen, der sie nicht versteht.«

Tommy fühlt, wie ihm ein Schauer über den Rücken läuft, versucht, gleichgültig zu wirken, und antwortet: »Kümmere dich um dich selbst. Ich werde dafür sorgen, dass die Fähre, wenn wir fertig sind, im Fährbett richtig anlegen kann. Und was trägst du dazu bei?«

Tommy blickt ihm direkt in die Augen und Walters Blick beginnt zu flackern. Walter sieht den jungen Mann auf der Baustelle verschwinden und nimmt sein kleines schwarzes Notizbuch, in das er ausführliche Notizen macht. Als er die beendet hat, nickt er zufrieden vor sich hin.

Kapitel 23

Januar 1976 – Das Labor

Auf dem großen, offenen Augustusplatz, der sich mitten im Zentrum von Leipzig befindet, bläst ein kalter Januarwind, der durch die dünne Oberbekleidung von Andreas und Marlene dringt. Sie kommen von einem Abendessen im historischen Restaurant Auerbachs Keller und sind auf dem Weg zum Hotel am Ring, das auf der anderen Seite des breiten Georgiringes liegt. Rechts davon steht das neugebaute Hochhaus mit 34 Etagen und links das pyramidenartige Opernhaus.

Zum schneidenden Wind gesellen sich nun auch noch feuchte Schneeflocken. Die Luft ist wie in vielen ostdeutschen Städten durchzogen von Kohlenrauch und dem Gestank der umliegenden Industrie.

Sie gehen mit schnellen Schritten in Richtung des zurzeit feinsten Hotels in Leipzig, in dem sie seit Neujahr ein Doppelzimmer haben, das auf den Namen von Andreas gebucht ist. Auch wenn Andreas sich selbst nicht besonders um sein Privatleben schert, so ist das hier grenzwertig. Aber die Übernachtung im Elternhaus mit seiner Geliebten würde selbst für einen so mächtigen Mann wie Andreas den Bogen überspannen.

Nach den missglückten Weihnachtsfeiertagen mit seiner unzufriedenen Frau empfindet er jetzt, dass das Leben wieder in seine richtigen Bahnen kommt. Heute Abend haben sie sich für ein Treffen mit einigen Stasi-Kollegen aus Leipzig, die Andreas schon lange kennt, im mondänen Nachtclub des Hotels verabredet.

»Danke Andreas, dass du für uns heute Abend einen Tisch bestellt hast. Hier ohne Kontakte hereinzukommen, das kannst nur du als Hochrangiger aus Berlin oder irgendein reicher westdeutscher Geschäftsmann.« Ein dunkelhaariger, großer Mann in Andreas' Alter lächelt und setzt fort: »Prost und noch einmal danke.«

Die drei Paare am Tisch stoßen mit dem besten russischen Sekt an und im Hintergrund spielt der Discjockey die neuesten Lieder aus dem Westen. Das Publikum im Nachtclub ist eine Mischung aus Geschäftsleuten aus dem Westen und Ostdeutschen, die in der Gesellschaft nach oben gelangt sind. Und natürlich gibt es auch eine starke Anwesenheit der Organisation, der Andreas und Marlene angehören. Andreas registriert zufrieden, dass der weibliche Teil der Gäste sehr jung und gut gekleidet ist.

»Und geht es mit Ihrer Forschung hier in Leipzig voran? Wird es einige neue Goldmedaillen bei der nächsten Olympiade geben?«, fragt Andreas den dunkelhaarigen Mann, der Manfred heißt. Die Antwort weiß er schon durch seinen Vater: Über 400 Mediziner sind in das systematische Doping involviert, das hier in Leipzig als Zentrum betrieben wird. Es umfasst alle Sportarten, die bei der Sommer- und Winterolympiade vertreten sind.

»Wir tun unser Bestes, lieber Andreas. Es werden große Fortschritte in dem wichtigen Teil der medizinischen Forschung gemacht. Warte noch einige Jahre und dann wird die DDR die Olympischen Spiele dominieren und Glanz über unsere stolze Nation verbreiten«, entgegnet Manfred und alle am Tisch erheben ihr Glas, worauf Andreas sagt: »Komm, Marlene, ich will jetzt mit dir tanzen.« Sie gleiten über den eleganten Tanzboden und in den Tönen einer ruhigen Ballade sagt Marlene: »Es ist bedauerlich, dass wir nicht mehr mit Charlotte zusammenarbeiten können. Kannst du nicht etwas dagegen tun?« Andreas stimmt ihr zu und sagt, dass auch er Charlotte vermisst: »Ich habe es versucht, aber der Oberst lässt nicht mit sich reden. Es gibt einen wichtigen Auftrag und da brauchen sie jemand mit Charlottes Qualitäten. Wer könnte sie ersetzen?«

Marlene streichelt ihm langsam über den Nacken und sagt weiter: »Wir zwei zusammen sind fantastisch, aber mit einem weiteren Partner würden wir unschlagbar sein. Gib mir ein bisschen Zeit, mein Lieber. Ich arbeite daran, den richtigen Ersatz für Charlotte zu finden. Du kannst ja vielleicht bei der Suche behilflich sein?«

Während sie tanzen, überfällt Andreas plötzlich das schlechte Gewissen, was er da gerade tut. »Warum ist er nicht bei Heidemarie und wieso verkehrt er mit diesen farblosen Typen von der örtlichen Stasi-Abteilung hier in Leipzig? Was sehe ich in Marlene, das so interessant ist?«, fragt er sich selbst. »Woran denkst du?« Marlene sieht ihn verwundert an und fährt fort: »Sollen wir auf unser Zimmer gehen? Die Kollegen langweilen mich zunehmend.« Er schaut sie an und lächelt, sagt aber nichts, sondern denkt sich: »Ich muss mein Leben ordnen. Morgen versuche ich, darüber mit meinem Vater zu sprechen. Aber heute Abend ist heute Abend«, wischt er seine Gedanken fort, als er Marlene auf dem Weg ins Zimmer im Fahrstuhl küsst.

Am nächsten Tag begleitet Andreas seinen Vater zu der Forschungseinheit, die dem Forschungsinstitut für Körperkultur und Sport – oder wie man im täglichen Gebrauch sagt: FKS – unterstellt ist. Andreas hat mit dem Zutritt kein Problem. Die Stasi kontrolliert, dass das FKS so geleitet wird, dass nur wenige davon Kenntnis haben, wie das ganze Dopingsystem funktioniert.

»Das hier ist die Zukunft. Wir haben über 400 Ärzte und andere Forscher, um die effektivsten leistungssteigernden Mittel zu finden. Von Anabolika, über verschiedene Geschlechts- und Wachstumshormone bis hin zu schmerzstillenden Mitteln in großen Dosen. Wir können hier umfangreiche Tests mit jüngsten Talenten bis zu fertigen Topathleten durchführen. Wir können direkt sehen, welche Mittel Ergebnisse bringen und arbeiten eng mit führenden Arzneimittelbetrieben in unserem Lande zusammen.«

Peter ist sehr stolz, was er seinem Sohn zeigen kann. Andreas nickt ihm zu und ist beeindruckt davon, was sein Vater in den letzten Jahren aufgebaut hat. »Was haben alle diese Präparate über eine längere Zeit für Auswirkungen? Ich sehe ja, dass du sie auch probiert hast, denn du läufst ja schneller als je zuvor. Ich habe keine Chance mehr, mit dir mitzuhalten.«

Sein Vater wird ernst und sagt: »Das ist aber kein Gesprächsstoff für zu Hause. Natürlich haben die Präparate verschiedene Nebenwirkungen. Zum Beispiel führen die Mittel, die ich nehme, zu mehr Aggressivität. Aber der Fortschritt in Form von Medaillen wiegt die eventuellen langfristigen Schäden dieser Mittel allemal auf.«

Auf dem Rückweg sitzt Andreas schweigsam im Auto und sein Vater kann verstehen, dass er darüber nachdenkt, was er heute gesehen hat. »Wir tun das für unser Land, vergiss das nie. Solche wie du und ich müssen sicherstellen, dass unser Land sich immer weiterentwickelt und seinen Platz in Europa einnimmt. Du darfst niemals zurückblicken und darüber nachdenken, ob es irgendwelche Verluste auf diesem Weg gab. Du musst immer nach vorn schauen und weitermachen. Diejenigen, die nicht mitmachen, sind selbst schuld.«

»Im Übrigen, wie geht es mit dir und Heidemarie? Sie war bei eurem Besuch zu Weihnachten nicht gerade gut aufgelegt. Hast du das Interesse an ihr verloren?«, fragt Andreas' Vater und sieht etwas besorgt auf seinen Sohn. »Wir haben uns wohl etwas voneinander entfernt. Ich habe meine Aufgaben und sie hat ihre Leidenschaft für die Patienten. Außerdem ist sie so verdammt romantisch und damit komme ich nicht zurecht.«

»Aber das ist doch schön«, antwortet der Vater mit einer tiefen Ironie in der Stimme. Andreas, der mit seinem Vater nicht über dessen Beziehung zur Mutter sprechen will, die er über alles andere verehrt, entgegnet kurz: »Das sagst gerade du. Du kannst ja das Wort Romantik nicht mal buchstabieren.«

»Lass mal gut sein. Davon verstehst du nichts.« Sie sitzen beide eine Weile still im Auto und Andreas sagt: »Komme, was will, ich lasse mich nicht von Heidemarie scheiden. Sie ist die beste

Ehefrau, die ich in meiner künftigen Karriere an meiner Seite haben kann.«

»Und deine Marlene, was ist mit ihr?«, fragt sein Vater neugierig. »Sie ist meine wichtigste Kollegin, der ich bei meiner Arbeit voll vertraue. Sie ist total unromantisch, aber die beste Geliebte, die man sich vorstellen kann. Eine ideale Kombination, denkst du das nicht auch, lieber Vater?«

Sie schließen ihr Vater-Sohn-Gespräch ab, als sie auf das große, elterliche Villengrundstück fahren, das sich in dem noblen Vorort Raschwitz südlich von Leipzig befindet. Als sie das Auto einparken, wendet sich der Vater zu ihm um und sagt ohne Zusammenhang in fast perfektem Englisch zu ihm: »For you will still be here tomorrow, but your dreams may not.« Gleichzeitig pfeift er Cat Stevens »Father and Son« und geht ins Haus.

Andreas bleibt stehen und denkt, dass er seinen Vater überhaupt nicht kennt. Seine negativen Gedanken vom Abend zuvor kommen zurück und er überlegt: »Was habe ich eigentlich für Träume? Karriere zu machen ist ja kein Traum, sondern nur der Weg, Bestätigung von Menschen zu erhalten, die mir eigentlich nichts bedeuten. Die Person, die mir am meisten etwas bedeuten würde, ist die, die zumindest schätzt, was ich tue. Aber wie kann ich das ändern?« Mit diesen Gedanken öffnet er die Tür zum Haus der Eltern …

Kapitel 24

Januar 1976 – Der hellblaue Trabant

Tommy steht hinter einigen großen Buchen in der Nähe des Platzes, den Dr. Jähnert in ihrem Brief beschrieben hat. Seinen Saab hat er auf dem großen Parkplatz vor dem Rügen Hotel stehen lassen und ist die zwei Kilometer gelaufen – über die Nebenstraße, um sicherzugehen, dass weder Walter noch irgendjemand anderes ihm hinterhergeht.

»Der Idiot ist viel zu faul und untrainiert, um mir zu Fuß folgen zu können«, denkt sich Tommy. »Welch ein Glück, dass der goldfarbene Opel Commodore mit den großen, charakteristischen, rechteckigen Scheinwerfern leicht erkennbar ist. Ich habe mir nach der Warnung von Charlotte angewöhnt, in den Rückspiegel zu schauen. Wie kann jemand so tief fallen und auf so eine Weise seine Kollegen ausspionieren?« Er steht im Wald und regt sich mehr und mehr über Walters Verrat auf: »… aber ich werde ihn früher oder später besiegen«, denkt er entschlossen.

Er hört den knatternden Zweitaktmotor und sieht im Dunklen, wie das kleine hellblaue Auto anhält und die rechte Tür geöffnet wird. Er geht mit schnellen Schritten zum Auto und zwängt sich auf den Beifahrersitz. Eine leicht unruhige Heidemarie, die an sich selbst zweifelt und sich fragt, warum sie ein so hohes Risiko auf sich nimmt, ist glücklich, als sie den jungen, blonden Schweden an der Tür sieht.

»Guten Abend, Herr Oskarsson«, sagt sie freudig zu ihm. »Ich hoffe, dass es für Sie nicht allzu kompliziert war, hierherzukommen?«

»Guten Abend Frau Doktor«, antwortet Tommy freundlich und sagt: »Nun bin ich aber sehr neugierig, was als Nächstes passiert.«

Heidemarie überlegt kurz und sagt: »Da ich vier Jahre älter bin als Sie, Herr Oskarsson, und wir zwei allein sind, schlage ich vor, dass wir zum Du übergehen. Ich heiße Heidemarie!«

»Und ich heiße Tommy.«

Sie ergänzt: »Aber das tun wir nur, wenn wir allein sind, ansonsten müssen wir Sie sagen.« Tommy antwortet knapp: »Logisch.« Heidemarie informiert ihn über ihren Plan, rauf nach Stubbenkammer zu fahren, dort das Auto zu parken und einen Spaziergang im Mondschein zu unternehmen.

Sie gehen Seite an Seite auf einem ausgetretenen Fußweg zu einer der Aussichtsplattformen ganz oben auf dem steilen Kreidefelsen. »Seit der fantastischen Weihnachtsfeier war es für mich fast unmöglich, an etwas anderes zu denken«, beginnt Heidemarie etwas vorsichtig das Gespräch.

Tommy fühlt sich nicht ganz wohl damit, wie sich alles entwickelt hat, und da es ihm außerdem schon schwerfällt, in seiner Muttersprache über Gefühle zu sprechen, was auf Deutsch für ihn umso schwerer ist, beschließt er zunächst, zuzuhören und zustimmend zu nicken.

»Du sollst wissen, Tommy, dass ich nicht gut darin bin, über meine Gefühle mit jemand anderem zu sprechen, aber ich bin überzeugt, dass es schon seit unserem ersten Treffen etwas Besonderes zwischen uns gibt. Ich weiß nicht was, aber ich bin bereit, es herauszufinden und zu schauen, wohin es führt.«

Sie schaut ihn fragend an und er antwortet diplomatisch: »Diese Unterhaltung auf Deutsch zu führen, ist für mich nicht so leicht, aber ich möchte auch schrecklich gern wissen, wie es mit uns weitergeht.« Er fügt hinzu: »Was mich beunruhigt, ist, dass du nicht frei und sogar mit unserem Hauptauftraggeber verheiratet bist.

Ist diese Situation nicht gefährlich für dich? Ich will dich unter keinen Umständen irgendeiner Gefahr aussetzen.«

Sie betrachtet ihn und sagt: »Du kannst glücklich sein, dass du in einem Land geboren bist, wo Freiheit ein Grundrecht ist. In diesem Land hier ist es der Staat, das heißt die Kommunistische Partei mit Unterstützung der Sowjetunion, die den Grad der Freiheit festlegt, den das Volk verdient.«

Sie bekommt etwas Dunkles, Trauriges in ihre Augen und fährt fort: »Mein ganzes Leben habe ich mit dieser Gefahr gelebt. Man muss sich die ganze Zeit über anpassen, um Ziele zu erreichen, aber irgendwann kommt der Punkt, an dem man sich entscheiden muss oder untergeht oder man gibt seine Seele auf oder man verkauft sie an den Teufel, wie mein sogenannter Ehemann.«

Als sie das Letzte sagt, hat sie Tränen in den Augen, und sie blickt schnell in den dunklen Wald, der ihre Gefühle hier und jetzt widerspiegelt.

Sie gehen, ohne etwas zu sagen, langsam weiter und Tommy überlegt, ob er ihr trauen kann oder ob alles zu schön ist, um wahr zu sein, genauso wie es mit Charlotte war. Er beschließt, auf sein Bauchgefühl zu vertrauen, alles auf eine Karte zu setzen, und sagt: »Ich weiß, dass dein Mann ein hoher Stasi-Chef ist und nicht der nette Bauverantwortliche, den er spielt. Ich war mit ihm zusammen in Rostock, als ich dort meinen Vortrag hielt, und danach haben wir im Nachtclub vom Hotel Neptun gefeiert.«

Heidemarie sieht ihn traurig an und antwortet: »Ich weiß das und auch, dass seine engsten Mitarbeiterinnen Marlene und Charlotte mit dabei waren.« Er schaut sie erstaunt an, aber als sie Charlotte erwähnt, wendet er seinen Blick ab. »Und du hast dich ohne Weiteres von Charlotte verführen lassen.«

Sie wartete nicht auf seine Antwort und spricht weiter: »Als ich euch auf der Weihnachtsfeier zusammen tanzen sah und bemerkte, wie vertraut sie deinen Hals streichelte, wurde es mir klar. Ohne irgendein Recht, eifersüchtig zu sein, war ich von dieser Erkenntnis doch völlig am Boden zerstört. Das Traumbild, das ich für mich selbst aufgebaut hatte, stürzte in sich zusammen. Aber als wir dann beide tanzten, fühlte ich erneut, dass wir auf magische Weise zusammengehören.«

Er versuchte, etwas zu sagen, aber sie legte ihren Finger auf seinen Mund als Zeichen, dass sie ihre Geschichte gern fortsetzen möchte: »Als wir dann in den Fahrstuhl stiegen, verlor ich meine Selbstkontrolle und ich gab dem Gefühl nach, das ich in diesem Moment spürte. Ich bitte so sehr um Entschuldigung für diesen Kuss, aber ich werde ihn niemals vergessen.«

Sie erreichen die Aussichtsplattform am berühmten Kreidefelsen Königsstuhl und sehen weit unter sich die Ostsee, deren Wellen sich im Schein des Vollmondes leicht kräuseln. Die große weiße Fähre MS Rügen, beleuchtet vom Mond und dem Licht in den vielen Fenstern, fährt in Richtung Trelleborg. Heidemarie blickt zu dem großen Schiff, das schnell in die Dunkelheit in Richtung Schweden verschwindet.

Sie dreht sich zu Tommy um und sagt: »Eines Tages werden du und ich auf dem Deck stehen und auf dem Weg in die Freiheit sein. Achte dann auf diesen Felsen hier und erinnere dich, wie alles angefangen hat.«

»Meinst du mit Anfang das hier?« Tommy umarmt sie zärtlich und sie versinken in einem Kuss, genau so tief wie die Ostsee unter ihnen im Mondschein.

Kapitel 25

Februar 1976 – Die Betonpumpe

Tommy ist auf dem Weg zur Einweihung der Betonstation. Er ist immer noch verliebt und glücklich, wenn er an sein heimliches Treffen mit Heidemarie oben in Stubbenkammer denkt. Zugleich fühlt er eine Unruhe, eher noch eine Angst vor dem, worauf er sich einlässt.

Er steht und schaut über das kalte Meer, ohne es wirklich zu sehen, als er denkt: »Es kann nicht klug sein, dass ich mich auf das hier einlasse. Herr Jähnert wird dafür sorgen, dass ich hier verschwinde, wenn er hinter unsere Beziehung kommt. Und ich habe ihm und seiner Organisation nichts entgegenzusetzen. Wie kann ich ihm in die Augen blicken, wenn wir uns gleich sehen …?«

Die große, gelbe Betonstation, die sich direkt an die Baustelle anschließt, wurde gerade fertiggestellt. Die ersten Eisenbahnwaggons mit Kies und Zement waren eingetroffen. Damit ist alles bereit, dass während des kommenden Jahres 20 000 m³ Beton produziert werden, die man zur Fertigstellung des Projektes benötigt.

Eine große Anzahl der Beschäftigten hat sich gemeinsam mit den bekannten Vertretern der ostdeutschen Seite vor einem Rednerpult und dem blaugelben Band versammelt, das symbolisch als Startsignal für die erste Betonlieferung zertrennt werden soll. Der Projektchef Anders Nyström und sein Stellvertreter Stefan Palm sowie Andreas Jähnert stehen zusammen und sprechen über die neue Betonstation.

»Es ist fantastisch, dass sie sich dazu entschieden haben, die modernste Betonstation von ostdeutschen Lieferanten zu kaufen. Wir danken für das Vertrauen in unsere Industrie«, sagt Andreas Jähnert, wohl wissend, dass seine Gesprächspartner gar keine andere Wahl hatten, nach dem wie die Verträge zwischen ABV und seiner Organisation aufgebaut sind.

Auf die gleiche freundliche Art entgegnet Anders: »Aber selbstverständlich, Herr Jähnert, ich bin völlig davon überzeugt, dass wir die richtige Wahl getroffen haben.«

Daneben steht ein wütender Stefan Palm, der zu sich selbst sagt: »Ihr Dummköpfe, ihr wisst ja gar nicht, worüber ihr sprecht! Diese Betonstation ist eine verdammte Fehlinvestition. Wir werden uns anstrengen müssen, um überhaupt aus der Anlage die benötigten 20 000 m³ herauszupressen. Aber er hält sich zurück und sagt zu den zwei Männern, die neben ihm stehen: »Ich habe den besten Mann hierhergebracht, den ich rund um die Ostsee finden konnte, damit er die Betonstation betreibt.« Er schreit mit seinem starken südschwedischen Akzent: »Rooolf, komm her!«

Zu ihnen kommt ein Mann, wie ausgeschnitten aus einem Reklamefoto für Marlboro – breitschultrig, gekleidet in eine rot karierte Jacke und mit Betonresten im Gesicht und auf der Kleidung.

»Darf ich Ingenieur Rolf Ravinder vorstellen. Er hat den Beton auf allen meinen Baustellen hergestellt und das wird er auch hier tun.« Andreas begrüßt Rolf, der Andreas fest in die Augen blickt und mit großer Selbstsicherheit in fast fehlerfreiem Deutsch sagt: »Eine solche miserable Betonstation habe ich ja noch nie gesehen, kommt die direkt aus einem Museum?«

Das Gesicht von Andreas versteinert sich und er wendet sich irritiert an Anders: »Es ist vielleicht das Beste, wenn wir jetzt die Einweihung machen, nicht wahr?« Anders hat wieder seine roten Flecken auf den Wangen bekommen und versucht, die peinliche Situation zu glätten: »Alle haben sehr hart gearbeitet, um die Anlage bis heute fertigzustellen, und nun sind wir wohl alle etwas müde.«

Gleichzeitig wirft Stefan einen freundlichen Blick auf Rolf und flüstert ihm ins Ohr: »Nun hast du dem Deutschen eine richtige Lektion erteilt, gut gemacht.« Andreas sieht, wie die beiden Schweden miteinander flüstern und hat schon entschieden, Herrn Ravinder auf die Liste der Personen zu setzen, die die spezielle Aufmerksamkeit der Stasi genießen sollten.

Nach den gewohnten Reden zerschneiden Anders und Andreas das Band und geben das Zeichen, die Betonproduktion in Gang zu setzen.

Weil die Station für die Baustelle so zentral liegt, werden keine Betonautos benötigt. Stattdessen waren Stefan Palm und Rolf Ravinder auf der Hannover Messe in Westdeutschland und haben dort die leistungsstärkste stationäre Betonpumpe eingekauft, die von dem auf dem Weltmarkt führenden Unternehmen Schwing entwickelt wurde. Diese wurde geliefert und steht unter der Betonstation in einem leuchtenden Rot, das jeden Feuerwehrmann eifersüchtig machen würde. Von der Pumpe wird nun ein Fünf-Zoll-Rohr mit Schnellkupplungen zu den verschiedenen Teilen gelegt, die gegossen werden sollen. Dieser Teil der Arbeit wird von einem früheren Boxer aus Stockholm gemacht, der schon den passenden Spitznamen Åke Pump verpasst bekommen hat.

»Jetzt legen wir los, dass alles raucht!«, schreit Åke und setzt die Pumpe in Gang. Die graue, nasse Betonmasse wird nun mit hohem Druck durch die 100 Meter lange Leitung bis zum ersten Brückenfundament gedrückt, das ein Teil der zukünftigen Eisenbahnrampe ist.

Die Zuschauer verfolgen interessiert, wie der Beton aus Kies unterschiedlicher Größe gemischt, der Zement portionsweise aus den Silos geholt und das Wasser in den Mischer zugeführt wird. Und das geschieht alles unter Kontrolle vom kettenrauchenden Rolf Ravinder, dessen Zigaretten natürlich von der Marke Marlboro sind. Eine Stunde später, als die Gäste ihren ausgezeichneten Lunch gegessen hatten, der aus gegrilltem Wildschwein mit Kartoffelsalat und dazu einem Radeberger Bier bestand, ist das erste Fundament fertig gegossen. Nun war Åke Pump wieder an der

Reihe, um zu zeigen, wie das Gießen abgeschlossen wird. Nach jeder Gießetappe müssen die Stahlrohre von den Betonrückständen gereinigt werden.

»So wird das gemacht«, sagt Åke und Walter Mahlstedt übersetzt es ins Deutsche. Er hält einen sicheren Abstand zu Åke, der eine ganz schön furchteinflößende Person ist, und zur Pumpe, wo das Risiko besteht, mit Beton beschmutzt zu werden.

»Jetzt legen wir eine Kugel aus Spezialgummi in das erste Rohr, das der Pumpe am nächsten ist, und dann schließen wir das Rohr wieder an die Pumpe an. Ich werde nun langsam den Druck erhöhen, sodass die Betonreste im Rohr durch die Kugel herausgeschleudert werden. Dafür könnt ihr alten Männer am Fundament den letzten Teil des Rohrs halten, bei dem es sich um ein flexibles Gummirohr handelt, sodass der Beton wie ein riesiger Haufen Hundescheiße auf dem Boden landet. Wenn er hart geworden ist, fahrt ihr den zur Kippe.«

Walter hat Schwierigkeiten mit Åkes grober Ausdrucksweise, bekommt es aber so hin, dass es alle verstehen: »Sie können zum Fundament gehen und zusehen, wie schön der Beton aus dem Rohr kommt. Die Kunst ist, den richtigen Druck zu halten und aufzupassen, dass es nicht zu schnell geht.«

Tommy, Bert und die anderen Zuschauer versammeln sich um die zwei starken Betonarbeiter, die den groben Gummischlauch halten, der einem Elefantenrüssel gleicht.

»Aufpassen! Jetzt starten wir die Auslösung.« Åke grinst und erhöht ordentlich den Druck.

Die Pumpe der Firma Schwing ist viel stärker als die, die Åke bisher bedient hat, und reagiert unmittelbar. Die Gummikugel nimmt Geschwindigkeit auf und schießt 100 Meter der Betonmasse viel zu schnell aus dem Rohr und die zwei Arbeiter können nicht dagegenhalten. Der Elefantenrüssel richtet sich triumphierend in Richtung Himmel auf und die Betonmasse ergießt sich wie eine Fontäne über die Zuschauer. Der Höhepunkt der Katastrophe ist erreicht, als die Gummikugel aus dem Rohr schießt und in einer perfekten ballistischen Bahn 200 Meter bis zur schwedischen Fähre Skåne zurücklegt, die gerade im alten Fährhafen liegt.

Tommy und Bert verfolgen erstaunt die Bahn der Kugel bis zu deren Einschlag in einem der großen Restaurantfenster.

»Was für ein verdammter Idiot«, schreit Bert aufgeregt, »will der uns töten?« Er wendet sich an den Produktionschef Stefan, der bleich und geschockt ist, was sein überheblicher Kollege da gerade verursacht hat.

Ein etwas amüsierter und glücklicher Andreas steht mit Anders Nyström und Walter gleich neben Stefan Palm. Andreas bittet Walter zu übersetzen, was der junge Schwede mit dem wilden Haar gerade gesagt hat. Bevor es Walter schafft, greift Anders ein und sagt: »Er meint, dass zum Glück keiner zu Schaden kam und dass ihn der Knall an seine Zeit bei der Küstenartillerie erinnerte.«

»Oh wirklich, hat er das so gesagt …«, reagiert Andreas ironisch und wendet sich an Stefan. »Vielleicht ist die Betonstation doch nicht so schlecht. Sie sollten jetzt stattdessen ihre Zeit und die ihrer Mitarbeiter dazu verwenden, das westdeutsche Monster von Betonpumpe zu bändigen.« Er zeigt auf die rote leuchtende Pumpe, die nun im Leerlauf vor sich hin tuckert und die gleiche glänzende rote Farbe hat wie das Gesicht von Stefan Palm.

Kapitel 26

Februar – Onkel Hans

Die Arbeit läuft für Tommy wie am Schnürchen. Er denkt, dass das Leben es gerade gut mit ihm meint. Er ist verliebt und trotzdem die ganze Situation absurd ist, will oder kann er nicht gegen seine Gefühle ankämpfen. Am Vortag gab ihm Heidemarie bei der Visite im Krankenhaus wieder einen Zettel mit der Notiz: »Freitag um 19 Uhr?« Er hat unmittelbar zugesagt und nun sind es nur noch zwei Tage bis zu ihrem Treffen zu zweit.

Sein fröhlicher Humor stört den wieder einmal mürrischen Bert und als sie die Linien zur Ausgestaltung des größten Brückenfundamentes ausmessen, sagt Bert: »Was zur Hölle ist mit dir los, du starrköpfiger Schuster? Du bist so ekelhaft glücklich, ich erkenn dich nicht wieder. Hast du Lohnerhöhung bekommen oder was ist es?«

»Nein, ich freue mich nur, wie gut der Bau vorangeht und dass du und ich so gut zusammenarbeiten. Außerdem bin ich froh, dass die eingebildeten Südschweden eins auf die Pfoten bekommen haben, als sie letztens die Fähre kaputt geschossen haben. Es war ein Glück, dass keiner zu Schaden kam! Ich habe gehört, dass der Kapitän der Fähre danach aufgebracht im Büro war und unsere Leitung beschimpft und gedroht hat, sie vor das Seegericht zu bringen. Außer dass er selbstverständlich für alle Kosten aufkommen muss, musste Anders auch versprechen, ein neues Lotsenboot mit 125-PS-Außenbordmotor für die Fähre zu beschaffen. Im Übrigen hat mir dein Kommentar über die Küstenartillerie gefallen, Bert! Jetzt hast du zwei richtige Feinde hier auf der Baustelle. Du hast dir wirklich die Schlimmsten ausgewählt, den Cheftaucher und den Supersüdschweden Stefan. Am besten du nimmst dich zukünftig vor ihnen in Acht!«

Bert antwortet sauer: »Da scheiße ich drauf. Das müssen die ertragen.«

Es hat ein leichter Schneefall über Rügen eingesetzt, als Tommy auf dem Weg zu Fuß durch ein einsames Saßnitz geht. Er bleibt hin und wieder stehen, um zu sehen, dass ihm keiner folgt. Auf den kleinen Gassen, die zu ihrem Treffpunkt hinaufführen, ist es aber einsam. Er ist froh, als er das bekannte Knattern des gequälten Zweitaktmotors von Heidemaries Auto hört, und springt schnell hinein. Sie startet sofort und sie fahren entlang der bekannten kurvenreichen Straße, die sich durch den majestätischen Buchenwald schlängelt.

»Wenn du nichts dagegen hast, schlage ich vor, dass wir meinen Onkel Hans heute Abend besuchen. Er ist Förster hier auf Rügen und hat ganz in der Nähe ein Jagdhaus. Ich bin gewöhnlicherweise dort, wenn ich meinen Frieden vom Alltag haben will. Es muss dir vor ihm nicht bange sein, im Gegenteil. Er ist die Person, die mir außer meiner Oma am nächsten steht. Meine Eltern sind geschieden und ich habe keine weiteren Kontakte. Meine Oma und ihr Sohn sind meine Sicherheit in dieser ungerechten Welt.«

Tommy sieht etwas nachdenklich auf sie und überlegt, wie kompliziert das hier werden wird. Soll er lieber Mut fassen und Nein sagen und einen anderen Weg wählen? Stattdessen antwortet er nur kurz: »Das klingt gut.«

Sie biegt in einen kleinen Waldweg ab, der an einem Schlagbaum endet: »Kannst du so nett sein und den Schlagbaum aufschließen, Tommy?«

Er steigt mit einem schweren Schlüsselbund in der Hand aus und schließt den Schlagbaum auf, der sich mithilfe eines Elektromotors schnell öffnet. Als der kleine Trabant durchgefahren ist, dreht Tommy den Schlüssel noch einmal um und die Absperrung senkt sich schnell wieder. Sie fahren noch einige hundert Meter, bis sie am Ende des Weges an eine kleine Garage mit zwei Türen kommen, die so gebaut ist, dass sie sich mit ihrer Tarnbemalung in die Umgebung einfügt. Heidemarie gibt ihm einen zweiten Schlüssel und er schließt die Garage auf, in die sie hineinfährt. Tommy sieht, dass auf dem zweiten Platz ein Jeep-ähnliches, grünes Auto steht. Er nimmt an, dass es dem Onkel gehört.

»Jetzt ist es nur noch ein Spaziergang von einigen Kilometern bis zur Jagdhütte meines Onkels. Du musst wissen, dass er ein sehr vorsichtiger Mann ist, der in seiner Jugend viel Elend erlebt hat«, beginnt Heidemarie, um Tommy vorzubereiten.

»Ich bin die Einzige, mit der er privat Kontakt hat, ansonsten bleibt er meist für sich allein. Er bewältigt seinen Job hingebungsvoll und die Bäume sind seine Freunde. Diese Jagdhütte hat er sich geschaffen, um allein sein zu können. Seit seinen Erlebnissen während des Krieges hat er eine panische Angst, eingesperrt zu werden, ohne die Möglichkeit, sich befreien zu können.«

Sie nähern sich einem in einer Bodensenke liegendem Gebäude, das schwer zu entdecken ist, und Tommy beginnt nachdenklich zu werden, was jetzt wohl passiert. Heidemarie klopft an die Tür, die schnell von einem dunkelhaarigen Mann in den 50er-Jahren mit einer beginnenden Glatze auf dem Kopf geöffnet wird. Die wachsamen, dunkelbraunen Augen prüfen Tommy freundlich, bevor er seine Nichte umarmt.

»Guten Abend, Tommy. Ich bin Heidemaries Onkel Hans und wenn du willst, kannst du mich auch so nennen.«

Sie gehen in die warme, heimisch eingerichtete Hütte. Ein angenehmer Essensduft liegt im Raum. »Ich habe eine kleine Mahlzeit für euch vorbereitet. Im Hafen von Glowe habe ich heute frischgefangenen Fisch bekommen. Ich hoffe, Seezunge mit Kartoffelbrei ist etwas für unseren schwedischen Gast. Er schaut etwas verschmitzt auf Tommy und ergänzt: »Aber zuerst setzen wir uns aufs Sofa, sodass meine Nichte erzählen kann, was sie für Pläne mit einem alten Deutschen und einem jungen Schweden hat.«

Er zeigt freundlich auf ein altes Ledersofa in der Ecke der Hütte. »Ist ja schlimm, wie formell du geworden bist, Onkel Hans. Ich habe keine speziellen Pläne für euch.« Und Heidemarie muss über ihren Onkel schmunzeln.

»Ich kann doch Tommy sagen?«, fragt Onkel Hans.

Tommy antwortet schnell: »Selbstverständlich, Onkel Hans!« Er wundert sich über sich selbst, wie leicht ihm das über die Lippen ging.

»Du sollst wissen, dass Heidemarie immer einen Plan hat und dazu noch einen außerordentlich starken Willen. So ist das, seit sie klein war. Ihre Eltern konnten das nicht verstehen. Als sie in ihren Schulferien zu mir kam, versuchte ich immer, ihr klarzumachen, dass Pläne wichtig sind, aber das Leben wichtiger ist. Es ist nämlich so, dass wir oft sehr fokussiert sind auf das, was wir tun, und dadurch mitunter vergessen, das Leben zu genießen.«

»Aber so schlecht ist das doch nicht. Soll Tommy von uns glauben, dass wir irgendwelche Roboter sind, oder was meinst du?«, wirft Heidemarie ein, etwas unruhig auf Tommy blickend, der nun fragt: »So sind wohl alle Deutschen. Seid ihr nicht auch so?«

Onkel Hans und Heidemarie sehen einen Moment verwundert auf den jungen Schweden, bis sie verstehen, dass er das mit einer Portion Ironie gesagt hat. Das Eis ist jetzt gebrochen und sie sprechen, bis Onkel Hans anmerkt: »So, jetzt bringe ich das Essen auf den Tisch, denn ansonsten wird es zum Essen zu spät.«

Nach der guten Mahlzeit helfen sie beim Abwaschen und Heidemarie beginnt ihren Plan vorzutragen: »Ich weiß nicht, wie ich beginnen soll, aber ich mache einen Versuch. Im letzten halben Jahr haben Tommy und ich uns zweimal in der Woche im Krankenhaus getroffen. Als wir uns bei der Weihnachtsfeier des Projektes privat etwas näherkamen, habe ich gespürt, dass du, Tommy, mir mehr bedeutest. Nun ist es, wie es ist. Ich bin verheiratet mit Andreas und es gibt keine Anzeichen, dass er unsere Ehe auflösen will. Onkel Hans, du weißt, wie oft wir darüber gesprochen haben, wie ich freikommen könnte, aber wir haben keine gute

Lösung gefunden. Und nun kommst du in mein Leben, Tommy, aus einem fernen Land, warmherzig und frei denkend, was mich völlig verwirrt hat. Ich weiß nicht, was ich will, wohin es führen wird, aber ja, ich habe einen Plan.«

»Onkel Hans und du, Tommy, ihr verbringt einige Wochenenden hier im Haus ohne mich. Du musst Tommy zeigen, wie er hierher und wieder wegkommt, ohne entdeckt zu werden.« Sie sieht besorgt auf ihren Onkel und sagt weiter: »Tommy, wenn du verstehst, wie das Haus und dessen Schutz funktionieren, können wir uns vielleicht hier zu zweit treffen, um zu sehen, wie sich unser Verhältnis entwickelt.«

Tommys schwedisches Gehirn arbeitet jetzt auf Hochtouren, um zu verstehen, was sie sagt und was das für ihn bedeuten wird. Er weiß, dass er – wie bei Charlotte – dabei ist, in etwas hineingezogen zu werden, was er nicht kennt und wo er nicht mitmachen sollte.

Heidemarie bemerkt die Zweifel in seinem Blick und sagt schnell: »Ich verstehe, dass du erst über meinen Vorschlag nachdenken musst. Ohne zu wissen, wie ihr in Schweden lebt, so weiß ich doch, dass« mein Plan etwas seltsam erscheint?« Sie schaut unruhig zu Tommy, aber gleichzeitig mit so viel Zärtlichkeit im Blick, dass er nicht ganz ehrlich antworten kann, sondern erklärt: »Ich habe nur ein bisschen nachgedacht. Es wird schon gehen.«

Onkel Hans sieht Heidemarie besorgt an: »Du weißt, dass ich alles dafür tue, damit du glücklich wirst und frei von diesem Unterdrückerstaat leben kannst. Ich helfe dir auch gern, dich vor den Stasi-Spionen deines Mannes zu schützen. Noch besser, ich werfe diesem falschen Menschen Knüppel zwischen die Beine. Ich würde das alles für dich riskieren.«

Er richtet seinen Blick auf Tommy und sagt weiter: »Das gilt auch für dich, Tommy, unter der Voraussetzung, dass du versprichst, Heidemarie niemals wehzutun.« Der Blick von Onkel Hans ist hart und so eindringlich, dass Tommy mehr als klar ist, dass es ihm ernst ist, und er nickt nur, um zu zeigen, dass er die Botschaft verstanden hat.

Es ist spät geworden und Heidemarie sagt, dass sie nicht länger bleiben kann. Sie sagen Onkel Hans schnell auf Wiedersehen und wandern Arm in Arm durch den dunklen Winterwald zurück zum Trabant in der versteckten Garage. Bevor sie in das kleine Auto steigen, bleibt Heidemarie stehen und dreht sich in Richtung Tommy.

»Stell dir vor, wir könnten die nächste Fähre nehmen und ein Leben in Freiheit leben.« Sie zieht Tommy an sich und küsst ihn zärtlich. Tommy fühlt sich so glücklich, wie er es nie zuvor gekannt hat, aber zugleich spürt er eine Unruhe, dass das hier sein Leben zerstören könnte. Er schaut sie an und antwortet liebevoll: »Wir werden unser Leben gemeinsam verbringen, nichts kann uns stoppen.«

Kapitel 27

März 1976 – Die Verfolgungsjagd

Stefan Palm hat seine Waffenbrüder, Walter Mahlstedt und Rolf Ravenius, in seinem großen Büroraum versammelt, der innerhalb des Projektareals liegt, das aus Containern zusammengesetzt ist. Sie sitzen an einem Konferenztisch mit sechs Stühlen, der quer zu seinem Schreibtisch steht. Stefans Schreibtisch ist bewusst ca. 10 cm höher als der Tisch, an dem Rolf und Walter sitzen, und Stefan blickt auf seine Mitarbeiter herab und sagt: »Ich habe unsere Vermessungstechniker so satt. Wir müssen sicherstellen, dass sie von hier verschwinden. Du hast es übernommen, Walter, das Problem zu lösen. Wir können doch zur Hölle noch mal nicht damit warten, bis der Bau fertig ist, richtig?«

Walter dreht sich unsicher hin und her und nach einigen seiner üblichen Schmatzer erwidert er: »Selbstverständlich, Chef, aber ich habe bei Tommy noch nichts Verdächtiges gefunden. Und der zweite Jüngling, Bert, hält sich meistens in der Diskothek auf und hängt dort ab mit unseren Bauarbeitern. Er pflegt auch ein geselliges Beisammensein mit den Einheimischen, aber nicht mit jemandem, den die ostdeutschen Behörden speziell interessieren würden.

Rolf, der wieder seine Marlboro raucht, sitzt zurückgelehnt und schaukelt mit seinem Stuhl. Er hört den anderen zu und sagt mit gemächlicher südschwedischer Stimme: »Ich verstehe nicht, warum du Tommy loswerden willst, der einen solchen Kanonenjob macht. Er ist doch nur ein gewöhnlicher harmloser Örebroer.«

Stefan explodiert: »Was zur Hölle meinst du? Es sind doch du und Åke Pump gewesen, die in dieser Woche einen Kanonenjob gemacht haben, als ihr die Fähre kaputt geschossen habt. Dieser lächelnde Deutsche, Jähnert, hat mich vor versammelter Mannschaft zum Narren gemacht und durch den Langhaarigen aus Västerås wurde die Sache nicht besser.«

Rolf betrachtet verwundert seinen Chef und entgegnet: »Bist du dünnhäutig geworden, hast du Heimweh, oder was?« Er schaukelt weiter mit seinem Stuhl, nimmt einen tiefen Zug von der Zigarette und ergänzt: »Wenn du Tommy unbedingt loswerden willst, dann werde ich ihn eben etwas genauer unter die Lupe nehmen. Stimmt's, Walter?«

Stefan und Rolf gucken Walter an, dem die Situation ganz und gar nicht gefällt. Walter denkt nach, wie er aus dieser Lage herauskommen kann. Auf der einen Seite sind seine ostdeutschen Auftraggeber und auf der anderen Seite hat er einen unzufriedenen schwedischen Chef. Ein wenig stammelnd sagt er: »Ich habe versucht, ihn mit meinem Opel zu verfolgen, aber er kommt immer irgendwie davon. Wenn du, Rolf, mich mit deinem großen schnellen Mercedes fahren könntest, so können wir sehen, wohin er geht. Er hat etwas Seltsames an sich.«

Stefan betrachtet irritiert seinen Mitarbeiter und sagt mit tiefer Stimme, aber in einem Tonfall, der bei Walter einen kalten Schauer auslöst: »Mir ist egal, wie ihr das löst, aber bis Ostern sind beide hier verschwunden. Ich habe bereits ein paar meiner Vermessungsingenieure von unserem großen dänischen Projekt in Bereitschaft.« Er winkt den beiden Männern lässig zu, dass es Zeit ist, die informelle Besprechung zu beenden, und sie verschwinden aus dem Raum. Stefan gießt sich einen kräftigen Schluck Whisky der Marke Ballantines ein, den er in einer Schreibtischschublade versteckt hält und kippt ihn mit einem Zug hinunter.

Im Speisesaal sitzen Tommy und Bert und trinken ihren Nachmittagskaffee, als Walter und Rolf kommen und sich an ihren

Tisch setzen. »Wie geht es euch Jungs? Alles unter Kontrolle? Welche Pläne habt ihr für heute Abend?«

Bert, der schlechte Laune hat, antwortet: »Das geht dich nichts an, du deutscher Kartoffelfresser.«

Walter wird blass und weiß nicht, was er antworten soll. Aber Rolf, dem nicht gerade bange ist, sagt: »Schlimm, wie du dich aufführst, Bert. Willst du dich mit richtigen Männern anlegen, oder was willst du sagen?«

»Und wo finde ich richtige Männer? Ich sehe hier nur einen Schuster, einen ängstlichen Deutschen und einen schrecklichen Südschweden. Bert stiert Rolf an, der sich langsam erhebt. Zur gleichen Zeit kommt der Projektchef Anders zusammen mit dem Planungsingenieur Per Murström in den Raum.

»Was höre ich hier? Nun ist sofort Schluss mit diesen Dummheiten und seht stattdessen zu, dass der Bau vorangeht. Ihr sollt nicht miteinander streiten. Reicht euch gegenseitig die Hände.«

Er schaut Rolf an und danach Bert, der beim Verlassen des Raums kurz sagt: »Ich habe jetzt keine Zeit.« Tommy, der denkt, dass das Ganze unnötig und unangenehm ist, versucht auf seine Art, zwischen seinem Kollegen Bert und den anderen zu vermitteln: »Ihr müsst verstehen, Bert ist erst 19 Jahre alt und gerade ein bisschen fertig. Er braucht etwas Ruhe und Frieden, und du Rolf, der so viel älter ist als er, solltest es besser wissen, anstatt ihn auf solch eine Art und Weise zu provozieren.«

»Er muss den Älteren und Klügeren mehr Respekt zeigen. Im Übrigen ist es nichts, mit dem du irgendwie zu tun hättest. Es ist vielleicht besser, du fährst nach Hause und beginnst wieder in der Schuhfabrik!«, entgegnet Rolf und bläst seinen Marlboro-Rauch in Richtung Tommy aus.

»Jetzt beruhigen wir uns alle mal wieder und überlegen, wie wir die große Betonieretappe in der nächsten Woche bewältigen. Vielleicht kannst du, Per, uns berichten, wie das Ganze geplant ist?«

Anders' angestrengte Stimme und die roten Flecken auf den Wangen spiegeln die Anspannung wider, unter der er steht und er ist dankbar, dass Per in seiner überzeugenden Art mit der Beschreibung des Planes beginnt. Rolf sieht andeutungsvoll auf Walter und zwinkert so, dass Walter versteht, dass es nun wirklich Zeit ist, sich um Tommy und Bert zu kümmern.

Nach Arbeitsschluss gegen 18 Uhr beschließt Tommy, Bert anzubieten, ihn in seinem roten Saab nach Hause zu fahren. Bert, der nicht versteht, warum Tommy so nett ist, lehnt kurz mit den Worten ab: »Ich laufe lieber nach Hause, als mit dir zu fahren.« »Jetzt hör zu, du Miesepeter. Rolf und Walter werden uns sicher folgen, um zu sehen, ob wir gemeinsam wegfahren.« Tommy sieht flehend auf Bert. »Wofür zum Teufel willst du das machen?« Bert starrt Tommy fragend an, der überlegt, wie er das erklären soll, ohne zu erzählen, was er über Walters Stasi-Auftrag weiß.

»Ich glaube, dass die uns loswerden wollen. Ich hörte von Per, dass uns Stefan nicht länger haben will. Vermutlich will er, dass seine eigenen Jungs übernehmen. »Verdammt, ich will nicht weg von hier!« Bert blickt misstrauisch auf Tommy, aber steigt ins Auto ein. »Und was machen wir jetzt?« Tommy sieht Bert an und antwortet kalt: »Schnall dich sehr gut an, denn jetzt werden die Südschweden eine Spazierfahrt bekommen, die sie nie mehr vergessen werden.«

Als sie aus dem Fährhafen kommend in Richtung Landstraße 96 abbiegen, erkennt Tommy im Rückspiegel, dass ihm ein blauer Mercedes folgt mit schwedischem Exportkennzeichen und darin zwei Südschweden.

Sie fahren an Glowe vorbei und passieren die Landzunge, die Tommy sonst immer als Ziel für seine Strandläufe hat. Sie fahren mit angenehmer Geschwindigkeit nördlich in Richtung des Dorfes Altenkirchen, wo sie nach rechts auf kleine Wege abbiegen, die zum sehr gut bewachten Leuchtturm Arkona führen, zu dem Punkt, wo man Schweden am nächsten kommt. Der große Mercedes folgt ihm in angemessenem Abstand, als Tommy plötzlich zu Bert sagt: »Jetzt musst du dich festhalten, nun wird es schnell.«

Bert schaut erschrocken auf Tommy, der nun Vollgas gibt und

der 145 PS starke Motor fährt hoch bis zu einer Geschwindigkeit, die ihn noch ängstlicher macht. »Bleib ruhig, Bert, ich kann schnell fahren, habe einige Übungsstunden von unserem Rallyefahrer Stig Blomqvist erhalten und ich kenne die Wege hier oben wie meine eigene Hosentasche«, schreit Tommy und muss sich anstrengen, um den deutschen V4-Motor im Saab zu übertönen.

»Die Frage ist, ob Rolf das auch macht«, sagt er und lächelt dabei ironisch. »Du bist ja wahnsinnig«, schreit Bert zurück und hält sich krampfhaft an dem verstärkten Handgriff über der Beifahrertür fest.

Sie nähern sich einer 90-Grad-Rechtskurve und Tommy erreicht dadurch, dass er mit dem linken Fuß bremst und gleichzeitig mit dem rechten Fuß Vollgas gibt und einen schnellen Ruck mit dem kleinen Lederlenkrad macht, dass das kleine Auto hinten ausbricht und auf diese Weise die Fahrt in die neue Richtung fortsetzt.

»Schau hinter uns, Bert«, sagt Tommy laut und aufgeregt und sieht im Rückspiegel, dass der schwere Mercedes geradeaus fährt auf den neu gepflügten Acker, wo er in einer großen Wolke aus Erde und Staub verschwindet.

»Da, siehste, Bert, nun haben die überheblichen Südschweden eine Lektion erhalten.« Bert, dem so schlecht ist, dass er schlapp im Gurt hängt, kann nur noch nicken, und antwortet: »Das war das Beste, was ich seit Langem erlebt habe. Du bist gar nicht so verdammt dumm, Schuster.«

Kapitel 28

März 1976 – Der Notausgang

Alle Angestellten des Projektes sind im Speisesaal versammelt und frühstücken, als Anders sich erhebt und mit seiner Wocheninformation über die aktuelle Lage beginnt.

»Zuerst möchte ich sagen, dass ich sehr froh bin, dass Rolf und Walter gestern, als sie vom Weg abkamen, nichts passiert ist, denn das hätte böse ausgehen können. Ich habe mir den feinen Mercedes heute früh im Lagerraum von Rolf angesehen und der sieht nicht lustig aus. Es scheint so, als seid ihr ein bisschen zu schnell gefahren, als ihr den Weg verfehlt habt. Das Auto ist ja voll mit deutschem Mutterboden. Das Vorderteil vom Auto scheint auch zerstört zu sein.«

Rolf und Walter drehen und wenden sich unbehaglich auf ihren Stühlen und Rolf fühlt sich gezwungen, irgendetwas zu sagen: »Wir waren oben in Altenkirchen und waren auf der Suche nach einer Kiesgrube, auf die ich einen Hinweis bekommen hatte. Allerdings hatte ein Traktor in einer scharfen Kurve Öl verloren, das wir nicht gesehen haben, sodass die Steuerung nicht fasste. Wir fuhren gerade aus auf das verdammte deutsche Feld. Zum Glück gab es genau da keinen Baum.«

Er schaut mit bösem Blick auf Tommy und Bert, die zufrieden jeder mit einem Kaffee von Löfbergs Lila dasitzen. Tommy sieht, dass Bert etwas Sarkastisches sagen will, und kommt ihm zuvor: »Komm jetzt, Bert, wir müssen die Betonier-Höhen bestimmen, bevor die Jungs aus der Pause kommen.«

Er zieht seinen Kollegen fast gewaltsam aus dem Raum und

damit aus der Gefahrenzone. »Es ist wahrscheinlich das Beste, wenn wir uns im Hintergrund halten, und nimm dich vor den Südschweden in Acht. Die können ja nicht sagen, dass sie uns verfolgten, aber trotzdem ist es besser, wenn wir jetzt vorsichtig sind. Pass auf, dass dich Walter oder Rolf nicht verfolgen, wenn du etwas Dummes tust, Bert.«

»Warum zur Hölle folgten die uns gestern und warum soll ich mich vorsehen, was siehst du für Gespenster?« Tommy blickt unschuldig auf seinen jüngeren Kollegen und antwortet kurz: »Es ist nur so ein Gefühl, das ich habe.«

Bei seinem Besuch im Krankenhaus am Dienstag erhielt Tommy eine kurze Mitteilung, dass Onkel Hans ihn am Sonnabend gegen acht Uhr am üblichen Treffpunkt abholen würde. Tommy erhielt auch den Hinweis, dass er für verschiedene Aktivitäten im Wald rund um die Jagdhütte passende Kleidung mitnehmen soll und ebenso für die Übernachtung. Heidemarie beabsichtigte, an dem Wochenende zur Oma zu fahren, damit Tommy und Onkel Hans bestens Zeit unter sich verbringen könnten.

Tommy stimmte nicht vollständig mit Heidemaries Plan überein, aber die aufkeimende Liebe zu ihr ließ ihm keine Wahl, auch wenn es sich irgendwie falsch anfühlte. Jetzt wartet er mit einem Rucksack an der vereinbarten Stelle, als sich ein grünes, Jeep-ähnliches Auto nähert. Er sieht, dass Onkel Hans am Steuer sitzt und steigt schnell in das hohe Fahrzeug vom Typ IFA P3.

»Guten Morgen, Tommy. Wie schön, dass du dir freinehmen konntest. Wir kommen bestimmt gut miteinander aus, auch ohne meine Nichte.« Tommy versucht, positiver zu wirken, als er sich fühlt, und entgegnet freundlich: »Das glaube ich auch, und ich bin gespannt, wie deine Jagdhütte bei Tageslicht aussieht.«

Sie fahren durch den ersten Schlagbaum und Onkel Hans erzählt, dass er ein Signal bekommt, wenn jemand ohne Genehmigung versucht, den Schlagbaum anzuheben und dass es an ausgewählten Stellen im Wald Signalkabel gibt, die mit der Hütte verbunden sind.

»Warum brauchst du so viel Sicherheit, Onkel Hans?«, fragt Tommy etwas vorsichtig und sieht, wie der ältere Mann erstarrt. »Das wirst du morgen Abend verstehen«, antwortet Onkel Hans, während er gleichzeitig das schwere Fahrzeug in die Garage fährt.

»Wir müssen uns gegenseitig beim Tragen helfen, denn ich habe Essen und Getränke eingekauft, sodass wir zurechtkommen werden.« Schweigend geht Tommy hinter dem älteren Mann, der mit großen Schritten in schnellem Tempo der Jagdhütte entgegeneilt.

Als sie sich in der Hütte eingerichtet haben, kocht Onkel Hans Kaffee, schneidet dunkles, kräftiges Brot, legt geräucherten Schinken dazu, holt noch zwei kleine Schnapsgläser und eine Flasche mit Weinbrand der Marke Wilthener Goldkrone. »Komm und setz dich, Tommy. Wir gönnen uns ein zweites Frühstück.«

Er gießt für jeden einen Schnaps ein und Tommy weiß nicht, wie er sich verhalten soll. Eigentlich will er keinen Schnaps trinken, aber gleichzeitig spürt er, dass Onkel Hans es so will, und so antwortet er nur »Skål«, und kippt den braunen Sprit mit einem Schluck hinunter. Der Geschmack ist nicht so stark, wie Tommy vermutet hat, und in seinem Körper breitet sich eine wohlige Wärme aus.

Sie essen schweigend, nur begleitet vom Knistern des Ofens, und nach einer Weile sagt Onkel Hans: »Ich bin es nicht gewöhnt, jemanden anderes als Heidemarie zu Besuch zu haben, und deshalb weiß ich nicht so recht, worüber wir sprechen sollen.« Tommy blickt nach unten auf seine Hände und versucht, ein wenig gewagt zu sagen: »Wir können uns vielleicht etwas über unsere eigene Geschichte erzählen. Wie es war, als wir klein waren, und wie wir aufgewachsen sind und wie sich das Leben bisher entwickelt hat?«

Onkel Hans blickt ihn mit müden Augen an und erwidert: »Du weißt vielleicht durch Heidemarie, dass ich einen ziemlich komplizierten Hintergrund habe, über den ich nur schwer sprechen kann?« »Ja, sie hat es erwähnt, aber ich bin sehr an Deutschland und seiner Geschichte interessiert. Kannst du nicht versuchen, deine Vergangenheit aus dieser Perspektive zu erzählen?« Onkel

Hans nickt nur und schließt die Fensterläden, sodass das meiste Tageslicht in der Hütte verschwindet. Nur der goldene Schein des Kamins beleuchtet schwach den Raum. »Wenn ich mich auf das Sofa lege, kannst du dich in den Sessel setzen.« Er zeigt auf den großen, bequemen Sessel, der neben dem Sofa steht. Und sie machen es so, wie Onkel Hans vorschlägt. Tommy sieht, dass Onkel Hans seine Augen geschlossen hat. »Es ist leichter für mich zu erzählen, wenn es dunkel ist und ich meine Augen schließe«, beginnt er seine lange Geschichte.

»Ich wurde 1927 in Lützen geboren und ich war sechs, als die Nazis die Macht in Deutschland übernahmen. Meine Eltern waren beide glühende Sozialdemokraten. Noch bevor der Krieg 1939 begann, hatte die Gestapo meinem Vater das Leben genommen. Er war ein sehr prinzipienfester Mann und kämpfte für Freiheit und Gleichberechtigung. Eines Tages kam er nach der Arbeit nicht nach Hause. Am Tag darauf erhielt meine Mutter eine Mitteilung, dass er an einer Herzattacke in einem Krankenhaus in Leipzig gestorben sei. Später kam heraus, dass die Gestapo ihn zum Verhör in ihre Zentrale nach Leipzig mitgenommen hatte. Die harte Behandlung dort überlebte er nicht. Das durfte natürlich nicht herauskommen und sie setzten meine Mutter unter Druck, damit sie es nicht weitererzählte. Meine Mutter hat mir das erst lange nach dem Krieg erzählt. Um mich zu schützen, hatte sie es für sich behalten.«

»Weil Lützen nicht in der Nähe einer größeren Stadt liegt und die großen chemischen Anlagen in Leuna und Buna einen ausreichend großen Abstand hatten, bin ich unter relativ ruhigen Verhältnissen aufgewachsen. Wir wurden niemals bombardiert und ich konnte bis 1943, als ich sechzehn Jahre alt wurde, in die Schule gehen. Als Sozialdemokraten gestatteten mir meine Eltern nicht, Mitglied in der Hitlerjugend zu werden. Verständlicherweise war das im Nachhinein betrachtet eine logische Entscheidung. Aber als kleiner Junge so außerhalb der Gemeinschaft zu stehen, zu der fast alle Jungen gehörten, war für mich schwer. 1939 gab es jedoch eine Veränderung, wo die Ansichten meiner Eltern keine Rolle mehr spielten, denn da wurde beschlossen, dass alle Jungen gezwungen waren, sich der nazistischen Bewegung anzuschließen.«

»Tommy, sei so nett und hole jedem von uns noch einen Braunen.« Tommy blickt fragend auf ihn und Onkel Hans sagt lächelnd: »Entschuldige, wenn ich mich undeutlich ausgedrückt habe. Es ist die Abkürzung, die alle deutschen Männer für Weinbrand anwenden.«

Tommy steht auf und gießt im Dunkeln zwei Schnäpse in die kleinen Gläser. Die ganze Situation ist für ihn völlig unwirklich. Allein mit einem älteren deutschen Mann zu sein, den er kaum kennt, der liegend im Dunkeln seine tiefsten Kindheitserinnerungen verrät, ist beängstigend und zugleich fesselnd – wie er mit ruhiger, schläfriger Stimme die Sachen erzählt, die Tommy nur in der Schule gehört hat.

»Wie weit bin ich gekommen? Ach ja, es war wahrscheinlich 1939, als auch ich den braunen Anzug mit den kurzen Hosen und der Armbinde mit dem Hakenkreuz tragen musste. Ich erinnere mich, wie stolz ich war, und zugleich meine Mutter komisch reagierte, als ich das erste Mal in der Uniform nach Hause kam. Nun wo man die Konsequenzen kennt, kann ich die Reaktion meiner Mutter verstehen, aber damals wollte ich nur wie alle anderen sein. Wenn ich mich richtig erinnere, war es zweimal pro Woche, wo wir mit dem Ziel trainierten, dass wir Jungen uns in Männer verwandelten. Es war mit viel anstrengender körperlicher Bewegung verbunden, Boxen und selbstverständlich Kriegsspiele. Wie seltsam das jetzt auch klingt, mir gefielen die Tage bei der Hitlerjugend. Ich war schon als Zwölfjähriger ziemlich stark und hatte keine Probleme, mich körperlich durchzusetzen. An den anderen vier Tagen besuchte ich das Gymnasium für Jungen in Merseburg und lernte mit großem Engagement. Ich mochte Latein und naturwissenschaftliche Fächer. Es fällt mir schwer zu verstehen, wie ich ein fast normales Leben führen konnte in einem Land, das wahnsinnig begierig war, Kriege zu führen und

Menschen ermordete, nur weil diese einen anderen Hintergrund hatten. Ich weiß, dass du und die meisten Menschen in anderen Ländern denken, dass wir uns selbst nicht die Schuld geben, wenn wir darüber erzählen, wie ich gerade jetzt. So ist es nicht, wir merkten damals einfach nicht oder verstanden noch nicht, dass nicht richtig war, was wir getan haben.

Onkel Hans wird plötzlich still und Tommy bemerkt, dass er auf dem Sofa eingeschlafen ist. Auch Tommy fühlt, dass seine Augenlider schwer werden, und er schlummert ein in einen tiefen traumfreien Schlaf, begleitet von der Dunkelheit und Stille in der Hütte, tief drinnen in dem schönen Buchenwald.

Tommy wacht mit einem Ruck auf und fühlt dasselbe wie bei seinem Besuch bei Charlotte: Wo bin ich und was ist passiert? Er sieht, dass Onkel Hans in der Küche beschäftigt ist und irgendetwas brät. »Wir sind wohl eingeschlafen, aber jetzt ist es Zeit Mittag zu essen. Was hältst du von Schnitzel mit Kartoffelsalat? Du kannst schon mal den Tisch decken, Tommy.«

Nach dem vorzüglichen Mittagessen schlägt Onkel Hans vor, nach draußen zu gehen, um Tommy zu zeigen, wie gesichert das Haus gegen ungebetene Gäste ist. Tommy folgt ihm in die warme Märzsonne und es fühlt sich wohltuend an, nach der Dunkelheit am Vormittag wieder Licht zu sehen. »Ich habe im Abstand von ca. 500 Metern vom Haus ein Alarmsystem mit dünnem Stahldraht installiert, das ein Signal ins Haus überträgt, wenn irgendjemand versucht, sich zu nähern.«

Tommy, der skeptisch gegenüber einem solchen komplizierten Schutz ist, fragt: »Was passiert, wenn ein Wildschwein oder ein Hirsch in den Draht springt?« Onkel Hans guckt ihn etwas verwundert an und erwidert: »An und für sich ist das eine gute Frage, aber die Tiere hier sind klüger als die zweibeinigen Feinde, vor denen wir uns schützen müssen.«

Sie wandern um den äußeren Verteidigungsring, den Hans gebaut hat. Tommy ist sehr beeindruckt von der Technik, mit der die Verteidigung konstruiert wurde, und fragt erneut: »Wo hast du so was gelernt, Onkel Hans?« Er blickt kurz auf Tommy und antwortet: »In der Normandie 1944.«

Sie gehen zurück zum Haus und Hans zeigt die zentrale Stelle, wo die elektrischen Impulse ankommen und einen Alarm auslösen.

»Wenn ein Alarm eingeht, und ich hier allein oder mit Heidemarie bin, dann trete ich mit meinem Gewehr vor die Tür und nehme eventuelle Besucher entgegen. Wenn du mit Heidemarie hier bist, dann will ich nicht, dass du hinausgehst, sondern du nimmst den Notausgang, den ich dir gleich zeigen werde. Sie bleibt im Haus, denn als meine Nichte hat sie einen glaubwürdigen Grund, hier zu sein.«

Tommy, der immer noch nicht den Bedarf einer solchen Sicherheit versteht, fragt nach: »Aber du hast doch bestimmt den Notausgang nicht für solche, wie mich gebaut?« Hans ist leicht irritiert von den unnötigen Fragen, die der junge Schwede stellt. Als Förster ist er es gewohnt, Anweisungen zu erteilen, ohne zu begründen warum.

»Selbstverständlich nicht. Mitunter habe ich aber das Gefühl, dass ich nicht eingesperrt werden will, ohne dass ich mindestens zwei separate Notausgänge habe. Ich komme später darauf zurück, wenn du auf die Antwort noch warten kannst.« Tommy merkt, dass der ältere Mann beginnt, etwas genervt zu werden, und beschließt, nur verstehend zu nicken.

»Wenn der Alarm anspringt, hast du höchstens drei Minuten, um den Notausgang zu öffnen, nach unten in den Evakuierungstunnel zu gehen und vorher den Notausgang wieder sorgfältig zu schließen. Das werden wir am Nachmittag üben. Wenn ich irgendetwas Positives aus dem Krieg mitgenommen habe, dann war das die Erfahrung, etwas so lange zu trainieren, bis man es perfekt kann. Das konnte den Unterschied ausmachen zwischen getötet zu werden oder den Vorteil zu haben, am nächsten Tag wieder in der Hölle aufzuwachen.«

Tommy ist nun so aufgewühlt von all dem Reden über Gefahr

und Tod, dass er einen resignierten Eindruck auf Onkel Hans macht. »Sag, Tommy, ich sehe, dass du über meine Spukgeschichten etwas beunruhigt bist. Wo du herkommst, ist das Leben vielleicht etwas sicherer, aber hier ist es notwendig – ich will nicht gerade sagen dem Tod –, vielleicht eher der Gefahr, ins Auge zu blicken.«

Als Onkel Hans einen Schieber, gut versteckt an der einen Seite des Kamins, zieht, sinkt eine ein Quadratmeter große Steinplatte unter den stabilen Holzfußboden der Hütte. Als sie einen halben Meter gesunken ist, dreht sie sich durch eine kräftige Feder zur Seite. Tommy guckt runter in den tiefen, ausgehobenen Schacht und sieht, dass es auf der einen Seite eine angeschraubte Leiter gibt.

»Geh nun vorsichtig in den Schacht, denn auf der Leiter ist es dunkel und ein bisschen feucht. Es gibt eine Stirnlampe auf der rechten Seite direkt unter dem Holzfußboden, setze diese auf und klettere dann runter. Ich folge dir.«

Tommy setzt die Lampe auf und steigt vorsichtig in den engen Schacht nach unten. Er macht rückwärts einen Schritt auf den Boden und sieht, dass ein schmaler Tunnel beginnt. Nach ihm kommt Hans, auch mit einer Stirnlampe auf dem Kopf.

»Wenn du unten angekommen bist, ziehst du diesen Regler hier und der Eingang wird wieder verschlossen.« Tommy zieht kräftig am Hebel und die Klappe über ihnen schwenkt zurück und mithilfe einer anderen Feder wird sie in ihre ursprüngliche Lage hochgedrückt.

»Es ist wichtig, dass du wartest und dich vergewisserst, dass sie richtig ins Schloss fällt. Das erkennst du, wenn die zweite Feder in ihre Ausgangslage zurückgeht. Wir werden diesen Moment noch einige Male üben, bis du dich sicher fühlst. Ich bleibe hier unten stehen und rufe dir »Alarm« zu und starte gleichzeitig meine Stoppuhr, um zu sehen, wie lange es dauert, bist du die Öffnung von hier unten korrekt geschlossen hast.«

Sie beginnen das Training und Tommy erkennt, dass es nicht so leicht ist, alle Handgriffe richtig zu machen und sich gleichzeitig dabei zu beeilen.

Nach sieben Runden ist Onkel Hans endlich zufrieden und nickt Tommy zu und sagt: »Das reicht. Du liegst jetzt bei einer Zeit von zwei Minuten und das ist völlig ausreichend. Wir kommen jetzt zum nächsten Punkt. Das bedeutet, dass wir in den Tunnel hineingehen. Der ist etwa 150 Meter lang und hat ungefähr 20 Meter vom Ausgang entfernt einen kleinen Aufenthaltsraum. Den benutzt du, wenn dich irgendetwas daran hindert, nach draußen zu gelangen. Du kannst dort warten, bis der Ausgang frei ist. Ich hoffe, dass du keine Angst hast, in den Tunnel zu gehen, Tommy?«

Tommy hebt den Daumen hoch und sagt: »Bevor ich nach Saßnitz kam, habe ich in Stockholm an der U-Bahn mitgebaut. Du kannst also beruhigt sein.«

Sie gehen vorsichtig, leicht gekrümmt in dem schmalen, sorgfältig gebauten Tunnel bis zum Aufenthaltsraum, wo sie sich setzen. Hans öffnet für jeden eine Flasche Mineralwasser aus einem Kasten, den er dort platziert hat. Die beiden Männer sitzen in der Stille und trinken ihr Wasser. Lichtkegel von ihren Stirnlampen tanzen im Takt ihres Atems an den Wänden.

Nach einigen Minuten nimmt Tommy seinen Mut zusammen und fragt: »Wie konntest du ohne Hilfe die Hütte und den Notausgang bauen?«

Onkel Hans lächelt im Dunkeln über die naive Frage des jungen Schweden, aber versucht, normal zu antworten: »Danke, dass du mir zutraust, dass ich eine solche Hütte mit Notausgang bauen könnte. Nein, das war ich nicht, sondern einer meiner Vorgänger, ein früherer Förster hier auf Rügen. Er war ein schlechter Mensch und ein wahrer Nationalsozialist, Mitglied der Hitlerpartei. Er ließ diese Anlage mithilfe von ausländischen Gefangenen ca. 1942 bauen, um sich verstecken zu können, wenn Rügen von fremden Truppen eingenommen wird. Er war aber ein feiger Mann und erschoss sich am Ende selbst. Diese Anlage geriet in Vergessenheit, bis ich sie wiederentdeckte und instand setzte.«

Tommy denkt sich: »Welches Leben hatten doch diese Menschen! Kein Wunder, dass alle gejagt wirken oder ängstlich sind vor irgendjemandem oder irgendetwas.«

Onkel Hans steht auf und sagt: »So, nun gehen wir raus in die herrliche Natur und genießen die letzten Sonnenstunden für heute. Du hast mich stolz gemacht, Tommy. Du hast es heute mit mir ausgehalten und ich fühle mich nun etwas entspannter. Vielleicht funktioniert der Plan von Frau Doktor doch, oder was meinst du?« Ohne auf die Antwort zu warten, geht Onkel Hans langsam hinaus in die Sonne.

Kapitel 29

April 1976 – Die Reise nach Malmö

In dem großen Konferenzraum sitzen Vertreter des obersten Projektmanagements beider Seiten. Von ABV nimmt selbstverständlich der Projektchef, Anders Nyström, teil und außerdem Per Murström, der für Stefan Palm eingesprungen ist, der sich unerwartet hat krankschreiben lassen und nach Hause nach Südschweden gefahren ist. Die ostdeutsche Eisenbahn wird hauptsächlich durch deren Nummer eins repräsentiert, Dr. Egon Weinhardt. Weiterhin nehmen teil Andreas Jähnert und Renate Rossinski, eine energische 40-jährige Frau vom Außenhandelsunternehmen IAI.

»Damit Sie sich überzeugen können von der Qualität der zukünftigen Fußgängerbrücke, wie die Europäische Eisenbahnbehörde diese jetzt fordert, schlagen wir vor, dass wir nach Malmö reisen und dort die schwedische Alternative besichtigen, die wir nach dem engen Zeitplan produzieren könnten«, eröffnet Anders die Besprechung.

»Ich verstehe, dass es kurzfristig ist, aber wenn wir die Brücke rechtzeitig bis zum Probebetrieb nächstes Jahr im Juli fertiggestellt haben wollen, so müssen wir diese spätestens bis Ende Mai bestellen. Wenn es Ihnen passt, dann könnten wir am fünften Mai die Fähre nehmen und wären in einer Woche zurück.«

Der große Dr. Egon Weinhardt sieht besorgt auf Anders und sagt: »Großen Dank für die freundliche Einladung zum Besuch Ihres schönen Landes. Von unserer Seite dürfte es indessen schwer werden, die notwendigen Visa bis zum fünften Mai zu erhalten. Oder was denken sie, Genosse Jähnert?«

Andreas, der bereits jetzt genau weiß, dass er durch seine Kontakte die Visa rechtzeitig beschaffen kann, macht trotzdem ein besorgtes Gesicht und sagt: »Ja, es ist ein komplizierter Prozess für uns, eine so wichtige Reise mit so kurzer Vorbereitungszeit zu organisieren.« Er sieht, dass sich Renate Rossinski unruhig auf ihrem Stuhl hin und her bewegt und ergänzt, vor allem um sie zu testen: »Wie sieht das bei Ihnen aus, Genossin Rossinski, lässt Ihr Kalender eine Reise nach Schweden bereits nächsten Monat zu?« Sie antwortet viel zu schnell und mit großem Interesse: »Ja, das klappt ausgezeichnet.«

Andreas wirft ihr – unbemerkt von den Schweden – einen scharfen Blick zu und spricht weiter: »Lassen Sie mich mit meinen Kontakten in Berlin sprechen und in einigen Tagen gebe ich Ihnen dann Bescheid, ob die Reise stattfinden kann. Wenn das bestätigt wird, dann nehmen wir den Zug hier von Saßnitz und steigen in Malmö aus. Ich nehme an, dass Sie, Herr Nyström, mit Ihrem Auto reisen, sodass wir uns in Malmö treffen. Wir buchen unser Hotel selbst. Ich benötige eine Beschreibung von Ihnen über den Zweck der Reise und wie das Programm aussieht. Bedenken Sie bitte, dass es sich um eine reine Arbeitsreise handelt, und begrenzen Sie die Möglichkeit für Freizeit auf ein Minimum.«

Anders sieht etwas mitleidig auf den jungen Deutschen und erwidert: »Aber selbstverständlich. Das ist ja keine Vergnügungsreise, die wir da machen, nicht wahr?

»Arme Teufel«, sagt Anders zu Per Murström, als die kleine Delegation der Ostdeutschen den Konferenzraum verlassen hatte. Zurück bleibt ein Duft von schlechtem Zigarettenrauch, den die kettenrauchenden Deutschen hinterlassen haben als Erinnerung, dass sie in einer anderen Welt leben.

»Wie schaffen die das nur, so eingesperrt und kontrolliert zu leben, und wie gestalten wir das Programm, Per?« Der immer aufmerksame Chefplaner reagiert schnell, während er auf seinen betrübten Chef schaut: »Ich werde das arrangieren, Chef. Wir organisieren eine Mischung, besuchen verschiedene Referenzobjekte, einige Lieferanten und einige sehr interessante Museen, die ich kenne. Alles überhaupt kein Problem.«

Anders, der mäßig amüsiert aussieht, entgegnet: »Das klingt wirklich gut. So machen wir es.«

Eine Stunde später trifft Anders im Speisesaal auf Tommy und fragt ihn, ob er Zeit hat, in sein Arbeitszimmer mitzukommen. Tommy guckt etwas verwundert auf seinen Chef und antwortet: »Selbstverständlich.« Er wendet sich an seinen Kollegen Bert und sagt zu ihm: »Du kommst doch eine Weile allein zurecht. Du weißt ja, was zu tun ist?« Bert sieht mit seiner sauersten Miene auf Tommy und erwidert: »Geh du nur und schmiere dem Chef Honig um den Bart. Ich mache einfach weiter meine Arbeit.«

Anders guckt etwas verwundert auf Tommy, als Bert langsam den Raum verlässt: »Das ist ja ein richtiger Sonnenschein, dein Kollege.« Tommy lächelt nur und antwortet: »Man gewöhnt sich an ihn. Er klingt schlimmer, als er ist.«

»Ja, er ist ziemlich jung, um auf so einer Stelle hier zu sein, sicher nicht die beste, um erwachsen zu werden. Komm, wir nehmen uns jeder einen Kaffee Löfbergs mit und gehen in mein Zimmer. Es gibt einige Dinge, über die ich mit dir sprechen will.«

Tommy folgt leicht beunruhigt seinem Chef in dessen Zimmer. Anders schließt sorgfältig die Tür und deutet ihm, sich an die eine Seite des Konferenztisches zu setzen. »Das, was ich dir jetzt erzähle, bleibt unter uns. Es darf niemand anderes erfahren.« Er macht eine Pause und überlegt, wie er beginnen soll. Etwas vorsichtig sagt er dann: »Ich verstehe, wenn ihr – und vielleicht auch du – draußen auf dem Bau denkt, dass ich mitunter etwas naiv wirke.«

Tommy versucht, etwas zu erwidern, doch Anders Blick sagt ihm, dass er besser still sein sollte. »Du sollst wissen, dass ich wirklich deinen tollen Job hier schätze und auch die höfliche und rücksichtsvolle Art im Umgang mit deinen Kollegen. Ich habe auch von Andreas Jähnert nur Gutes über dich gehört. Dein Vortrag in Rostock hat große Bewunderung bei unseren ostdeutschen Auftraggebern ausgelöst. Ich hörte auch, dass ihr danach einen netten Abend im Hotel Neptun hattet. Während der Weihnachtsfeier habe ich ein wenig mit Marlene Schmidt und Charlotte Pfeiffer geplaudert und sie waren sehr angetan von dem Abend.«

Anders blickt aufmunternd zu Tommy, der errötet und auf den Tisch herunterschaut. »Ja, es war ein etwas spezielles Erlebnis, vor so vielen klugen Menschen einen Vortrag zu halten, und es war nicht so leicht für einen einfachen Menschen aus Örebro.«

Anders lacht ein wenig und antwortet: »Ganz einfach bist du nicht. Und wäre ich nicht glücklich verheiratet, so hätte ich auch gern danach mit Marlene und Charlotte im Nachtclub gefeiert. Du sollst wissen, dass es einige gibt, die nicht nur eifersüchtig sind, vor allem wollen sie dich und Bert loswerden.«

Er bekommt eine grimmige, ernste Miene und seine roten Flecken auf den Wangen fangen an zu leuchten: »Wie du weißt, ist Stefan Palm krankgeschrieben und befindet sich zu Hause in Schweden. Er wird nicht hierher zurückkommen.« Tommy blickt leicht geschockt auf seinen Chef, der ergänzt: »Er war derjenige, der wollte, dass ihr von hier verschwindet.«

Tommy unterbricht ihn und fragt verwundert: »Aber warum?«

»Ja, das fragte ich ihn auch. Er war der Meinung, dass du bei den Jungs und den Deutschen zu beliebt und nicht flexibel genug bist.«

»Aber das ist doch kein Grund, mich zu entfernen!«, sagt Tommy aufgeregt. »Nein, das ist es nicht und deshalb ist mein Vertrauen in Stefan weg. Als er ferner zugab, dass er es war, der Rolf und Walter anspitzte, euch an dem Abend zu verfolgen, hatte ich genug, und er musste uns am gleichen Tag verlassen. Er wird ersetzt durch Lars Paulsson. Vielleicht hast du ihn schon früher mal getroffen?«

Tommy schüttelte als Zeichen, dass er das nicht hatte, mit dem Kopf, und Anders fuhr fort: »Er war dabei, als die Stadtautobahn Essingeleden in Stockholm gebaut wurde, und er war Produktionschef bei einigen größeren Hafenanlagen. Seine Verdienste sind also beachtlich. Ich kenne ihn seit vielen Jahren und du wirst ihn sicher mögen.

Tommy weiß nicht so richtig, was er sagen soll, und beginnt etwas vorsichtig: »Ich wusste nicht, ob ich es dir als Chef sagen sollte, dass sie uns gejagt haben. Wir glaubten, dass sie uns etwas erschrecken wollten. Ich wollte niemanden anschwärzen.« Anders schaut ihn ernst an und sagt: »Sollte wieder etwas dergleichen passieren, dann kommst du direkt zu mir. Gemeinsam können wir das meiste lösen.«

»Lars kommt Anfang Mai zu uns«, setzt Anders fort. Da bin ich mit Per in Schweden mit einer Delegation von der ostdeutschen Eisenbahn, um mögliche Lieferanten für die Fußgängerbrücke zu prüfen. Wir sind eine Woche weg. Kannst du Lars in der Zeit unterstützen?« Tommy antwortet: »Aber klar. Ich werde mein Bestes tun. Und fährt denn Herr Jähnert mit? Der ist ja noch so jung.«

Anders guckt etwas verwundert auf seinen jungen Mitarbeiter und antwortet: »Ja, er ist einer der Wichtigsten, den sie für dieses Projekt haben. Aber es kommen bestimmt noch ein paar ältere Aufpasser von der Stasi mit.«

»Wenn du wüsstest«, denkt sich Tommy, als er leicht pfeifend aus dem Raum geht. Er freut sich schon darauf, ein wenig mehr Zeit allein mit Heidemarie in der Jagdhütte verbringen zu können. Es sind nicht nur die Deutschen, die planen können. Ich werde sie morgen früh im Krankenhaus mit einem kleinen Brief überraschen.

Kapitel 30

April 1976 – Der Albtraum

Die große Neuigkeit, die Tommy schon kennt, lässt der Projektchef beim Nachmittagskaffee platzen. Im gesamten Raum ist es still, als er informiert:

»Stefan und ich sind übereingekommen, dass es besser für ABV ist, wenn er eines unserer Autobahnprojekte in Malmö übernimmt und seine Zeit bei uns beendet. Ich danke für das, was Stefan getan hat. Lars Paulsson aus Stockholm wird als Nachfolger übernehmen. Lars kommt in zwei Wochen, und ich bitte euch, ihn gut zu unterstützen. Per und ich sind in dieser Zeit gemeinsam mit unseren ostdeutschen Auftraggebern auf Einkaufsreise in Skåne. Gibt es noch Fragen?«

Rolf Ravinder schaukelt wieder einmal mit seinem Stuhl und fragt: »Werden das nicht zu viele Stockholmer hier? Einige echte Bauleute werden gebraucht und nicht nur Büromitarbeiter.« Er starrt auf Anders, der im Gesicht leicht errötet, aber der im gleichen rauen Ton, der auf der Baustelle herrscht, kalt entgegnet: »Mein lieber Rolf, ist es nicht so, dass ein echter Baumensch sein Auto auf der Straße halten kann? Wir kümmern uns um den Bau, mische du deinen Beton. Ich habe schon überlegt, ob dir Tommy einige Fahrstunden geben sollte, denn er hat eine fantastische Kurventechnik, die dir fehlt.«

Anders schaut ruhig auf Rolf, der unter seiner Sonnenbräune blass wird. Bert, der jetzt seine große Chance sieht, steht auf und sagt: »Jetzt wo dein Papa nach Hause gefahren ist, bist du wohl nicht mehr so übermütig. Schade nur, dass er vergessen hat, dich und deinen Kartoffelfresser mitzunehmen!«

Die Nachmittagskaffeerunde ist dabei, sich aufzulösen, und Anders hat nun große Mühe, die verschiedenen Gruppierungen zu beruhigen: »So, alle hatten ihren kleinen Spaß, und du, Bert, komm ein bisschen runter. Denkt daran, dass wir alle im gleichen Boot sitzen und wir haben nur noch ein reichliches Jahr bis zur Fertigstellung. Denjenigen, denen es hier langsam gefällt, sollen wissen, dass es große Chancen für ABV gibt, weitere Projekte in der DDR zu erhalten, wenn jeder sich um jeden kümmert. Das klingt doch gut, oder?«

Es ist zeitig am Sonnabendmorgen. Tommy sitzt mit Heidemarie in ihrem hellblauen Trabant. Sie sind auf dem Weg zur Jagdhütte von Onkel Hans. »Ich habe mich so gefreut, als ich deine Botschaft las. Du bist jetzt ein bisschen deutscher geworden, aber wir planen, nicht du.«

Sie lächelt entzückend: »Ich muss dir erzählen, dass es komisch war, als Andreas mit wichtiger Miene nach Hause kam und erzählte, dass er nächsten Mittwoch für eine Woche nach Schweden reisen wird. Ich konnte mich kaum beherrschen, aber musste die Überraschte spielen. Das bedeutet, dass du und ich heute zeigen müssen, dass wir auch ohne das Insiderwissen von Onkel Hans in der Jagdhütte zurechtkommen. Ich habe heute Nachtschicht ab 21 Uhr. Wir können also den ganzen Tag üben. Ich habe arrangiert, dass meine Schicht nächste Woche am Freitag um 19 Uhr beginnt und ich danach bis Montagmorgen sechs Uhr frei habe. Kannst du dir auch freinehmen, Tommy?«

Er sieht sie verliebt an und antwortet: »Nichts auf der Welt kann mich daran hindern, an diesem Tagen freizumachen!«

Nach einem Tag mit intensivem Training unter der Anleitung von einem sehr strengen Onkel Hans essen sie nun gemeinsam zu Abend. »So ein bisschen Essen tut jetzt gut. Man merkt, dass du in der Armee gedient hast, so wie du uns heute in die Mangel genommen hast.«

Heidemarie sieht ihren Onkel an und fährt fort: »Nach dem Essen muss ich nach Saßnitz zurückfahren. Ich habe Nachtschicht. Tommy, du bleibst ja hier bis morgen Abend und bereitest alles für nächstes Wochenende vor. Du kannst nach Lützen fahren und Oma besuchen, Onkel Hans. Es ist schon eine Weile her, als du das letzte Mal dort gewesen bist.«

Hans guckt sie an und entgegnet: »Ich weiß, dass ich mich nächstes Wochenende zurückziehen soll, aber muss ich denn gleich nach Lützen fahren, damit du sicher sein kannst, dass ich nicht hier auftauche? Übrigens muss ich euch beide für meinen harten Stil heute um Entschuldigung bitten. Mitunter vergesse ich mich und falle zurück in vergangene Zeiten.«

Tommy sieht ihn an und antwortet: »Ich finde es gut, dass du uns das alles hier beigebracht hast. Du und ich müssen dafür sorgen, dass Heidemarie nichts passiert.«

Heidemarie sieht liebevoll Tommy und ihren Onkel an und sagt: »Ihr seid die Wichtigsten für mich. Seht zu, dass ihr einen schönen Abend und morgen einen schönen Tag habt.«

Als Tommy zurück in die Hütte kommt, nachdem er Heidemarie zu ihrem Auto begleitet hat, hat Onkel Hans alle Fensterläden geschlossen und Holz in den Kamin nachgelegt. Er liegt auf dem Sofa und hat eine Flasche mit Weinbrand auf den Tisch gestellt und wendet sich an Tommy:

»Wenn du Lust auf die Erzählung eines alten Mannes über frühere Zeiten hast, so würde ich gern dort fortsetzen, wo wir letztens aufgehört haben. Ich fühle, dass es mich etwas ruhiger gemacht hat zu teilen, was passiert ist.«

Tommy nickt und setzt sich in den bequemen Sessel. Onkel Hans hat jedem ein großes Glas von dem Braunen eingegossen und ermuntert Tommy zu trinken.

»Wie weit war ich gekommen? Ich glaube, das war, als ich in Merseburg auf das Gymnasium ging. Ich besuchte es, bis ich Ende 1943 zur Musterung einberufen wurde. Zu meiner Verwunderung fanden sie mich als Panzersoldat geeignet für eines der bekanntesten deutschen Regimenter, das Waffen-SS Panzerregiment Leibstandarte Adolf Hitler. Anfang 1944 reiste ich zu einer dreimonatigen Grundausbildung nach Dresden, um mit Radiokommunikation in einem Panzer umgehen zu können. Das war eine sehr pragmatische Ausbildung, die nur darauf ausgelegt war, das Notwendigste zu erlernen, um den Feind zu besiegen. Es war keine Zeit für anderes vorgesehen, zum Beispiel im Takt zu marschieren oder militärisch richtig zu grüßen.«

»In der letzten Märzwoche erhielt ich die Nachricht, dass ich zur neuen Basis des Regimentes in Belgien, in eine Stadt mit Namen Turnhout, verlegt werde. Ich bekam zwei Tage Urlaub und konnte in Lützen vorbeifahren, um mich von meiner Mutter zu verabschieden. Nach der Meinung der Ausbildungsoffiziere war die Chance minimal, sie jemals wieder zu sehen. Wie sie es sahen, war es doch eine Ehre, für das Vaterland zu sterben. Deshalb sollte ich es nicht so schwer nehmen.«

Tommy wusste nicht, was er glauben sollte von den Jugenderinnerungen des älteren Mannes, der mit geschlossenen Augen auf dem Sofa erzählt. Er vergleicht dies mit seinem eigenen Heranwachsen in Örebro und mit der Sicherheit, in der seine Eltern aufgewachsen sind. Und er denkt »Verdammt, was sie erlebt haben! Kein Wunder, dass sie so sind, wie sie sind.« Er sitzt still, hört fasziniert zu und ist gespannt, was noch kommt.

»Willst du mehr hören oder bist du müde, Tommy?«, fragt Onkel Hans ein wenig abwesend. »Nein, ich bin nicht müde. Es ist nur so, dass ich nicht alles verstehe, was du erzählst. Es fällt mir schwer, mich in deine Situation hineinzuversetzen, wie ich wohl mit dem fertig geworden wäre, was du durchgemacht hast.«

»Du kannst froh sein, das nicht erlebt zu haben. Ich habe seitdem jeden Tag gelitten. Mitunter war ich bereit, diesen Albtraum zu beenden, aber das Leben muss ja weitergehen.«

Er macht eine lange Pause und setzt dann seine Reise fort: »Mit meinem Kameraden aus dem Nachbardorf, Harald Fiedler, setzte ich mich in Leipzig in den Zug, um nach Belgien zu fahren. Nach etwas mehr als einem Tag erreichten wir unsere Stellung kurz vor Turnhout. Wir wurden sofort auf die Panzer verteilt, in denen Besatzung fehlte. Ich landete in einem Panzer, der Königstiger genannt wurde. Es waren fünf Mann an Bord und ich sollte die Radioanlage bedienen. Die anderen Besatzungsmitglieder waren nicht viel älter als ich, aber sie hatten in den letzten zwölf Monaten schon so viel erlebt, dass sie älter wirkten.«

»Nach zwei Monaten harter Ausbildung in Belgien kam es zur Invasion in der Normandie. Am darauffolgenden Tag begannen wir mit der Verlegung des gesamten Regimentes mit dem Ziel, so schnell wie möglich in Caen zu sein. Das waren nur ca. 400 Kilometer, aber wir mussten große Umwege nehmen, da viele Brücken bombardiert und dadurch unpassierbar waren, und durch die Angriffe der Alliierten kamen wir nur nachts voran.«

»Wir waren am neunten Juni da. Das weiß ich deshalb so genau, weil Harald 18 Jahre alt wurde. Wir feierten mit einigen Flaschen Calvados, den wir von dem Bauer bekamen, in dessen Feld sich unsere Kompanie eingraben musste. Ab diesem Tag war alles ein großes Chaos, worüber ich dir nichts erzählen will. Es gibt da nichts, was du wissen willst.«

»Das Einzige, was ich dir erzählen muss, ist, wie Harald gestorben ist. Es war der 18. Juli. Wir lagen schon eine ganze Zeit in unserer gut getarnten Stellung. Wir zwei und unser 58 Tonnen schwerer Königstiger waren in der fruchtbaren Normandieerde eingegraben. Zeitig am Morgen erwachten wir durch Flugalarm und wir hielten uns in unserem Schützengraben bereit. Was jetzt folgte, war die reinste Hölle. Ich hörte später in englischer Gefangenschaft, dass die Operation in England Goodwood genannt wurde, und wir landeten mittendrin. Die Engländer hatten 1600 Flugzeuge im Einsatz und warfen 8000 Tonnen Bomben östlich von Caen ab. Und mitten in diesem Inferno waren Harald und ich als heranwachsende Jugendliche. Angst und Furcht reichen nicht aus, um zu beschreiben, was wir fühlten. Nach einigen Stunden erhielt unser Königstiger einen Treffer, sodass dieser hoch geschleudert wurde und wieder neben uns landete. Leider traf er Harald so, dass sein Bein oberhalb des Knies abgetrennt wurde. Wir verstanden beide sofort, dass es für ihn das Ende bedeutete. Er nahm einen Brief aus seiner Brusttasche, den er für seine Mutter vorbereitet hatte, und sagte einfach: ›Sei so lieb und übergib diesen Brief meiner Mutter, lebe wohl!‹ Danach nahm er seine Luger Pistole und schoss sich in die Schläfe. Ich war so geschockt, dass ich davonlief, ich wollte nur noch weg. Aber die Militärpolizei, die unsere hintere Linie bewachte, lachte und sagte: ›Geh jetzt zu deiner Stellung zurück, ansonsten erschießen wir dich. Es liegt an dir.‹ Von dieser Stunde an verlor ich den Glauben an das alles und funktionierte nur noch wie ein Roboter. Die Hölle hielt an bis Anfang August, als wir, die überlebt hatten, von den Engländern in Falaise gefangen genommen wurden. Wir wurden über den provisorischen Hafen in Quistreham mit dem Schiff nach England gebracht und fuhren dann weiter mit einem Zug in ein Gefangenenlager nach Schottland. Dort arbeitete ich bis Mitte 1948 in der Forstwirtschaft. Ich wurde gut behandelt und begann, wieder wie ein Mensch zu funktionieren.«

Es war bereits ein Uhr nachts, als Onkel Hans vom Sofa aufstand und mit seinen traurigen Augen Tommy ansah.

»Das alles, was ich dir gesagt habe, habe ich noch niemandem erzählt. Ich möchte nicht, dass du irgendetwas davon Heidemarie erzählst. Aber ich danke dir aus ganzem Herzen, weil du es geschafft hast, meinen Albträumen zuzuhören. Das schätze ich sehr. Ich hoffe, dass du jetzt besser verstehst, warum es zwei deutsche Staaten gibt und warum immer noch so viele Menschen wie ich, keine Hilfe in irgendeiner Form erhalten haben. Leider gibt es in diesem Land auch verlogene Menschen, die ihre braunen Hemden einfach in leuchtend blaue getauscht haben, ohne dass sie um Verzeihung gebeten oder durch eine rechtmäßige Strafe für die begangenen Verbrechen bezahlt haben.«

Tommy sitzt schweigsam da und überlegt, was er antworten soll: »Es fällt mir schwer zu verstehen, was ihr durchgemacht habt. Wo ich herkomme, waren die Probleme dagegen so klein und unbedeutend, dass du sie nicht einmal bemerken würdest. Aber wann endet das? Die Wunden des Krieges müssen doch irgendwann einmal geheilt sein, oder? Das, was die Nazis getan haben, kann nicht vergeben werden, aber wie viele Generationen sollen noch unter den Folgen leiden?«

»Darauf, Tommy, haben nur die Machthaber im Kreml eine Antwort. Solange sie das kommunistische Regime in diesem Teil von Deutschland steuern, wird sich nichts verändern. Aber vielleicht wird irgendwann in der Zukunft, wenn ich nicht mehr lebe, eine Tür in der Mauer geöffnet …«

Kapitel 31

Mai 1976 – Zusammen

Zu Wochenbeginn liegt ein Hochdruckgebiet über der südlichen Ostsee. Es sorgt dafür, dass sich einströmende, trockene und warme Luft durch das kalte Meer in eine erfrischende Mischung aus Sommer und Frühling verwandelt. Tommy ist mit dem neuen Produktionschef, Lars Paulson, der am Wochenende angekommen ist, auf einem Besichtigungsrundgang auf der Baustelle.

»So weit sind wir seit Juli vergangenen Jahres vorangekommen«, sagt Tommy, als sie auf eine der Landungsbrücken gehen. Der große, schlaksige, neue Kollege ist vierzig Jahre alt und macht einen energischen Eindruck. Mit seinen freundlichen blauen Augen sieht er Tommy an und äußert anerkennend:

»Nicht schlecht. Es ist nicht so ganz leicht, ein so kompliziertes Projekt in so kurzer Zeit in Betrieb zu nehmen. Aber ich kenne Anders und Per sehr gut von früher und weiß, was sie können. Habe übrigens auch über dich nur Gutes gehört, Tommy.«

Tommy denkt sich: »Verdammt, ist er angenehm. Das wird eine gute Zeit werden. Und es wird nicht das Gefühl von Druck und Zwang wie unter Stefan geben.«

Sie gehen weiter zu einem großen Fundament, wo Lars zwei Zimmerleute von einem seiner früheren Projekte trifft: »Hallo Leute, schön, euch wiederzusehen. Wie geht es euch hier in Deutschland?«

Der ältere von den beiden, Sune, antwortet mit Stockholmer

Dialekt: »Das ist bombig hier. Viel frische Luft und der Alkohol ist billig.«

Lars lächelt und entgegnet: »Übertreibt es nicht damit. Wir haben hier noch sehr viel vor uns.«

Die zwei Zimmerleute beginnen, darüber zu diskutieren, wie das Fugenband angeschlossen werden soll. Tommy ist sehr angetan davon, wie pädagogisch Lars seine Sicht auf das Ganze vermittelt und mit welchem Respekt sie gegenseitig Ideen austauschen. »Von ihm werde ich viel lernen!«, denkt sich Tommy. Seine bereits vorhandene gute Laune steigert sich einmal mehr, als er an das lange Wochenende mit Frau Doktor denkt.

Zur gleichen Zeit bereitet sich Andreas auf die bevorstehende Schwedenreise vor. »Kannst du mir bitte beim Packen der Tasche helfen, Heidemarie? Ich muss sichergehen, dass meine Hemden ohne Falten sind, wenn ich unser Land in Malmö repräsentiere.«

Seine Frau schaut ihn mit einem leicht irritierten Blick an: »Wer so ein Glück hat, nach Schweden reisen zu dürfen, kann wohl seine Tasche selbst packen.« Trotzdem beginnt sie schnell und effektiv dafür zu sorgen, dass seine Reisetasche perfekt gepackt ist.

»Danke, meine Liebe«, sagt er und lächelt sie an. »Ich verspreche dir, dass ich dir etwas Feines aus Malmö mitbringe.« »Und was soll das sein?«, fragt sie etwas säuerlich. »Warte es ab. Übrigens, was wirst du tun, während ich weg bin?«

»Warum fragst du das?«, will Heidemarie wissen. »Das interessiert dich doch sonst nicht.«

»Aber nun reise ich in das kapitalistische Ausland und das ist ja ein großer Unterschied!«

»Das klingt, als würdest du sehr weit wegreisen, aber es sind doch nicht mehr als 150 Kilometer von hier bis Malmö, und in der Regel bis du auch nicht länger weg, wenn du für deine wichtigen Treffen ins Hotel Neptun in Warnemünde reist.«

Er ahnt, dass sie über sein Verhältnis mit Marlene Bescheid weiß und entscheidet sich dafür, keinen Streit zu beginnen so kurz vor der Abfahrt der Nachmittagsfähre nach Trelleborg. »Das hier ist ein wenig anders. Wenn es uns gelingt, den Fährhafen termingerecht fertigzustellen, dann ziehen wir nächstes Jahr nach Berlin um. Oberst Grosse hat mir in Berlin eine schicke Villa in Pankow zugesagt, wenn alles so funktioniert, wie wir uns das gedacht haben. Sind das nicht gute Aussichten?«

Er lacht sie an und sie antwortet: »Lass gut sein damit. Wenn ich loskomme, werde ich am Wochenende Oma Frieda besuchen.«

Sie steht vor ihrem Haus und winkt ihrem Mann pflichtgemäß zum Abschied zu, als er von seinem Chauffeur abgeholt wird. »Jetzt beginnt eine neue Etappe in meinem Leben. Ich hoffe, dass alles so wird, wie ich es mir wünsche«, denkt sie und bereitet das Essen vor, das sie am Wochenende mit in die Jagdhütte nehmen will.

Die erste Maiwoche mit wunderschönem Wetter und guten Fortschritten auf dem Bau machen Tommy und Bert glücklich. »Heute könnten wir etwas länger bleiben, denn es ist so schönes Wetter und gutes Licht zum Arbeiten.« Tommy sieht Bert verwundert an und traut seinen Ohren nicht. Es ist das erste Mal, seit sie in Saßnitz sind, dass Bert freiwillig Überstunden machen will. Bert ergänzt: »Wir können alles fertig machen für die Zimmerleute, sodass sie die Schalung für die Einbauteile für die nächste Betonieretappe zuschneiden können.«

Tommy lächelt seinen Kollegen an und sie arbeiten voller Optimismus und genießen dabei die milde Brise von der Ostsee, die sich heute von ihrer besten Seite zeigt.

»Ich hoffe, das Projekt dauert noch ewig. Es kann nicht besser werden, als es jetzt ist. Es ist so großartig und lehrreich, seit Lars hierhergekommen ist. Die Stimmung ist jetzt viel besser so ohne den Druck, den der Führungsstil von Stefan verursacht hat«, denkt Tommy. Gleichzeitig beschleicht ihn ein Gefühl des Unbehagens, als ihm bewusst wird, dass hier nur noch ein Jahr Arbeit verbleibt. »Ich muss dann zurück nach Schweden und was passiert in diesem Falle mit Heidemarie …?« Er wird wieder schwermütig und sieht traurig auf die Fähre, die gerade ihre Fahrt nach Trelleborg beginnt.

Und endlich kommt der langersehnte Freitagabend. Tommy steigt hinter dem Sportplatz wieder in den kleinen Trabant zu Heidemarie, die in Erwartung über das ganze Gesicht strahlt. Als sie sieht, dass sein Gepäck ziemlich umfangreich ist, kann sie es nicht lassen, ihn ein wenig zu necken: »Oh, Herr Oskarsson, beabsichtigen Sie, lange wegzubleiben? Einen ganzen Monat?«

Tommy lächelt zurück. »Was mich betrifft, außerordentlich gern, Frau Doktor.«

Sie erreichen die Jagdhütte ohne weitere Probleme, außer dass sie feststellen, dass ihr Gepäck für ein Wochenende etwas überdimensioniert ist. »Es ist wohl das Beste, dass wir auf Essen verzichten, oder was denkst du?«, versucht sie die Spannung, die auf beiden lastet, etwas zu lösen.

Es ist das erste Mal, dass sie zusammen sein können, ohne an etwas anderes denken zu müssen, als nur füreinander da zu sein. Tommy weiß nicht so richtig, was er sagen soll. Also nimmt er sie zärtlich in seine Arme und streichelt ihr über das Haar. Er fühlt, wie sie sich beruhigt, und sie setzen sich auf das Sofa. Sie lehnt sich an ihn und lächelt.

»Nach diesem Wochenende habe ich mich so lange gesehnt und jetzt weiß ich nicht, was ich sagen soll.« Sie sieht ihn unsicher an und er antwortet: »Zuerst einmal trinken wir eine Tasse Kaffee und essen eine ›Kanelbulle‹, die ich heute mit der Fähre frisch von einem Bäcker aus Trelleborg bekommen habe. Das fängt doch gut an, nicht wahr?«

Sie lacht und erwidert: »Ich weiß zwar nicht, was eine ›Kanelbulle‹ ist, aber wenn es heute erst mit der Fähre gekommen ist, dann muss es ja etwas Besonderes sein.«

Tommy bereitet den Kaffee zu und legt den duftenden Kuchen auf ein hübsches Tablett aus Porzellan. Heidemarie wartet auf dem Sofa und beobachtet mit Freude, wie sich der junge Schwede in der Küche bewegt.

»Bitte schön, hier ist ein kleines Beispiel dafür, was wir in Schweden lieben.« Sie nimmt vorsichtig ein kleines Stück von dem nach Zimt duftenden Gebäck und sie erlebt einen Geschmack, den sie vorher nicht gekannt hat. Sie ist von ihren Gefühlen so überwältigt, dass sie ihre Tränen nicht zurückhalten kann.

»Aber was ist denn? Habe ich etwas falsch gemacht? Schmeckt dir die Zimtschnecke nicht?«, fragt Tommy ängstlich.

»Nein, ich bin nur so glücklich.« Sie zieht ihn an sich und sie vergessen Zeit und Raum.

Am Sonnabendmorgen wacht Tommy vom Duft von Rührei auf. Eine kurze Erinnerung an einen Morgen in Berlin blitzt durch seinen Kopf, bevor er Heidemarie in der Küche stehen sieht, nur mit seiner Pyjamajacke bekleidet. Sie lächelt ihn fröhlich an und sagt: »Guten Morgen, du hast ja unheimlich lange geschlafen, aber jetzt ist es Zeit für Frühstück.«

Das Gefühl, das in Tommy erwachsen ist, ist anders als alles, was er zuvor gekannt hat. Es ist das Gefühl, dass sie beide zusammengehören, den Rest ihres Lebens gemeinsam verbringen und niemand sie trennen kann. Er weiß es seit vergangener Nacht, als seine Haut ihren warmen, weichen Körper fühlte. Er erlebte in diesem Augenblick so viel Liebe, dass es schmerzte – ein Schmerz, dessen Grund in ihrer unmöglichen Situation lag. Beide geben ihr Bestes, das zu verdrängen.

Sie frühstücken sehr lange und genießen es, zusammenzusitzen. »Tommy, was machen wir heute? Ich habe ein Abendessen vorbereitet und ich lade dich dazu ein.«

»Dann werde ich mich meinerseits anstrengen, dass du heute einen richtig schwedischen Lunch bekommst«, antwortet Tommy.

Heidemarie sieht ihn überrascht an und lächelt: »Ich denke, dass wir nach dem Mittagessen einen langen Waldspaziergang unternehmen. Aber vorher etwas viel Wichtigeres. Es sieht so aus, als würdest du ein wenig frieren. Ich sollte dir wohl sofort deine Pyjamajacke zurückgeben.« Sie zieht die Jacke langsam aus, steht auf und schiebt Tommy zum Bett.

Nach seinem Mittagessen spazieren sie Hand in Hand durch den prachtvollen Buchenwald und genießen die herrliche Maiwärme. Sie sprechen über alles und nichts, über die Zukunft und über ihre Kindheit. Sie meiden sorgfältig alle Themen, die ihnen Schmerzen verursachen könnten oder tabu sind. Sie sind jetzt zusammen und nichts anderes zählt.

Heidemarie versteht, dass sie ganz unterschiedliche Lebensläufe haben. Er strahlt eine innere Sicherheit aus, was ein warmes Gefühl vermittelt und beruhigend auf sie wirkt. Schließlich haben beide einen ganz gegensätzlichen Grad an Freiheit erlebt. Er ist in einem Land mit Wohlstand aufgewachsen und in einer Demokratie mit wenig oder keinen Grenzen. »Ich bin in einer Diktatur groß geworden, die so kontrollierend und beeinflussend ist, dass ich es bisher nicht einmal gemerkt habe«, denkt sie.

Sie muss lächeln, als sie zurückdenkt, wie liebevoll er ihr Mittagessen zubereitet hat. Er hatte die Zutaten direkt bei einem Geschäft in Trelleborg bestellt und sie kamen mit der nächsten Fähre am gleichen Tag nach Saßnitz. Sie lacht wieder vor sich hin, als sie sich erinnert, wie er ein fantastisches Kartoffelmus aus einem Paket zauberte, auf dem Felix stand, und dazu leckere Würste gebraten hat, die, wie er sagte, aus der Stadt Falun kommen. Dazu schnitt er große, rote Tomaten, die fast künstlich aussahen. »Damit kreierte er ein Mittagessen, das ich nie mehr vergessen werde. Es schmeckte so anders, als ich es gewohnt bin. Und dann noch zubereitet von einem Mann, den ich jetzt schon über alles liebe«, beendet sie ihre Gedanken.

»Du bist ja so still. Worüber denkst du nach?« Er sieht sie mit so viel Wärme im Blick an, dass sie ihn sofort umarmen muss. »Ich denke nur daran, wie glücklich du mich machst, und ich wünsche mir, dass der Montagmorgen niemals kommt.« Er weiß nicht, was er sagen soll, und steht nur da unter den hohen Buchenbäumen, umarmt sie und versucht, die Zeit anzuhalten.

Kapitel 32

Juni 1976 – Der Check

Natürlich kommt der Alltag. Und nicht nur ein Montag, sondern der ganze Mai geht vorüber, ohne dass Tommy verstehen kann, was mit ihm passiert ist. Seine Stimmung schwankt zwischen einem Gefühl von unbeschreiblichem Glück und Elend. Er hat Heidemarie seit dem gemeinsamen wundervollen Wochenende nur während seiner Fahrten ins Krankenhaus getroffen. Die Möglichkeiten, bei diesen Gelegenheiten zu sprechen, waren begrenzt. Es blieb beim Austausch von Blicken und kurzen schriftlichen Botschaften. Ihm war klar, dass sie ein gefährliches Spiel mit sehr unsicherem Ausgang begonnen hatten. Sein Versuch, besonnen zu bleiben, wurde durch seine emotionale Berg- und Talbahn blockiert.

»Was zur Hölle soll ich tun? Das kann nicht so weitergehen. Vielleicht ist es doch besser, dass ich hier alles stehen und liegen lasse und zurück nach Schweden fahre«, denkt er still vor sich hin. Plötzlich werden seine Gedanken unterbrochen von irgendjemandem, der ruft: »Tommy, du fauler Sack aus Örebro, du sitzt und schläfst schon wieder!«

Es ist Bert, der mit lauter Stimme in ihr gemeinsames Büro stürmt. Bert versteht nicht, was mit Tommy in den letzten Wochen passiert ist. Er, der früher die Arbeit vorangetrieben und Struktur gegeben hat. Gleichzeitig hat Bert nach der ersten Zeit des Feierns ein Gleichgewicht in seinem Leben gefunden, das ihm Kraft gegeben und den Wunsch hervorgebracht hat, mehr über die Abläufe einer Baustelle zu erfahren.

»Du kannst nicht einfach hier sitzen und deprimiert sein. Komm jetzt, die Zimmerleute brauchen unsere Hilfe draußen am Pier.« Tommy sieht Bert müde an. Die dunklen Augenringe lassen ihn älter aussehen, als er ist, und er sagt: »Ja, ja, ich komme. Immer mit der Ruhe.«

Sie traben raus und gehen am Bau entlang zum Pier, der der sowjetischen Flotte am nächsten liegt. Dort warten Lars und zwei ältere Zimmerleute aus Skåne auf Hilfe, um die große Schalung für die nächste Betonier-Etappe in Position zu bringen. Tommy fühlt sich schuldig, dass sie warten mussten, und sagt: »Es ist mein Fehler, dass wir zu spät kommen, aber ich fühle mich heute nicht so gut. Ich verspreche, dass es nicht wieder vorkommt.«

Der Produktionschef sieht ihn besorgt an und antwortet: »Wir müssen jetzt hier helfen, damit wir nicht an Tempo verlieren. Ich bleibe und versuche, euch zu unterstützen, wenn das okay ist?« Tommy findet das alles peinlich, aber ist trotzdem für die Hilfe seines Chefs dankbar.

Nach einigen Stunden gemeinsamer harter Arbeit gehen sie zusammen für die wohlverdiente Kaffeepause ins Büro zurück. Als sie sitzen, empfindet Tommy das erste Mal große Dankbarkeit für Bert, dass er für ihn eingesprungen ist, und sagt: »Bert, du sollst wissen, dass ich mich dafür schäme, dass ich dir in den letzten Tagen keine große Hilfe war. Danke, dass du mir geholfen hast, wieder in Gang zu kommen.«

Bert guckt ihn erstaunt an und entgegnet: »Das ist okay. Ich hatte bestimmt auch schwache Momente, seit wir hier sind. Scheiß jetzt drauf. Ich denke, dass du heute Abend mit uns in die Diskothek gehen und einige Liter von dem guten Bier trinken solltest. Dann kommst du auf bessere Gedanken, du Miesepeter.«

Zu seiner Verwunderung antwortet er Bert: »Das klingt gut. Ich komme gern mit.« Im selben Augenblick kommt der Projektchef Anders in den Pausenraum und begrüßt freudig seine zwei jungen Mitarbeiter: »Hallo, wie ist die Lage?«

Tommy weiß nicht, was er antworten soll. Hat Lars mit dem

Chef bereits darüber gesprochen, dass Tommy seine Aufgaben nicht wie gewohnt erfüllt hat? Seine häufigen Selbstzweifel nehmen überhand und bevor es ihm gelingt zu antworten, kommt Bert dazwischen: »Keine Sorge, Chef, du kannst dich auf uns verlassen. Im Übrigen möchte ich nur sagen, dass ich mich hier in Ostdeutschland sehr wohl fühle. Ich wäre gern beim nächsten Projekt auch dabei.«

Anders und Tommy schauen überrascht, weil sie die neue Version von Bert noch niemals gehört haben. »Gut zu wissen, Bert. Ich behalte dich im Hinterkopf, wenn ein neues Projekt auftaucht. Tommy hast du einen Moment für mich? Es gibt einige Sachen, die ich gern mit dir durchgehen möchte.«

Tommy nickt und folgt dem Chef in dessen Raum, wo sie sich in die kleine Sofagruppe setzen. »Es ist enorm, wie positiv sich dein Kollege Bert entwickelt hat, seit Stefan verschwunden ist. Es scheint so, als ob ihr jetzt auch harmonischer zusammenarbeitet?«

»Ja, er ist wie verwandelt. Fasst Dinge selbst an und treibt sie voran, wenn es mir mal nicht so gut geht. Anders schaut ernsthaft auf Tommy und erwidert: »Gibt es etwas, wobei ich dir helfen kann?« Tommy schüttelt den Kopf und antwortet: »Nein, es war nur ein bisschen viel mit der Aufregung um Stefan und der Verfolgungsjagd, aber jetzt ist es besser.«

»Ja, darüber möchte ich auch mit dir sprechen. Du sollst wissen, dass wir deine Arbeit und dein Engagement sehr schätzen. Ich habe in meinen Gesprächen mit der Konzernzentrale abgestimmt, dass du in eine Gruppe jüngerer Mitarbeiter kommst, die wir als zukünftige Führungskräfte besonders fördern wollen.« Tommy heitert auf: »Danke, Chef. Das ehrt mich sehr.«

»Warte, ich bin noch nicht fertig. Du hast doch früher mit Dennis Apelgren zusammengearbeitet, nicht wahr?«

»Ja, das war vor einiger Zeit, als wir einen Teil der U-Bahn in Bergshamra gebaut haben.« Tommy sieht seinen Chef erstaunt an und fragt sich, was als Nächstes kommt.

Anders fährt fort: »Wie du vielleicht weißt, ist er zurzeit in Jeddah, Saudi-Arabien, wo wir den großen Wasserturm bauen. Er und seine Familie müssen im Juli heim nach Schweden und er hat gefragt, ob du nicht kommen kannst, um ihn vier Wochen zu ersetzen.«

Tommy sieht besorgt auf seinen Chef und sagt: »Aber ich darf doch danach wieder hierher zurückkommen, denn ich möchte unbedingt das Projekt mit fertig bauen.«

»Selbstverständlich kommst du im August hierher zurück und nicht genug damit, wir verhandeln gerade über ein großes Projekt in Leuna. Das liegt zwischen Leipzig und Halle. Es ist eine komplizierte Sache mitten in einer riesigen chemischen Fabrik. Wir gehen davon aus, dass wir damit etwa ein halbes Jahr nach der Fertigstellung des Fährhafens beginnen können. Das hat der neugierige Bert vermutlich aufgeschnappt. Aber was ich jetzt sage, ist absolut geheim. Ich habe großes Vertrauen zu dir und wir brauchen deine Hilfe.«

»Selbstredend, Chef. Was kann ich tun?« Anders sieht etwas verlegen aus und fährt fort: »In so einem großen Projekt, das in Geld ausgedrückt fast eine halbe Milliarde Kronen ausmacht, ist es wichtig, die richtigen politischen Kontakte zur DDR-Führung zu haben. Das Land hat einen großen Bedarf an Westvaluta. Man will oder kann uns nicht mit Geld bezahlen, sondern wir erhalten eine Entschädigung in Form von Produkten, die wir später weiterverkaufen.«

Tommy sagt schnell: »Wie all die Mähdrescher, die wir hier auf dem Weg nach Schweden sehen?«

»Exakt. Das ist ein gutes Beispiel. Aber damit ist es nicht genug. Um den Zuschlag für so ein großes Projekt zu erhalten, sind wir auf einen Makler angewiesen, der uns die richtigen Wege in die ostdeutschen Entscheidungsgremien zeigt. In diesem Falle hier ist es die Firma Contacta, die von einem der mächtigsten Männer in der DDR geleitet wird. Sein Name ist Alexander Schalk-Golodkowski. Wir wollen, dass du, Tommy, nach Berlin reist und ihm einen Vorschuss von der Provision übergibst, die wir bezahlen müssen, um das Projekt zu erhalten.«

Tommy überlegt, was er da gerade gehört hat, und sein Gehirn arbeitet auf Hochtouren. Er denkt sich: »Das klingt mir etwas suspekt. Ist das wirklich legal …?« Anders bemerkt, dass sein junger Kollege misstrauisch aussieht, und ergänzt: »Das klingt merkwürdig, aber es ist völlig in Ordnung.«

»Aber warum in Gottes Namen habt ihr mich ausgewählt für einen so wichtigen Auftrag? Warum schickt ihr nicht Walter stattdessen?«

Anders lächelt ihm zu. »Glaubst du, dass ich so naiv bin und Walter vertraue? Natürlich nicht und auch nicht irgendwelchen schlauen Ökonomen aus der Konzernzentrale. Nein, du bist der richtige Mann für diesen Auftrag. Du hast gezeigt, dass du Verbindungen zu Ostdeutschen aufbauen kannst, und sie schätzen deine Art zu handeln.«

Tommy blickt resigniert auf den Chef und fragt bescheiden: »Und welchen Betrag soll ich transportieren?« Anders schaut ein wenig zum Boden und die roten Flecken auf den Wangen leuchten auf, als er leise sagt: »500.000 D-Mark.«

Kapitel 33

Juni 1976 – Abschied

Der Sommer hat ordentlich zugeschlagen und die Leipziger Gegend liegt wie unter einer Glocke in 35 Grad Wärme und Industriedunst. Im Schatten unter dem großen Terrassendach aus gut geöltem Teakholz sitzen Andreas und Heidemarie, gemeinsam mit den Eltern von Andreas.

»Ist das schön, dass ihr endlich Zeit gefunden habt, uns zu besuchen. Unser letztes Zusammentreffen an Weihnachten ist ja nicht so glücklich verlaufen«, beginnt der Papa von Andreas. Er sieht, dass Andreas etwas erwidern will, aber redet weiter: »Lass mich freundlicherweise fortsetzen, danke.«

Seine bestimmende Autorität führt dazu, dass die anderen von ganz allein aufmerksam zuhören: »Als Erstes will ich meine liebe Frau tausendmal um Verzeihung bitten für mein schlechtes – nein für mein schier unwürdiges – Benehmen in den letzten Jahren. Ich weiß, Liselotte, dass es unverzeihbar ist. Nun will ich euch allen, die Menschen, die das Wichtigste für mich sind …«

Liselotte versucht, auf ihre leicht unterwürfige Art, etwas zu sagen, aber wiederum winkt er mit der rechten Hand ab und setzt fort: »… erzählen, warum ich nicht ich selbst gewesen bin. Ich bin durch all das Testen verschiedener Präparate aus unserem Institut schwer abhängig geworden. Das zeigt sich in einem gesteigerten Grad von Aggressivität, erhöhter sexueller Aktivität und einem tiefen Gefühl von Ratlosigkeit. Ihr, die ihr beide Ärzte seid, wisst, wie schwer der Ausstieg aus der Sucht ist.«

Er schaut beide Frauen mit festem Blick an und sagt: »Aber jetzt habe ich Hilfe erhalten und ich habe das Gefühl, dass es in die richtige Richtung geht. Bei unserem Gespräch während deines Besuches auf meiner Arbeit nach Neujahr, Andreas, hatte ich den Eindruck, dass weder ich noch du so gehandelt haben, wie es unsere Partnerinnen verdienen. Ja, ich weiß, dass ich immer darauf gedrungen habe, dass dir deine Karriere über alles gehen muss. Jetzt im Nachhinein betrachtet, war das dir gegenüber nicht richtig und ungerecht. Und entschuldige bitte, aber ich finde, dass du deinen Alkoholkonsum nicht unter Kontrolle hast, und es gibt auch andere Sachen, mit denen du nicht ehrlich umgehst, aber das musst du selbst mit Heidemarie ausmachen.«

Es entsteht eine drückende Stimmung, als Peter plötzlich still wird, in seinen Stuhl sinkt und auf die Reaktionen wartet. Heidemarie sieht, dass Andreas auf seinen Vater wütend ist. Ihre Schwiegermutter sitzt nur still da und blickt nach unten. Sie fragt sich, was jetzt passiert. Sie spürt den Machtkampf, der zwischen Andreas und seinem Vater in aller Stille vor sich geht und beschließt, auch zu zeigen, wie sie sich fühlt.

»Danke dafür, Peter, dass du so offen und schonungslos über deine Probleme geredet hast. Das erfordert sehr viel Mut. Und ich bin auch deinetwegen froh, Liselotte. Du hattest keine leichte Zeit in den letzten Jahren.«

Sie wendet ihren Blick auf ihren eigenen Mann, der still und noch immer mit zornigem Blick seinen Vater anstarrt. Andreas, dem bewusst wird, dass nun er an der Reihe ist, etwas zu sagen, beginnt vorsichtig:

»Als Erstes denke ich, ist es gut, dass du gegen deine Abhängigkeit etwas tust. Du musst niemandem mehr etwas beweisen und kannst damit aufhören, mit uns Jüngeren zu wetteifern. Stattdessen solltest du dich um meine geliebte Mama kümmern, so wie sie es verdient. Was mein Verhältnis zu Alkohol betrifft und zu einigen anderen Themen, gibt es nichts, was dich etwas anginge.«

Zur Verwunderung aller fährt Andreas Mama wie ein Blitz

dazwischen: »Nun reiß dich mal zusammen, ich habe dich dein ganzes Leben lang verwöhnt und dafür gesorgt, dass du nur das Beste von allem bekommst. Ich hätte es nicht zulassen dürfen, dass du Heidemarie heiratest, so wie du sie behandelst!«

Sie hörte nicht auf und Andreas glaubte nicht, was er gerade eben erlebt. Seine Mama redete weiter, ohne sich von ihrem Mann bremsen zu lassen, der sie zu beruhigen versuchte: »Du treibst dich in Nachtclubs in der ganzen Republik mit deinen Geliebten herum und lässt deine Frau als Ärztin oben in Saßnitz schuften. Ich hoffe, dass du dir deinen Vater als Vorbild nimmst und nun endlich dein Leben ordnest. Ansonsten kannst du dir eine neue Mama suchen, denn ich stehe dann nicht mehr zur Verfügung und ich hoffe, dass dich deine Frau zu Recht verlässt.«

Alle sitzen geschockt da und überlegen, was gerade passiert. Heidemarie hat Gleichartiges in ihrer Familie noch nie erlebt. Und auch früher hat sie diese Erfahrungen in dem so gut kontrollierten, kühlen Verhältnis mit der Familie von Andreas nicht gemacht.

Nach einer Weile übernimmt Peter das Kommando und sagt: »So, nun haben wir die Luft gereinigt und uns einige Wahrheiten gesagt. Es gibt bestimmt noch mehr, was gesagt werden sollte. Aber ich und Liselotte haben einen Vorschlag für euch. Durch einen mir bekannten Professor in Budapest haben wir Zugang zu seiner großen Sommervilla am Balaton. Sie steht uns in der letzten Juniwoche und zwei Wochen im Juli zur Verfügung.«

Liselotte sagt Heidemarie zugewandt: »Und ich habe organisiert, dass du und ich an einem interessanten Ärztekongress in Budapest teilnehmen können. Teilnehmer aus dem gesamten Ostblock werden dort alternative Behandlungsformen diskutieren.«

Peter wendet sich an seinen Sohn: »Ich möchte gern, dass du mich unterstützt und mir hilfst bei meiner Therapie, die ich dort unten fortsetzen werde.«

Andreas' Eltern schauen Heidemarie mit flehenden Augen an und sie antwortet: »Bevor ich euch Bescheid gebe, muss ich das erst mit meiner Krankenhausleitung in Saßnitz abstimmen.« Liselotte lächelt ihr zu: »Aber kleines Mädchen, das regle ich. Wir sind dir so viel schuldig. Das ist das Mindeste, was wir für dich tun können.«

Andreas' Mama dreht sich jetzt mit strengem Blick zu ihrem Sohn: »Glaubst du, dass du dich die drei Wochen loseisen kannst, oder brauchst du Hilfe dabei, mein kleiner Junge?« Andreas kann sich nicht verkneifen, seine Mutter kurz anzulächeln, bevor er sagt: »Nein, das mach ich schon selbst. Aber was denkst du, Heidemarie? Willst du mitkommen oder hast du das Gefühl, dass du musst?«

Sie sieht ihn kühl an und entgegnet: »Ich mache das gern für deine Eltern.«

Der Sommer ist nach Rügen gekommen und mit ihm auch Tausende fleißige Ostdeutsche, die das Glück hatten, einen Ferienplatz zu bekommen. Die Sonne und das Meer lassen die Menschen, die aus dem Süden kommen, einen Hauch von Freiheit spüren als Gegenpol zur Trostlosigkeit und zu dem ständigen Suchen nach irgendwas, alles vom Ersatzteil für den Trabant bis hin zu vernünftigen Essen und Trinken.

Die ganze Insel ist geprägt von fröhlichen Touristen und es scheint, dass sie jede Sekunde der Gegenwart ausnutzen wollen. Als Tommy diese heiteren Menschen sieht, kann er nicht verstehen, wie sie denken. Seine Gedanken sind voller Zweifel über das Leben in diesem seltsamen Land. Ein Land mit Gegensätzen im Zusammenspiel zwischen den Menschen und dem Staat, in dem eine mechanische Disziplin den kreativen Gedanken ersetzt, wo aber in der Begegnung zwischen den Menschen eine tiefe, warme Gemeinschaft entstehen kann. Mit diesen Gedanken im Kopf ist er wieder einmal auf dem Weg zu einem geheimen Treffen mit seiner Liebsten.

Weit hinten im tiefen Buchenwald schimmert durch die geschlossenen Fensterläden ein schwaches Licht in die Juninacht. Da ruht etwas Magisches und Geheimnisvolles über der alten Jagdhütte, die fast im eigenen Muster der Natur verschwindet.

Heidemarie weiß nicht, wie sie Tommy die sensible Nachricht sagen soll, dass sie gemeinsam mit ihrem Mann und den Schwiegereltern drei Wochen Urlaub in Ungarn verbringen muss. Er überlegt, wie er ihr erzählen soll, dass er in den kommenden fünf Wochen nicht in Saßnitz und nicht bei ihr sein wird. Beide sitzen still in sich gekehrt mit ihren Gedanken, nachdem sie gemeinsam ein einfaches Abendessen zubereitet haben, bestehend aus herzhaftem deutschem Brot, deutscher Wurst, schwedischem Käse und einer Flasche Radeberger Bier für jeden.

»Es gibt etwas, was ich dir berichten muss«, sagt er plötzlich. »Ich muss in einigen Tagen nach Berlin reisen und danach weiter nach Saudi-Arabien. Ich komme Anfang August zurück.« Er sieht, wie sie zusammenzuckt, und fragt: »Wieso reist du nach Saudi-Arabien? Auf Urlaub?«

Er lächelt leicht, aber denkt sofort, dass sie vielleicht nicht weiß, wie es dort ist. Deshalb sagt er etwas vorsichtig: »Nein, es ist eigentlich kein Urlaubsziel. ABV baut einen großen Wasserturm in Jeddah und sie brauchen etwas Hilfe im Juli.«

Sie schaut ihn zweifelnd an: »Aber danach kommst du hierher zurück, oder?« Er nimmt sie in den Arm und sagt: »Nichts kann mich daran hindern, zu dir zurückzukommen.«

Sie sieht ihm mit ihrer bekümmerten Miene tief in die Augen. »Es gibt auch etwas, was ich dir erzählen muss. Ich reise drei Wochen nach Ungarn zum Teil in den Urlaub, aber auch auf einen Ärztekongress.« Sie kennt die nächste Frage schon, deshalb fügt sie schnell hinzu: »Ich werde nicht allein reisen. Andreas und seine Eltern kommen auch mit.«

Sie spürt, wie er vor Enttäuschung zusammensinkt, und sie umarmt ihn so fest sie kann. Sie sitzen still zusammen, ohne etwas zu sagen vor dem Abschied, der sie erwartet.

Der einzige Trost ist das Gefühl von Wärme und Nähe, die sie für Stunden erleben, aber die Abendkühle lässt das Gefühl langsam verfliegen.

Kapitel 34

Juni 1976 – Der Kurier

Tommy sitzt gemeinsam mit Per Murström und dem Direktor für Finanzen des Konzerns, Hans Bengtsson, im Büro von ABV in Malmö. »Ich möchte dich bitten, Tommy, zu quittieren, dass du diesen Scheck hier über 500.000 DM erhalten hast.«

Er hält den Scheck auf eine Weise, dass der Eindruck entsteht, dass er ihn nicht aus der Hand geben will. Tommy fühlt sich durch das Misstrauen verletzt, das der ältere, etwas steife Mann ihm gegenüber zeigt. »Stell sicher, dass der Empfänger dieses Dokument auch unterzeichnet. Vergiss das nicht!«, sagt Direktor Bengtsson mit sonorer Stimme. Tommy will zuerst etwas Ironisches sagen, aber er antwortet etwas bedacht: »Selbstverständlich, Direktor Bengtsson.«

Als Per und Tommy allein sind, sagt Tommy: »Welch unangenehmer Typ. Er hätte doch selbst mit dem Scheck nach Ostberlin fahren können, aber das traut er sich wohl nicht.« Per versucht, Tommy etwas aufzuheitern: »Die in der Konzernzentrale sind so weit von der rauen Wirklichkeit entfernt, dass sie kein Verständnis für uns haben. Er macht sich nur Sorgen um das viele Geld. Nimm es nicht persönlich. Du wirst diesen Auftrag sehr gut meistern.«

In den Konferenzraum kommt eine der Bürosekretärinnen mit einem Packen Reiseunterlagen und sagt fröhlich: »Hier ist jemand, der wegfliegen will, sehe ich. Hier ist ein Fährticket von Limhamn nach Dragör und ein Flugticket von Kopenhagen nach Hamburg mit SAS und ein Ticket Hamburg–Westberlin mit Pan Am. Auf Wunsch deines Chefs, Tommy, haben wir ab heute Abend ein Zimmer für eine Woche im Hotel Kempinski in Westberlin gebucht. Kommenden Donnerstag fliegst du von Westberlin nach London und von dort mit einem Direktflug der British Airways nach Jeddah. Ich bin fast neidisch auf dich, Tommy, dass du so viel von der Welt sehen darfst.«

»Danke für deine Hilfe bei den Buchungen. Es fühlt sich erleichternd an, dass alles so gut geplant ist, wo ich das Reisen doch nicht gewohnt bin. Ich selbst wäre lieber in Saßnitz geblieben«, sagt er etwas niedergeschlagen.

Per begleitet Tommy bis zur Fähre in Limhamn und sagt zum Abschied: »Viel Glück. Und wenn du morgen den Scheck übergeben hast, dann nutz die Gelegenheit und sieh dir Westberlin an. Hier ist eine Liste mit Orten, die du besuchen musst.«

Er übergibt Tommy eine lange, gut durchdachte Liste mit Sehenswürdigkeiten und Restaurants, die er ihm empfiehlt. Tommy dankt Per und sagt: »Wir sehen uns Anfang August wieder, wenn alles gut geht. Drücke die Daumen, dass ich zu dir nach Saßnitz zurückkommen kann. Ich habe jetzt schon Heimweh!«

Es war früher Abend, als Tommy in dem eleganten Hotel Kempinski in der Fasanenstraße in Westberlin ankommt. Er ist merklich beeindruckt von dem Empfang durch das Personal des Hotels und ist nicht weniger beeindruckt, als er das Zimmer betritt. »Hier könnte ich lange bleiben«, denkt er, als er auf dem komfortablen Doppelbett liegt. Seine kostbare Fracht hat er im Safe eingeschlossen, froh, dass bisher alles so gut ging. Die Angst vor dem Alleinsein in der weiten Welt und allein bei den verschiedenen Fluglinien einchecken zu müssen, lässt ihn ein gewisses Unbehagen empfinden, aber gleichzeitig auch das neugierige Gefühl auf eine andere, für ihn neue Welt. »So, jetzt ist es aber genug. Jetzt schaue ich am besten in Pers Liste, wo ich in der Nähe ein gutes Restaurant finde.«

Tommy sitzt allein an einem Tisch im Restaurant Schultheiß

mit Blick auf die Ruine der Kaiser-Wilhelm-Gedächtnis-Kirche. Sie bleibt mit ihren sichtbaren Bombenschäden als Mahnung an kommende Generationen stehen, bewaffnete Konflikte zukünftig zu vermeiden. Er sitzt in Gedanken und versucht, die Menschenmenge und das Tempo in das Stadtbild einzuordnen. Es ist so anders als im anderen Teil von Berlin, wo in einer Symbiose aus kalter Oststaatenarchitektur und einer menschenverachtenden Polizeikontrolle jede Form von Leben und Freiheit unterdrückt wird. Als er diesen Gedanken hat, taucht Charlotte als leuchtende Erinnerung auf. Im selben Augenblick bekommt er sofort ein schlechtes Gewissen, weil er vergessen hat, an Heidemarie zu denken. Der Schmerz zu wissen, dass sie gerade mit ihrem Mann und ihren Schwiegereltern auf dem Weg nach Ungarn ist, macht sich sofort bemerkbar. Seine Gedanken schwanken zwischen der Liebe zu ihr und einer abgrundtiefen Eifersucht, die schon an ein Hassgefühl grenzt.

»Und was wünscht der junge Mann zu essen und zu trinken?« Eine energische Kellnerin fragt ihn schnell auf Deutsch mit einem Berliner Dialekt, sodass er sich anstrengen muss, etwas zu verstehen. »Ich habe gehört, dass das Rumpsteak ausgezeichnet sein soll.« Die Kellnerin unterbricht ihn und antwortet etwas leicht arrogant, wie es nur ein Berliner kann: »Hier schmeckt alles gut. Ich nehme an, dass der junge Mann ein großes Bier dazu haben will?« Sie sieht, dass er fragen will, woher sie das weiß, und ergänzt: »Das wollen alle jungen schwedischen Männer, die uns besuchen.« Sie zwinkert ihm zu und verschwindet mit einem Windstoß zum nächsten Tisch.

»Gratuliere, Tommy, dein Deutsch muss ja toll sein, wenn sie nach einem Satz weiß, dass du Schwede bist«, denkt er ironisch über sich selbst, als er sich das gute Bier schmecken lässt. Als er kurz nach zweiundzwanzig Uhr zum Hotel zurückgeht, hat er das komische Gefühl, dass ihm jemand folgt. »Vergiss das. Es weiß niemand, dass du hier bist«, denkt er sich, als er durch den eleganten Eingang hineingeht, wo ihm im Frack gekleidete Portiers etwas herablassend zunicken. Nach einem gut gekühlten Gin Tonic in der Hotelbar entscheidet er sich, ins Bett zu gehen, um vor dem großen Auftrag am nächsten Tag ein wenig zu schlafen.

Das Taxi ist im spärlichen Vormittagsverkehr schnell vorangekommen und nähert sich der Kreuzung Kochstraße und Friedrichstraße. Der Puls von Tommy steigt auffallend. »Verdammt, wie komme ich zuerst durch die amerikanische Kontrolle und dann durch die ostdeutsche? Worauf zum Teufel habe ich mich hier nur eingelassen?«, denkt er, während er dem kettenrauchenden Taxichauffeur 20 DM gibt.

Er sieht bereits die amerikanische Flagge, die den Eingang zum Grenzübergang Checkpoint Charlie markiert. Er denkt kurzzeitig daran zurück, wie er mit Charlotte auf der anderen Seite stand. »Reiß dich zusammen und konzentriere dich darauf, dass du unbeeindruckt wirkst,« überlegt er, während er die kurze Strecke bis zum Wachhäuschen zurücklegt, in dem zwei kurz geschorene, amerikanische Sergeanten sitzen. Ohne eine Miene zu verziehen, zeigt er ihnen seinen schwedischen Pass und wird durchgewunken. Er sieht erstaunt zurück und denkt: »Das war ja ein Kinderspiel« und geht in dem Labyrinth weiter, das die ostdeutsche Seite der Grenzkontrolle markiert. Als er seinen Pass vorzeigt, bemerkt er, dass der kontrollierende Passpolizist diesen besonders sorgfältig prüft. Er sagt zu Tommy: »Bitte sind Sie so nett und nehmen auf dem Stuhl dort Platz. Da ist eine Sache, die wir kontrollieren müssen, Herr Oskarsson.«

Die Art und Weise, wie er das sagt, macht Tommy nachdenklich. Nicht so wie die unfreundliche, harte Art bei der Grenzkontrolle in Saßnitz. Aber das ist vielleicht hier in Berlin anders. Nach etwa zwanzig Minuten kommt der Passpolizist zurück und stellt fest, dass alles in Ordnung ist, und verweist ihn zur Zollkontrolle. Eine etwas aggressive Frau in graublauer Zolluniform starrt ihn an und fragt: »Haben Sie etwas zu verzollen? Wie ich sehe, haben Sie gar kein Gepäck. Haben Sie irgendwelche Valuta zu deklarieren?« Tommys Herz rast auf Hochtouren und er bringt nur hervor: »Nein, ich bin nur für einen kurzen dienstlichen Besuch hier.« Sie sieht ihn eine gefühlte Ewigkeit an und setzt dann den Stempel auf seine Valutadeklaration.

Er sieht nun buchstäblich Licht im Tunnel und öffnet die letzte Pforte des Zaunes, bevor er auf der anderen Seite des Eisernen Vorhanges ankommt, in einer anderen Welt. Die Uhr zeigt kurz nach 12 und er hat noch viel Zeit, um sich zu Fuß zur Wallstraße 17 zu begeben, wo er seine kostbare Last abgeben soll.

Er geht langsam die zwei Kilometer zum Büro von Contacta, sodass er nicht vorzeitig vor 13 Uhr dort ankommt. Ein seltsames Gefühl, dass ihm jemand folgt, veranlasst ihn, sich mehrmals umzudrehen, um zu sehen, dass er sich dies nur einbildet. »Reiß dich zusammen, es ist alles in Ordnung. Deine Aufgabe ist jetzt, diese qualvolle Mission gut hinter dich zu bringen«, sagt er sich, als er durch die schwere Eichentür zu seinem Ziel geht.

»Wie schön, Sie zu treffen, Herr Oskarsson. Ich habe viel Gutes über Sie gehört.« Ein großer Mann, etwas über vierzig mit einer bewundernswerten Ausstrahlung, ergänzt um eine natürliche Autorität, begrüßt ihn in der Tür zu einem eleganten Büro.

»Mein Name ist Alexander Schalck-Golodkowski. Nehmen Sie bitte Platz, Herr Oskarsson. Hatten Sie eine gute Anreise nach Berlin?« Tommy fühlt sich nicht so behaglich in dieser ungewohnten Umgebung, aber er versucht, sich auf das Niveau einzustellen, um nicht ganz aus dem Rahmen zu fallen. Dem charmanten Deutschen glückt es, Tommy zu entspannen. Als der Scheck den Besitzer gewechselt hat und die Bestätigungsdokumente der Übergabe unterschrieben sind, sagt Alexander Schalck-Golodkowski: »Ich denke, dass wir jetzt darauf mit einem guten Cognac anstoßen sollten.« Tommy erkennt, dass es nicht die gleiche Sorte von Onkel Hans ist, sondern eine französische mit einigen Sternen auf der Flasche und sagt bescheiden: »Danke. Es ist eine große Ehre für mich, Sie heute hier treffen zu dürfen. Hoffen wir, dass die Zusammenarbeit zwischen unseren beiden Unternehmen Früchte tragen wird. Danke und Prost.« Tommy muss in sich hineinlachen, als er den langen deutschen Satz äußert: »Oh Gott, Tommy, du klingst ja schon fast wie ein richtiger Ostdeutscher.«

Das Leben meint es gut mit ihm, als er mit leichten Schritten hinaus in die Sonne geht, gestärkt, weil er seinen Auftrag erfüllt hat.

Kapitel 35

Juni 1976 – Das Wiedersehen

Als Tommy auf halbem Weg zum Checkpoint Charlie ist, hört er unmittelbar hinter sich eine vertraute Stimme: »Hallo Tommy, sei so nett und folge mir diskret.« Er ist etwas geschockt, die Stimme von Charlotte zu hören, aber aus reiner Überraschung und ohne nachzudenken, befolgt er ihre Anweisung und geht im Abstand von 20 Metern hinter ihr her.

In einer kleinen, ziemlich dunklen Straße bleibt sie vor ihrem Trabant stehen. Sie gibt ihm ein Zeichen, in das kleine, enge Auto einzusteigen. »Entschuldige den Überfall, Tommy.« Sie umarmt ihn und küsst ihn auf die Wangen. Sie fährt schnell und konzentriert in Richtung Fernsehturm, bevor sie weiterredet: »Ich konnte mir nicht helfen, ich musste dich treffen, als ich erfuhr, dass du hierherkommst.«

Er sieht sie immer noch genauso unverständlich an wie früher und fragt: »Aber wie konntest du wissen, dass ich heute hier bin?« Sie lächelt ihm zu und antwortet: »Hast du vergessen, für wen ich arbeite?« Sie sieht ihn ein bisschen ernster an und sagt: »Du verstehst vielleicht, dass der Transport einer solchen Summe minutiös verfolgt werden muss. Seitdem klar war, dass du der Kurier bist, wurde diese Operation mit dem Namen Mårten Gås geplant. Ich durfte einspringen, weil Andreas im Urlaub ist, und Marlene brauchte Hilfe von jemandem, der weiß, wie du aussiehst.

Tommy, der immer noch skeptisch ist, fragt: »Aber wieso wusstet ihr, dass ich über den Checkpoint Charlie einreise? Ich hätte ja auch den Zug von Saßnitz nehmen können.«

Sie sieht ihn ein wenig traurig an und erwidert: »Uns ist bekannt, dass ihr Schweden ein bisschen gedankenlos seid. Eure gesamte Kommunikation wird ohne Code per Telex nach Schweden übermittelt. Natürlich lesen wir all eure Nachrichten und hören alle Telefongespräche ab. Dein Flug von Kopenhagen über Hamburg nach Westberlin war uns damit rechtzeitig bekannt und auch, dass du bis Donnerstag im feinsten Hotel auf der anderen Seite der Mauer wohnst.«

Tommy wird blass und sieht sie fragend an: »Bedeutet das, dass ihr immer wisst, was ich tue?« Sie sieht ihn gelassen an und reagiert: »Du kannst beruhigt sein. Nur, wenn du solche Beträge über die Grenze transportierst oder etwas anderes Dummes tust. Ansonsten wirst du in Frieden gelassen.«

Als sie das Auto auf der Karl-Marx-Allee inmitten hunderter anderer Trabanten parkt, dreht sie sich zu ihm um. »Ich bin so froh, dich wieder zu sehen. Ich glaubte nicht daran, dass das noch einmal passiert. Aber jetzt sitze ich hier mit dir. Erzähle, wie es dir geht. Als wir uns das letzte Mal gesehen haben, konnte ich mich nicht richtig von dir verabschieden. Du warst so in den Tanz mit der schönen, arroganten Frau Doktor vertieft.« Sie sieht ihn aufreizend an und sagt weiter: »Du machst doch nichts Dummes, Tommy?« Sie lächelt ihn an, als sie sieht, dass er errötet.

»Ja, das war ein schneller Aufbruch und ich glaubte nicht daran, dass wir uns wiedersehen«, antwortet Tommy. »Vielleicht können wir in den nächsten Tagen etwas gemeinsam unternehmen?« Er sieht sie besorgt an und ist selbst über seinen kühnen Vorschlag verwundert.

»Das klingt gut, aber dann musst du deine Zeit auf meiner Seite der Mauer verbringen. Kannst du dich von deinem Luxushotel loseisen?«

»Wenn ich die Zeit mit dir verbringen darf, brauche ich kein

Luxushotel. Da reicht ein Zelt«, antwortet ein in diesem Moment übermütiger Tommy.

Sie sieht ihm in die Augen: »Ich hatte gehofft, dass du das sagst. Mir steht ein kleines Sommerhaus zur Verfügung, das unserer Familie gehört. Es liegt ungefähr 70 Kilometer von hier an einem See mit dem schönen Namen Scharmützelsee. Wir könnten morgen dorthin fahren und einige Tage bleiben. Was hältst du davon?« »Perfekt«, lautet die Antwort von Tommy. »Was soll ich mitbringen?«

»Wie lange bist du schon hier im Land, fast ein Jahr?«, fragt Charlotte. »Da solltest du vielleicht schon wissen, was hier schwer zu bekommen ist, wenn du auf die andere Seite kommst.« Sie zeigt in Richtung Westberlin und fügt hinzu: »Du hast bis morgen Zeit, alles einzukaufen, wovon du denkst, dass wir es brauchen. Den Rest organisiere ich!«

Er bekommt ein bisschen Angst vor dieser Entschlossenheit, die sie zeigt, und kann nur antworten: »Okay, ich verstehe.«

Sie verabreden sich für den nächsten Tag um 12 Uhr vor dem Bahnhof Lichtenberg – der gleichen Station, wo sie sich bei seinem letzten Besuch getroffen und verabschiedet haben.

Die östliche Autobahn von Berlin in Richtung polnische Grenze ist in einem miserablen Zustand. Charlotte hält das kleine Auto mit Mühe auf Kurs, wenn es auf den Betonfugen hüpft, die seit den Dreißigerjahren nicht beseitigt wurden. Sie unterqueren eine Reihe Brücken, wo die andere Fahrbahn seit den Bombardierungen während des Krieges immer noch fehlt. Tommy versucht, die größten Hüpfer des Autos abzuwehren, während sie fröhlich gestimmt fährt.

»Haben wir es sehr eilig, anzukommen?«, fragt er sie mit einer gewissen Ironie. »Nein, wieso? Glaubst du, dass ich zu schnell fahre? Das Auto fährt nicht schneller als 100 Kilometer pro Stunde. Hast du Angst? Und außerdem besteht die Karosse aus gepresstem Karton!« Sie lächelt ihn an und sie hoppeln weiter begleitet von einem monotonen Pochen von den Fugen der Betonstraße.

Nach einer Stunde Fahrt verlassen sie die Autobahn und fahren auf einer kleinen Landstraße durch dichte Kiefernwälder. Sie erreichen den Ort Bad Saarow am nördlichen Ende des Scharmützelsees. Sie fahren einige Kilometer an der westlichen Seite des Scharmützelsees entlang und erreichen ein Haus, das direkt am See liegt. Von dem kleinen gelben Holzhaus führt eine lange Brücke durch mannshohes Schilf. »Es ist nicht vergleichbar mit Kempinski in Westberlin, aber ich liebe es.«

Sie sieht ihn ein wenig fragend an und er erwidert: »Das ist sehr schön, genau wie ein schwedisches Sommerhaus. Ich bin freudig überrascht.«

Sie seufzt zufrieden und übernimmt wieder das Kommando: »Jetzt packen wir unsere Sachen aus und ich bereite ein kleines Mittagessen für uns zu. Ich hoffe, dass du etwas Gutes zum Trinken bekommen hast, denn ich habe nichts anderes als Mineralwasser da.«

Sie sitzen auf der Veranda und genießen die Nachmittagssonne, satt und zufrieden von der guten Kartoffelsuppe mit kleinen Wurststückchen, die Charlotte zubereitet hat. Tommy, der gestern in Westberlin umhergelaufen ist und diverse Getränke, von denen er wusste, dass es sie auf der anderen Seite nicht gibt, eingekauft hat, entkorkt eine Flasche deutschen Sekt der Marke Mumm.

»Oh, wie froh ich bin, dass wir hier zusammen sind, und nun ignorieren wir die Welt um uns herum. Prost, Tommy, mein schwedischer Schatz!«

Er lacht verlegen und antwortet: »Ich stimme dir voll und ganz zu. Prost, Charlotte!« Sie sitzen da und sprechen über alles und nichts, aber vermeiden das, was dem anderen wehtun könnte. Tommy empfindet eine Geborgenheit und Wärme, dass er sich vollkommen entspannt und einfach nur er selbst ist.

Charlotte ihrerseits erlebt einen Vorgeschmack auf die große Freiheit, die sie sucht, und lässt sich einfach in einen Zustand von Wohlbefinden und Ruhe fallen.

Sie joggen am herrlichen See entlang durch urwüchsige Natur

auf schmalen Sandwegen, die ihn an die schwedische Westküste erinnern und an die Ferien, die er dort als Kind verbrachte. Sie treffen einige Militärpatrouillen von der sowjetischen Armee, die draußen sind und üben, und er fragt beunruhigt: »Ist es nicht für uns gefährlich, den Russen zu nahe zu kommen?«

Sie lacht und entgegnet: »Die haben mehr Angst vor uns, als du glaubst. Es gibt für uns hier gefährlichere Tiere im Wald. Sei unbesorgt, ich bin bei dir und da passiert dir nichts.«

Als sie zur Hütte zurückkommen und danach auf der Brücke liegen und sich nach einem erfrischenden FKK-Bad trocknen lassen, muss er abermals an die russischen Soldaten denken: »Wie viele Soldaten hat die Sowjetunion wohl hier in Ostdeutschland?«

»Oh, Tommy, das ist aber keine sehr romantische Frage an eine unschuldige junge Frau. Oder arbeitest du jetzt bei irgendeiner neuen Organisation, seit wir uns in Berlin vor Weihnachten getroffen haben?« Sie lächelt ihn spöttisch an und er stört sich an seiner eigenen Dummheit. »Nein, nein, entschuldige, wenn das dumm klingt. Ich war nur neugierig. Man sieht ja überall Russen. In diesem Frühjahr bin ich auf so jemanden zugefahren, der außerhalb von Saßnitz schlafend mitten auf der Straße lag. Zum Glück konnte ich noch ausweichen.«

Sie schaut ihn ernst an. »Ich habe eine Zahl von 500 000 gehört. Es gibt sie, wie du richtig sagst, überall. Am nördlichen Ende des Sees haben sie ein großes Quartier mit dazugehörigem Sanatorium. Sie sind aber meistens unter sich. Es gibt also nichts, was dich beunruhigen muss. Aber jetzt bin ich der Meinung, dass wir die Russen dort lassen, wo sie sind, und uns wichtigeren Sachen widmen. Du kannst vielleicht noch eine Flasche von dem guten Sekt holen, den du aus der verbotenen Stadt mitgebracht hast?« Sie legt sich auf ihr Badetuch und lässt die Sonne die letzten Wassertropfen auf ihrer nackten Haut trocknen.

Die Tage mit Charlotte in dem kleinen Haus am wunderschönen See gehen zu Ende und der endgültige Abschied nähert sich schnell. Tommy fühlt sich glücklich und zusammengehörig mit

Charlotte, was er weder verstehen kann noch will. Er ist mit ihr in eine erotische Welt eingetaucht, an Orte, von denen er nicht wusste, dass es sie überhaupt gibt. Die ganze Zeit strahlte sie eine Dominanz aus, er hat sich fallen lassen und ist einfach nur ihrer natürlichen Autorität gefolgt.

Gleichzeitig hat er aber auch eine andere Seite an ihr entdeckt – eine Verletzlichkeit und Zerbrechlichkeit, gut versteckt hinter der starken Fassade. Sein rationelles Ich sagt ihm, dass es nur eine Fantasie ist, ein Traum, der niemals wahr werden kann. Aber seine Gefühle für sie sagen etwas anderes und spalten ihn zutiefst.

Charlotte weiß nicht, wie sie von dem jungen Mann Abschied nehmen kann. Sie versteht nicht, wie ein weicher und romantischer Mann so leicht hinter ihren Schutzpanzer sehen und solche starken Gefühle bei ihr auslösen konnte. Sie hat begonnen, hinter seiner scheinbar etwas sensiblen Ausstrahlung eine Kraft und Entschlossenheit zu entdecken, die kurz vor dem Durchbruch steht. Sie ist froh, dass es in ihm schlummert. Er wird es in der Zukunft brauchen.

Der ruhige Sommerregen prasselt auf das verschlissene Blechdach, während sie am letzten Abend vor ihrer Flucht vor der Wirklichkeit am Tisch sitzen. Beide sitzen einfach nur da und lassen die Gedanken an Morgen langsam aufkommen. Im Radio wird passend zur Stimmung im Haus »Goodbye My Love Goodbye« von Demis Roussos gespielt.

Sie sehen sich an und sie, die Stärkere von beiden, sagt: »Du sollst wissen, dass ich unendlich dankbar dafür bin, dass du in mein Leben gekommen bist. Ungeachtet dessen, was mir passieren wird, sollst du wissen, dass du keine Schuld trägst. Im Gegenteil, du hast mir die Augen geöffnet und hast es mir möglich gemacht, mich von dem Übel zu befreien und meine Gedanken in eine andere Richtung zu lenken. Mal sehen, wohin mich das führt. Aber der Preis für uns ist hoch. Vermutlich werden wir niemals die Möglichkeit haben, auf die Art zusammen zu sein, wie wir es verdienen.«

Bei diesen Worten weint sie. Und stille Tränen rennen auch von seinen Wangen und er weiß nicht, was er antworten soll. Sie setzt etwas positiver fort: »Ich brauche eine Adresse von dir in Schweden, der du vertraust. Wenn ich in Sicherheit bin, sende ich dir eine kurze Nachricht, die nur du verstehen wirst.«

Du kannst das an meine Schwester senden. Er nennt ihr die Adresse und sie nickt bestätigend.

»Willst du dir die nicht aufschreiben?«, fragt Tommy. Sie lächelt ihn etwas zaghaft an und erwidert: »Solche wie ich brauchen keine Notizen. Viele Jahre Training haben mir ein fotografisches Gedächtnis gegeben.« Er schaudert ein wenig, als ihm wieder einmal bewusst wird, welche Rolle sie eigentlich hat, und dass er mit dem Feuer spielt, wenn er mit ihr zusammen ist. In ihrer letzten gemeinsamen Nacht liegen sie eng beieinander, und sie fühlen sich als eins und versuchen, sich das als letzte Erinnerung an ihr kurzes Glück einzuprägen.

Nach ihrem spontanen Ausflug in eine Traumwelt sind sie nun auf dem Weg nach Berlin zum Checkpoint Charlie – ihr Tor zur Freiheit, aber auf unterschiedliche Art. Er weiß nicht, ob sie den Weg in naher Zukunft unter Lebensgefahr gehen wird, während er nur seinen Pass hinzeigen muss, um passieren zu können.

Der Verkehr in Ostberlin ist normal, so kontrolliert und gesteuert, wie die Menschen, die hier leben. Sie versucht, seine Schwermut zu lindern, aber nichts hilft. Sie parkt ihren Trabant einige Querstraßen entfernt vom Grenzübergang und er nimmt sein Gepäck und steht ganz leer und apathisch da. Sie umarmt ihn zärtlich und sagt: »Danke für alles, was du mir gegeben hast. Ich werde dich immer in meinem Herzen behalten, aber nun müssen wir stark sein und voneinander loslassen.«

»Pass auf dich auf!« Sie steigt in ihr Auto und fährt schnell, ohne zurückzublicken, davon.

Kapitel 36

Juli 1976 – Tropische Nächte

Die Aussicht von der Terrasse des schönen Hauses über den Balaton ist atemberaubend. Das Haus liegt eingebettet im Grünen, das so dicht und intensiv ist, dass das Gebäude in dem grünen Schimmer fast verschwindet. Die Landschaft und die Umgebung haben Heidemaries Erwartungen weit übertroffen. Sie sitzt allein in dem warmen, fast tropischen Klima, das in diesem Teil Ungarns herrscht und sie lässt die Gedanken wandern. »Das Leben kann so angenehm und ohne Sorgen sein. So könnte es für immer bleiben.«

Im Inneren versetzt ihr das schlechte Gewissen einen Stich, wenn sie an Tommy denkt. Sie verdrängt das schnell und genießt die warme Brise wie ein Geschenk. Sie erwacht aus ihren Gedanken, als Andreas und seine Eltern vom abendlichen Schwimmen zurückkommen.

»Oh, hier sitzt du und genießt. Schade, dass du den herrlichen Schwimmausflug verpasst hast. Das Wasser war sicher 25 Grad warm«, sagt Andreas auf für ihn ungewöhnlich freudige Art. »Morgen Abend musst du mitkommen, ich habe dich sehr vermisst«, ergänzt er im gleichen Atemzug. Sie kann es sich nicht verkneifen, über seinen Versuch zu lächeln, das aufzuholen, was er in der letzten Zeit versäumt hat.

»Setz dich hier hin, Heidemarie«, schlägt Peter vor, »so können Andreas und ich das Abendessen zubereiten. Und du, Andreas, kannst gewiss den Damen einen Drink servieren.« Peter wirft seinem Sohn einen scharfen Blick zu. Der bedeutet, dass er den Befehl ausführen soll.

»Hoppla! Es scheint, als würde die ungarische Luft ein Wunder mit unseren Männern vollbringen. Ich frage mich, wo das enden soll«, sagt Heidemarie zu ihrer Schwiegermutter.

»Wir werden sehen. Morgen fahren wir zur Konferenz nach Budapest und bleiben dort drei Tage. Dort führe ich dich herum. Es ist eine absolut entzückende Stadt. Nicht so steif wie Berlin und eleganter als Leipzig. Ich habe einen Studienkollegen, der von dort kommt und jetzt im Universitätskrankenhaus von Budapest arbeitet. Er begleitet uns. Damals war er in mich verliebt.« Den letzten Satz sagt sie ein bisschen konspirativ und lacht Heidemarie dabei an.

Der Ärztekongress findet in einem modernen Kongresszentrum statt. Ein interessanter Vortrag löst den anderen ab. Heidemarie ist tief beeindruckt, wie viel Neues sie lernt. Sie erkennt, wie verschlossen die Welt ist, in der sie bisher lebt.

»Danke, dass du mich mit hierher genommen hast. Es ist das Beste, was ich während meiner Zeit als Ärztin je erlebt habe. Ich könnte hierbleiben und bis in alle Ewigkeit zuhören.« Während sie das sagt, strahlt sie ihre Schwiegermutter an.

»Das hast du verdient und ich bin froh, dass es dir hier gefällt«, entgegnet Liselotte. Da wird sie unterbrochen von einem dunklen Mann mit einem großen, schwarzen Schnurrbart, der sich mit schnellen kleinen Schritten nähert.

»Liselotte, die schönste Doktorin in Leipzig, nein, nein, in der ganzen DDR!« Er umarmt sie stürmisch und gibt ihr drei obligatorische Wangenküsse, bevor er sich an Heidemarie wendet und sagt: »Und du hast deine Schwester mitgebracht, wie ich sehe!« Heidemarie erfährt die gleiche energische Begrüßungszeremonie wie ihre Schwiegermutter. Liselotte errötet leicht, was ihr gut steht, und antwortet: »Du alter Schelm, du hast vergessen, wie man Komplimente macht! Er ist nicht so gefährlich, wie er aussieht, Heidemarie. Es ist nur das ungarische Blut, was leicht in

Wallung gerät. Und das hier ist meine tüchtige Schwiegertochter, Dr. Heidemarie Jähnert, die sehr gern mehr von eurer wunderschönen Stadt sehen will.«

Der dunkle Mann, Dr. Andris Fekete, antwortet erfreut: »Aber selbstverständlich, das habe ich bereits vorbereitet. Ich hole euch um 19 Uhr hier in der Rezeption ab. Zieht bequeme Schuhe an, denn wir werden viel laufen.«

Die Pause geht zu Ende und sie kehren auf ihre Plätze zurück und Heidemarie genießt weiter das Leben. Sie sitzen in einem Restaurant, das auf dem hohen Strandabhang zur Donau liegt, die mit ihrem dunkelbraunen Wasser die Stadtteile Buda und Pest trennt. Vom Tisch aus können sie über das historische Stadtbild auf der Pestseite sehen, mit dem Parlamentsgebäude als beherrschendes Element. Nicht nur bildlich gesehen, sondern auch politisch, was ihr abendlicher Gastgeber gerade zu erklären versucht. »Es in den letzten Jahren geglückt, uns von der Sowjetunion auf eine Art freizumachen, die mir persönlich große Zuversicht gibt.«

Heidemarie schaut nervös auf ihre Schwiegermutter und dann auf Andris. »Du musst nicht beunruhigt sein. Das Thema ist hier nicht tabu wie bei euch zu Hause in der DDR. Hier kannst du darüber ganz offen reden«, sagt er in fast fehlerfreiem Deutsch mit einem starken ungarischen Akzent. Er fügt hinzu: »Ich glaube, das, was wir hier heute sehen, ist der Beginn eines Weges für den gesamten Ostblock, wieder selbstständige Staaten zu werden.«

Liselotte guckt ihn an und sagt freundlich: »Mein lieber Andris, du glaubst doch wohl nicht im Ernst, dass unsere Regierungen damit klarkommen. Wir werden unter den Russen ein gehorsamer Staat bleiben, solange denen das gefällt. Die Öffnung, die du als Licht am Ende des Tunnels siehst, klingt ganz wunderbar, und es freut mich für dich. Es ist wirklich schön, hier zu sein. Es ist so, als wäre man eine lange Zeit in einem Gefängnis eingesperrt gewesen und spürt nun den Duft der Freiheit in der Luft.«

Heidemarie fragt sich, was hier gerade passiert. »... Wie kann ihre parteitreue Schwiegermutter hier sitzen und solche Sachen sagen, die gegen alles sind, wofür ihr Heimatland steht? Jetzt ist es Zeit, dem Gespräch eine andere Richtung zu geben«, denkt sie sich und sagt: »Einen solchen guten roten Wein habe ich noch niemals getrunken. Woher kommt der?«

»Entschuldige bitte, meine Liebe, wir werden jetzt mit den politischen Gesprächen aufhören und stattdessen den schönen Abend genießen. Das hier ist ein Wein, den man Stierblut nennt und der aus der Weinregion Eger kommt, wie diese auf Deutsch heißt. Hier in Ungarn ist der Name der Region Szekszard. Der passt wirklich ausgezeichnet zu der reizenden Begleitung, die ich heute Abend habe. Prost auf die Zukunft!«

Als sie über die berühmte Kettenbrücke zurück ins Hotel schlendern, Arm in Arm mit dem charmanten Gastgeber in der Mitte, hat Heidemarie das Gefühl, als wäre sie in einer anderen Welt. Alles fühlt sich so leicht an und ihre Gedanken schwirren umher, als sie in den dunklen Himmel schaut, der voller Sterne ist. Im gleichen Augenblick sitzt Tommy unter demselben Himmel im Flugzeug der British Airways auf dem Weg von London nach Jeddah in Saudi-Arabien. Für ihn gibt es allerdings keinen Platz in ihren Träumen hier in der tropischen Nacht in Budapest.

Die Tage gehen vorbei und Heidemarie ist zufrieden, wie es sich dieses Mal mit Andreas und ihren Schwiegereltern entwickelt hat. Alle bemühen sich um ein gewisses Maß an Harmonie, wie sie es bisher noch nie im Zusammensein mit Andreas und seinen Eltern erlebt hat. Peter kämpft darum, seinen Arzneimittelmissbrauch loszuwerden, und sein Sohn hilft ihm dabei, so gut er kann. Sie haben gemeinsam ein Therapiezentrum besucht, das auf verschiedene Formen von Missbrauch spezialisiert ist. Ohne dass Andreas das weiß, hat seine Mutter den leitenden Professor gebeten, so unauffällig wie möglich die Alkoholprobleme des Sohnes zu beobachten. In seinen Augen hat Andreas selbstverständlich kein Problem mit Alkohol, aber Liselotte und Heidemarie sind sich während ihres Besuches in Budapest so nahegekommen, dass sie offen über seine Abhängigkeit und sein Benehmen sprechen.

Liselotte hat auch im Vertrauen erzählt, dass sich die Aggressionen ihres Mannes beruhigt haben und er begonnen hat, sie mit der gleichen Zärtlichkeit zu behandeln wie in ihrer Jugend. Heidemarie wünschte sich, dass auch sie mit der Schwiegermutter etwas tiefgehender über ihre Beziehung mit Andreas sprechen könnte. Aber das geht nicht, denn sie empfindet es zu intim, über Spannungen in ihrem Liebesleben zu erzählen. »Wir werden sehen, wie sich alles entwickelt«, denkt sie sich, als es Zeit wurde für das obligatorische abendliche Schwimmen.

Heidemarie und Andreas liegen nach einem intensiven Liebesakt verheddert dicht beieinander in dem breiten Doppelbett und hören durch das geöffnete Fenster auf die Geräusche der Natur. Unten vom See sind leise Töne der Tanzmusik aus der Taverne zu hören, die immer noch geöffnet ist. Er denkt: »Eigentlich haben wir es doch ganz gut zusammen. Sie könnte es nur bleiben lassen, so vorsichtig und so abhängig von Zärtlichkeiten zu sein.«

Seine Gedanken gehen wie so oft zu seiner Geliebten Marlene, die so ganz anders ist und sich an seine Bedürfnisse von Kontrolle und Dominanz anpasst. Heidemarie liegt ruhig auf seinem Arm und überlegt: »So schlecht steht es ja gar nicht um uns zwei. Vielleicht können wir mehr an unserer Beziehung arbeiten. Er ist technisch ein perfekter Liebhaber, aber ohne Zärtlichkeit und Liebe. Und es fehlt das Gefühl, dass wir zu einer Person zusammenwachsen.«

Plötzlich muss sie an Tommy denken und an ihre gemeinsamen Stunden, in denen gerade dieses Gefühl entstanden ist, sich nahe zu sein und sich nie wieder trennen zu wollen. Sie empfindet Leere und mit dem Gefühl aufkommender Unruhe geht sie auf die Terrasse, um sich zu beruhigen.

Als sie da eine Weile sitzt, kommt Andreas heraus und setzt sich ihr gegenüber auf den Stuhl. Er zündet sich eine Club-Zigarette an und fragt: »Soll ich uns jedem ein Bier holen?« Obwohl er genau weiß, dass sie nicht so gern Bier trinkt. Sie antwortet abwesend: »Du kannst ein Glas Mineralwasser mitbringen. Besser noch: Bring die geöffnete Flasche russischen Sekt aus dem Kühlschrank mit.«

Er sieht sie etwas verwundert an, weil sie ansonsten sehr vorsichtig und kontrolliert darauf achtet, was sie trinkt. Er registriert ihre ernste Miene und fragt: »Habe ich etwas verkehrt gemacht oder was ist los mit dir? Ich dachte, dass es uns hier gut geht und wir endlich etwas mehr Zeit füreinander haben!« Er blinzelt bedeutungsvoll zum angrenzenden Schlafzimmer.

»Du glaubst doch wohl nicht, dass alles wieder gut ist, nur weil wir miteinander geschlafen haben!« Sie trinkt einen großen Schluck von dem kalten halbtrockenen Sekt und spricht weiter: »Ich weiß, dass du so schnell wie möglich hinter meinem Rücken bei Marlene sein wirst. Und komm mir jetzt nicht damit, dass es zu deinen Pflichten für das Vaterland gehört. Wenn wir Ordnung in unsere Ehe bringen wollen, dann musst du dein Leben total ändern. Hör auf, herumzureisen und wichtige Geheimpolizei zu spielen, während du den naiven Schweden vortäuschst, dass du ihr verantwortlicher Auftraggeber und ehrlicher Partner bist. Ich verstehe nicht, wie du es schaffst, dich jeden Morgen im Spiegel zu sehen. Nimm dir nur einmal deinen Vater als Beispiel, der in bewundernswerter Weise versucht, Ordnung in sein Leben zu bringen.«

Sie sinkt erschöpft in ihren Stuhl zurück und wartet angespannt auf seine Reaktion. Andreas sitzt wie festgewachsen auf seinem Stuhl und weiß nicht, was er sagen soll. Er denkt verzweifelt darüber nach, was passiert ist. Normalerweise ist sie froh, wenn er sie in Ruhe lässt. Er beginnt etwas zaghaft: »Ich wusste nicht, dass du es so empfindest. Ich glaubte, dass du meine Sicht auf das teilst, was wichtig für unser Land ist, damit es sich auf freie und sozialistische Weise entwickeln kann. Du weißt, wie viele Feinde wir um uns herum haben. Das beste Beispiel hast du selbst hier in Ungarn in den letzten Tagen erlebt. Deren Weg führt zu einem neuen Jahr 1956. Und das endet auf die gleiche Weise wie beim Aufstand 1953 in Berlin, den die Generation unserer Eltern zusammen mit den russischen Alliierten so erfolgreich niedergeschlagen haben. Deshalb werden solche wie ich gebraucht, die darüber wachen, damit wir auch in Zukunft unsere sozialistische Freiheit genießen können, und nicht zulassen, dass wir von einigen imperialistischen Kapitalisten geschädigt werden.«

Sie konnte es sich nicht verkneifen, auf seine gut eingeübte, manipulierte Brandrede unverblümt zu sagen: »Und dafür musst du in unserem Land umherreisen von Rostock im Norden bis Karl-Marx-Stadt im Süden und deine attraktiven, gut ausgesuchten Kolleginnen vögeln!«

Er sieht sie geschockt an, rennt ins Haus und knallt die Tür zu ihrem gemeinsamen Schlafzimmer zu. Sie bleibt ruhig auf ihrem Stuhl sitzen und trinkt den letzten Schluck Sekt. Der Alkohol in ihrem Körper versetzt sie in einen schönen Zustand und sie ist froh, endlich ihre Sicht auf ihr Leben erklärt zu haben. Sie weiß, dass es ihre Situation verändern wird, aber im Moment fühlt es sich einfach gut an.

Sie schläft draußen auf der Terrasse und lässt sich in die tropische Nacht fallen, begleitet von Träumen, in denen sie zusammen mit einem jungen, blonden Schweden an den Kreidefelsen am Königsstuhl vorbeifährt, dicht beieinanderstehend auf dem Achterdeck eines großen Schiffes.

Kapitel 37

August 1976 – Zeitreise

Von seinem Fensterplatz im Flugzeug der BA 2366 von Jeddah nach London schaut Tommy über die trostlose Weite der Wüstenlandschaft. Der eiskalte Gin mit Tonic, den die hübsche Stewardess direkt nach dem Start auf seinen Platz gezaubert hat, schmeckt himmlisch nach den letzten vier Wochen im trockenen Saudi-Arabien. Nachdem er seine Aufgabe für den komplizierten Bau des großen Wasserturmes geschafft hat, fühlt er jetzt Harmonie und Zufriedenheit. Und das Glück wird noch größer, als ihm bewusst wird, dass er das mittelalterliche Land für alle Zeiten hinter sich lassen kann.

Seine Sehnsucht zurück nach Saßnitz und dem schönen Duft von Kiefernwald und Salzwasser erfüllt ihn mit Wohlbehagen. Das Gefühl wird aber gestört von einer inneren Unruhe, wenn er an die Tage mit Charlotte an dem herrlichen See vor vier Wochen zurückdenkt. Er denkt aber auch darüber nach, wie es sein wird, wenn er Heidemarie wieder trifft. Sein eingebauter Schutzmechanismus hat bis jetzt erfolgreich die Gedanken verdrängt, dass Heidemarie mit ihrer richtigen Familie nach Ungarn gereist war. Er schämt sich, dass er sich auf ein so kompliziertes Verhältnis eingelassen hat, kann aber zugleich nicht leugnen, dass er sich auf seltsame Weise gebunden fühlt – ja mehr noch – mit ihr schmerzhaft zusammengewachsen ist.

Die Gedanken an die Frauen in seinem Leben beunruhigen ihn tief und er bestellt sich einen weiteren Gin mit Tonic mit sehr viel

Eis, der seine Unruhe abkühlt und ihn in einen tiefen, traumlosen Schlaf fallen lässt, aus dem er erst wieder aufwacht, als die Räder des Flugzeuges auf der Landebahn in Heathrow aufsetzen.

Nach einem kurzen Aufenthalt mit einer stressigen Suche nach dem Flug nach Berlin und anschließendem neunzig Minuten langen Flug landet er auf dem modernen und eleganten Flugplatz in Berlin Tegel. Als Tommy am starr blickenden Passkontrolleur vorbei ist und aus dem Terminal kommt, wartet Per Murström auf ihn. Aus reiner Freude, jemanden von Saßnitz zu sehen, umarmt Tommy ihn stürmisch.

Per ist überrascht und fragt ihn: »Was ist denn mit dir los? Du bist doch nur fünf Wochen von uns weg gewesen und nicht fünf Monate!« Tommy sieht glücklich und erleichtert aus, als er antwortet: »Aber es fühlt sich wie fünf Jahre an und du ahnst gar nicht, wie froh ich bin, wieder hier zu sein. Ich habe einen solchen Appetit auf ein richtiges Rumpsteak und ein anständiges Bier. Bevor wir irgendetwas anderes tun, müssen wir erst einmal etwas essen gehen. Ich habe mich wirklich danach gesehnt.«

Nach dem guten Mittagessen passieren sie den Checkpoint Charlie und Tommys Gedanken wandern unmittelbar zu Charlotte: »Ich frage mich, was sie gerade tut ...«, denkt er und sieht hinaus auf die breiten Straßen, als sie am Fernsehturm vorbeifahren.

Per geht gründlich alles durch, was auf dem Bau im Hafen passiert ist, seit Tommy abgereist ist: »Wir haben losgelegt mit der Montage der Stahlbrücken und dem schweren Leitwerk, das die Fähre stoppt, wenn sie anlegt. Es ist die Firma Gränges Hedlund, die sich nun etabliert hat. Ich glaube, dass dir das Personal gefallen wird. Das ist eine Mischung von Österreichern und Jugoslawen, die schon lange in Schweden leben. Richtig harte Burschen, die alle Deutsch sprechen. Sie geben mit ihrer Dreistigkeit schon den Ton bei unseren Jungs aus Südschweden und Stockholm an. Du ahnst schon, dass Bert voll in deren Fahrwasser schwimmt, nicht nur auf dem Bau, sondern auch in der Freizeit. Es scheint so, als hätte der Tax-free-Shop im Hafen im Monat Juli den Umsatzrekord mit alkoholischen Getränken gebrochen, obwohl ein Teil des Personals auf Urlaub war.

Tommy hört der Beschreibung von Per entspannt, aber aufmerksam zu, begleitet von den leisen Geräuschen des Dieselmotors in Pers neuem, grünleuchtendem Mercedes 240D. Sie fahren langsam, aber sicher in Richtung Norden auf der schmalen, kurvenreichen Fernverkehrsstraße 96, die sich durch Tunnel von großen im 18. Jahrhundert gepflanzten Bäumen windet, um den marschierenden Soldaten damals dringend nötigen Schutz zu geben. Tommy genießt nur, langsam zu dem Land zurückzukommen, in dem er sich schon nach einem Jahr zu Hause fühlte.

Als sie an der Stadt Oranienburg vorbeifahren, die sich ein Stück nördlich von Berlin befindet, stellt er fest, dass die Stimme von Per ernster wirkt, und er fragt ihn: »Ist etwas passiert?« Per antwortet etwas befangen: »Vielleicht nichts, worüber wir heute sprechen sollten, aber als ich runtergefahren bin, um dich abzuholen, nahm ich mir ein wenig Zeit und sah mich um.«

»Hier in Oranienburg lag das große Konzentrationslager Sachsenhausen, wo die Nazis ab 1936 bis zur Befreiung im April 1945 über 200 000 Menschen interniert haben. Tommy, vor fast 30 Jahren wurden hier noch Menschen ermordet nur aufgrund ihrer Rasse oder irgendwelcher anderen Unterschiede! Das, was ich sah, stimmte mich tief traurig und ich kann es noch immer nicht richtig verstehen.«

Tommy weiß nicht, was er sagen soll, und versucht es mit: »Ja, es gibt so viel in diesem Lande, was ich auch nicht verstehe. Wie halten es die Menschen nur aus, mit einer derartigen Unterdrückung zu leben. Das ist dieselbe Diktatur, die ich in Saudi-Arabien erlebt habe. Ich kann verstehen, dass man dort in dieser mittelalterlichen Machtstruktur weiterlebt, da es ein Königshaus gibt, das bestimmt und das Volk muss gehorchen. Dass dieser Teil von Deutschland hier ebenso funktioniert, ist vermutlich die Strafe für die Verbrechen, von denen du im Konzentrationslager erfahren hast. Einige ostdeutsche Bekannte sagen, dass die Unterdrückung erst aufhört, wenn die Russen der Meinung sind, dass die Verbrechen der Nazis durch die Strafe abgegolten sind.«

Per schaut neugierig auf Tommy und fragt: »Ist das jemand, den ich auch kenne, der das gesagt hat?« Tommy versucht, nicht darauf zu antworten: »Ich habe ein bisschen nachgedacht, ja, mitunter tut das auch ein Junge aus Örebro.« Er lächelt Per mit leichter Ironie an und redet weiter: »Als ich in der Wüste saß und abends nachdachte, fiel mir ein, dass es vielleicht nicht richtig von uns ist, beim Aufbau dieses Landes hier mitzuhelfen. Vielleicht wäre es besser, Ostdeutschland zu isolieren, um schneller die deutsche Wiedervereinigung herbeizuführen. Warum sind es nur wir Schweden, die die verschiedenen Projekte in diesem Land bauen, und nicht Westdeutsche oder Engländer?«

Per sieht ihn nachdenklich an: »Jetzt überraschst du mich. Das sind kluge Gedanken von so einem jungen Mann! Und du stellst eine wichtige Frage. Ich weiß nicht, wie ich es dir sagen soll, aber wir beide und alle anderen Schweden, die in diesem Land arbeiten, tragen dazu bei, die Schmerzen der deutschen Teilung zu lindern. Und überhaupt – die gesamte politische Ost-West-Strategie baut auf dem Gedanken auf, dass der Export von Dienstleistungen und Waren von West nach Ost eine Nähe und ein wachsendes Gefühl der Zusammengehörigkeit schaffen soll, das langfristig die politische Karte verändern wird.

Der Mann hinter diesem Gedanken heißt Egon Bahr und er ist ein westdeutscher Sozialdemokrat. Du hast vielleicht gehört, dass während des Zweiten Weltkrieges einige deutsche Politiker im Asyl in Schweden lebten. Nach dem Krieg haben diese Karriere gemacht und sitzen jetzt auf leitenden Positionen im westdeutschen Machtapparat. Die haben sich vor einigen Jahren in Stockholm getroffen unter Teilnahme von schwedischen Politikern und Vertretern der Wirtschaft. Sie waren sich einig, dass Schweden als ein neutrales und friedliebendes Land perfekt ist, um Ostdeutschland wieder auf die Füße zu helfen. Sie haben dafür gesorgt, dass sich die richtigen Kanäle im Zentrum der ostdeutschen Macht öffneten. Das Ergebnis sind die vielen schwedischen Bauprojekte hier. Deine Scheckübergabe ist ein Teil dieses Spiels.«

»Du meinst also, dass wir mit daran arbeiten, dass die Mauern zwischen Ost und West verschwinden?« Tommy guckt aufgeregt auf Per, der leicht lächelt: »Ja, das kann man so sagen. Aber das braucht Zeit und viel Ausdauer.«

Sie fahren weiter in Richtung Norden und der erschöpfte Tommy schläft mit einem Lächeln auf den Lippen ein. In seinen Träumen sitzt er mit seiner Frau Doktor am Fenster auf der schwedischen Fähre. Er sieht, wie der grüne Wald, der die kreideweißen Felsen einrahmt, in der Ferne verschwindet.

Kapitel 38

September 1976 – Die Taufe

In den vergangenen drei Wochen, seit er wieder in Saßnitz ist, ist es Tommy und Heidemarie geglückt, sich zweimal allein zu treffen. Und natürlich zweimal pro Woche, wenn er mit den Kranken vorbeikommt. Sie spüren beide, dass sich zwischen ihnen etwas verändert hat, aber das ist etwas, worüber es schwer ist zu sprechen. Seine Zeit in Saudi-Arabien ist für sie schwer zu begreifen, sodass er sich damit begnügt, ihr zu erzählen, wie die mittelalterliche Gesellschaft dort funktioniert und er nicht plant, dahin zurückzukehren. Ihre Erzählungen von Ungarn berühren nur den fantastischen Ärztekongress in Budapest – über den Rest ihrer Reise gibt es nur ein stillschweigendes Übereinkommen der Verdrängung.

Seine Tage mit Charlotte in dem kleinen gelben Haus sind aus verständlichen Gründen auch kein Gesprächsthema. Aber sie sind wie eine Last auf seinen Schultern, was sie mit ihrer weiblichen Intuition durch seine veränderte Art sofort bemerkt. Gleichzeitig fühlen beide eine Anziehung zueinander und das Gefühl, dass sie sich nie wieder verlassen dürfen. Es ist so stark, dass es schmerzt. Ihre Situation ist so hoffnungslos und ohne mögliche Lösungen, dass sie nicht wissen, wie sie das schaffen sollen. Sie erkennt, dass in ihrem Leben etwas Radikales geschehen muss.

Beide wissen, dass die Zeit gegen sie arbeitet. Bis zur Fertigstellung des Fährhafens verbleibt nur noch weniger als ein Jahr. Und es kommt der Tag, an dem seine Zeit in Ostdeutschland vorbei ist. Für sie bedeutet dieser Tag, dass ihr lebenslanges Gefängnis bestehen bleibt und die Möglichkeit für ein Leben in Freiheit an der Seite des Mannes, den sie über alles liebt, verschwindet.

Tommy sitzt und grübelt, wie er aus dieser Situation wieder herauskommt, in die er Heidemarie und sich gebracht hat.

»Was zur Hölle sitzt du hier und träumst schon wieder! Die Stahlburschen warten draußen auf uns an der großen Landeklappe zur Eisenbahnbrücke. Jetzt aber schnell!« Bert ist nun richtig auf Zack, nachdem er fünf Wochen ohne Tommy zurechtkommen musste. Nach Berts eigner bescheidener Beurteilung hat er das außerdem verdammt gut gemacht. Er meint auch, dass es nun Zeit für eine kräftige Lohnerhöhung wäre, was er auch allen in seiner Umgebung mitteilt.

Tommy sieht ihn verständnisvoll an und antwortet sarkastisch: »Ich finde, das klingt nach einem ganz tollen Plan und ich nehme an, dass du die Berechnungen vorbereitet hast, die da draußen gebraucht werden.« Gleichzeitig nimmt Tommy einen Datenausdruck mit Messdaten, die hingegen er sorgfältig vorbereitet hat, und geht zur Tür. Bert starrt ihn wütend an und sagt: »Das ist nicht mein Job.« Worauf er beleidigt seinem älteren Kollegen hinterhertrabt, hinaus in die Sonne.

»Es wird Zeit, dass ihr kommt … Ihr habt ja lange Pausen im Büro. Was sagst du Adolf, das sind wir nicht gewohnt. Aber mit so jungen Kollegen wollen wir nicht streiten und deshalb verzeihen wir euch dieses Mal.«

Der, der das sagt, ist Helmut Pressler, der Chef der Montagemannschaft von Gränges Hedlund. Er ist ein dunkelhaariger Österreicher, der in den sechziger Jahren nach Schweden kam. Immer gut gelaunt und mit einem ansteckenden Lachen schafft er es meist, die zugeknöpften Schweden aufzutauen. Mit seiner melodischen, deutschen Aussprache hat er in kurzer Zeit das Vertrauen der Ostdeutschen gewonnen und auch das Herz gewisser Damen.

Adolf, der oben auf einem hohen Stahlbalken sitzt, springt wie ein gut trainierter Tiger auf den Boden. Fast lautlos gleitet er herunter und landet genau vor den Füßen von Tommy.

»Ihr kleinen Jungs werdet es noch lernen, das Tempo zu erhöhen, jetzt wo die Elite nach Saßnitz gekommen ist. Vielleicht ladet ihr uns heute Abend zu einer Runde in der Disco ein, meinst du nicht auch, Chef?«

Adolf Dettmar, ein athletischer, relativ kleiner Jugoslawe mit einem eleganten Schnurrbart ist auch in den sechziger Jahren nach Schweden gekommen. Er hat sich relativ schnell in der Fremdenlegion zurechtgefunden, die Helmut aufgebaut hat, um komplizierte Stahlmontagen in ganz Europa auszuführen. Bert sah sich gezwungen, seine und Tommys Ehre zu retten, nachdem sein älterer Kollege wieder einmal die Kritik auf seine stille, leidende Art entgegennahm.

»Von welcher Elite sprichst du? Die einzige Elite, die es hier in Reichweite zu sehen gibt, ist wohl die russische Flotte da drüben.« Er zeigt und winkt heftig in Richtung der armen russischen Soldaten, die Sportübungen auf dem Kai hinter dem hohen Stacheldraht machen. Bert redet weiter und Tommy sieht peinlich berührt nach unten, weil er ahnt, was jetzt kommt.

»Und übrigens, wie zum Teufel könnt ihr die komplizierte Konstruktion hier bewältigen. Könnt ihr überhaupt eine Zeichnung lesen? Du, Adolf, kommst doch direkt von der Dorfschule in Jugoslawien?«

Bevor Bert versteht, was passiert, hat Adolf, der in seiner Jugend der Elite der jugoslawischen Ringer angehörte, ihn elegant mit einem Doppelnelson in das angrenzende Hafenbecken geworfen. Berts ballistische Bahn erinnerte Tommy tatsächlich an Åke Pump, als dieser die schwedische Fähre mit einem Gummiball kaputt geschossen hatte. Es gab einen heftigen Jubel und der Taucherchef, der auf seinem Ponton sitzt und zwischen den Tauchgängen seine übliche Portion Pfeifentabak raucht, betrachtet mit großer Zufriedenheit das Geschehnis und kommentiert trocken:

»Das war ein ungewöhnlich fauler Fisch, der hier gelandet ist.

»Mithilfe eines Bootshakens drückt er Bert unter Wasser, als eine Extrabelohnung für die Kommentare, die ihm Bert früher geschenkt hatte, und dann hilft er ihm, auf den Ponton zu kommen.

Bert verlässt die Show mit einem leichten Zähneklappern, als zur gleichen Zeit das schmutzige, braune Hafenwasser auf den abgenutzten Holzfußboden des Pontons trifft. Sein Blick ist nicht zu beschreiben. Der spiegelt eine solche Wut und Demütigung wider, dass Tommy glaubt, dass Berts Augen herausspringen. Sein Kollege tut ihm leid, aber er muss auch erkennen, dass Bert genug Punkte gesammelt und eine kleine Bestrafung verdient hat.

»Was ist hier los?« Der Produktionschef Lars Paulsson und der oberste Chef Anders kommen auf die kleine Gruppe zu. »Was ist mit Bert passiert? Wir trafen ihn gerade und er war nass, wie eine frisch gebadete Katze.«

Lars schaut auffordernd auf die Männer in der Gruppe. Tommy, der sich verantwortlich fühlt, versucht eine Erklärung, aber wird umgehend von Helmut unterbrochen, der sagt: »Das war unser Fehler. Wir erhielten Hilfe von Tommy und Bert mit dem Einpassen des Balkens, als der Kran etwas nachgab, und Adolf, der den Balken mit dem Seil führte, stieß Bert aus Versehen an und der fiel ins Wasser. Es bestand keine Gefahr, denn die Taucher sind ja gerade hier beschäftigt.«

Der Cheftaucher Göran, der interessiert dem Gespräch auf dem Kai folgt, ruft zurück: »Es war mir eine Ehre, dem jungen Mann aus dem Wasser zu helfen. Es ist vielleicht nicht die beste Stelle für eine Taufe gewesen, aber es ist ja niemand zu Schaden gekommen.«

Lars und Anders sind nicht von gestern und schauen ein wenig amüsiert auf die Versammlung, bevor Anders das Wort ergreift: »Ja, das klingt vernünftig, aber passt in Zukunft besser auf. Und Bert muss lernen, sich in seiner Ausdrucksweise ein bisschen zu bessern. Kannst du ihm nicht dabei helfen, Tommy?« Tommy sieht etwas skeptisch aus und erwidert: »Ich glaube nicht, dass ich das fertig bringe, aber vielleicht schaffen es Helmut und Adolf.«

Die kleine Gruppe bricht in Gelächter aus und Adolf, der gern das letzte Wort hat, sagt: »Okay, wir beginnen heute Abend mit der ersten Lektion, oder Helmut?« Vom Ponton hört man Görans tiefe Stimme: »Aber nicht ohne mich. Wir sorgen dafür, dass sich der Junge ein gepflegtes Schwedisch aneignet.«

Am Nachmittag, am gleichen Tag, sitzt Tommy am Schreibtisch beim Projektchef.

»Wir haben noch keine Zeit gefunden, über deinen Ausflug nach Saudi-Arabien zu sprechen. Aber zuerst will ich dir für die anerkennungswerte Übergabe des Schecks danken. Ich hörte von Contacta, dass du dich anständig benommen hast, und ihr Chef hat sehr gut über dich gesprochen. Ich hoffe, dass du einige nette Tage in Westberlin hattest. Es gibt ja so viel Interessantes dort zu sehen.« Tommy errötet und überlegt, wie er antworten soll, denn er war ja nicht viele Stunden in Westberlin gewesen. Stattdessen hat er ja seine Zeit mit Charlotte in dem kleinen gelben Haus verbracht.

»Ja, das war sehr interessant. Per hatte eine lange Liste mit Sehenswürdigkeiten vorbereitet und dieser bin ich gefolgt.«

Er hofft, dass der Chef nicht weiter bohrt, und versucht deshalb, das Thema zu wechseln: »Ich möchte nicht wieder nach Saudi-Arabien fahren. Die Gesellschaft und die Menschen passen nicht zu mir. Wir haben bestimmt andere Kollegen bei ABV, die lieber dort wären. Ich will hier in der DDR bleiben oder in Schweden sein, wenn ich mir etwas wünschen darf.«

Anders nickt zustimmend und antwortet: »Das klingt gut. Wir haben ja einige neue Projekte am Laufen, aber zuerst müssen wir zusehen, dass dieses Projekt bis nächsten Sommer fertig wird.«

Tommy hat wieder das Gefühl, dass die Zeit gegen ihn arbeitet. Und dass er sich nun entscheiden muss, wie sein Leben in der Zukunft aussehen soll. Das ihm gut bekannte unruhige Gefühl, das am besten mit einer Karussellfahrt beschrieben werden kann oder noch besser mit einer Berg- und Talfahrt, wo Glück und

Angst kommen und gehen, belastet ihn schwer, als er das Büro des Chefs verlässt.

Kapitel 39

Oktober 1976 – Freiheit

Es ist noch früh am Montagmorgen, als die Katastrophe in das Leben von Andreas hereinbricht. Der Befehl, sich unverzüglich im Hauptquartier der Stasi in Berlin-Lichtenberg einzufinden, hat höchste Alarmstufe. Er fühlt, wie sich sein Magen umdreht, als er schnell ein paar Sachen zusammenpackt, damit er fertig ist, wenn ihn sein Chauffeur von der Strandvilla in Binz abholt.

Heidemarie hat ihren Mann noch nie so nervös gesehen und sieht mit ihrem geschulten Auge, dass er kurz vor einem Zusammenbruch steht. Sie versucht, beruhigend auf ihn einzureden: »Es ist sicher nur Routine oder eine Form von Übung. Versuche, ruhig zu atmen und während der Fahrt nach Berlin etwas zu ruhen. Lass von dir hören heute Abend und erzähle, wie es gelaufen ist.« Er sieht sie verzweifelt an und antwortet resigniert: »Du wirst mich in der nächsten Zeit wohl nicht sehen. Ich habe ein schlechtes Gefühl. Einen solchen Alarm habe ich noch nie erlebt. Das verheißt nichts Gutes.« Wie ein begossener Pudel geht er zum wartenden Auto und sie hat ein leichtes Mitgefühl, als sie formal dem grünen Auto nachwinkt, das mit hoher Geschwindigkeit nach Berlin fährt.

In dem großen Sitzungszimmer in dem riesigen Komplex an der Normannenstraße in Berlin sitzen die meisten Kollegen von Andreas. An seiner Seite sitzt Marlene und er sieht sich suchend nach Charlotte um, ob sie es auch rechtzeitig zur Besprechung geschafft hat. Er sieht sie nicht und er bekommt wieder ein Gefühl, dass hier irgendetwas nicht stimmt. Die Tür geht auf und Generalmajor Bauer kommt schnell herein, begleitet von einer kleinen Gruppe ernstaussehender Offiziere. Er setzt sich nicht, sondern beginnt sofort mit lautem, schrillem Ton.

Der Gesichtsausdruck des Generalmajors zeigt deutlich, dass es sich hier nicht um eine Übung handelt oder um eine andere Art Formalität. »Wir haben sie heute hierher befohlen, um die Schuldigen für den fürchterlichen Verrat zu finden, dessen sich einer ihrer Kollegen gestern schuldig gemacht hat. Wie sie sehen, ist Oberst Grosse nicht hier in diesem großen Raum, sondern er befindet sich im Anbau am Garten gemeinsam mit anderen Verantwortlichen. Ich habe vom Hauptverantwortlichen des Ministeriums für Staatssicherheit den Befehl erhalten, alle Pflichten zu übernehmen, die Oberst Grosse bis heute Morgen noch innehatte. Mein Experte für diese Art von Verrat, Oberst Weber, wird nun über alle Fakten des Falles berichten.«

Ein großer schlanker Mann, Mitte vierzig, mit scharfem Blick, erhebt sich und beginnt seine Präsentation:

»Gestern Nachmittag überquerte ein Auto der Marke Buick, das zum amerikanischen Militär gehört, den Grenzübergang Friedrich-/Zimmerstraße. Das geschah in Übereinstimmung mit den geltenden Grenzkontrollen zwischen Westberlin und der DDR entsprechend dem Viermächteabkommen. Im Kofferraum dieses Autos befand sich unsere Mitarbeiterin, Fähnrich Charlotte Pfeiffer. Sie hatte durch ihren Dienstauftrag dafür zu sorgen, dass ein möglicher Informant der amerikanischen Botschaft auf die übliche Art in unsere Organisation eingeführt wird. Anstatt das zu tun, hat sie ihr Wissen zur Flucht in den kapitalistischen Block genutzt. Wir haben aus unseren Quellen in der Westberliner Polizei auch erfahren, dass das genannte Auto direkt zum Flughafen Tempelhof fuhr, wo Fähnrich Pfeiffer umgehend an Bord eines amerikanischen Flugzeuges gelotst wurde, das der CIA für Flüge zur amerikanischen Militärbasis Ramstein dient.«

Er trinkt einen Schluck Mineralwasser, bevor er weiterspricht:

»Die Fotos hier wurden durch den Kontakt, den wir auf dem Flughafen Tempelhof haben, gemacht und sie zeigen, wie die Verräterin die Treppe zum Flugzeug hochgeht.« Er gibt einige schwarz-weiße Kopien von hoher Qualität in die Runde. Als Andreas Charlotte mit ihrer charakteristischen stolzen Kopfhaltung sieht, wird ihm bewusst, dass nichts mehr so wird wie früher.

Die Verhöre, die in der Woche nach der schmerzhaften Bekanntgabe folgen, gehören zu den schlimmsten, die Andreas erlebt hat. Er sitzt in der Zeit eingesperrt in einem relativ bequemen Raum. Ihm ist bewusst, dass er nicht in einer Gefängniszelle einquartiert ist, sondern eher in einem Zwischending zwischen Übernachtungszimmer und Büroraum. Dieser Fakt gibt ihm eine gewisse Hoffnung, dass er nicht direkt für Charlottes Verrat bestraft wird, weil er auch nicht an der Operation rund um die amerikanische Botschaft beteiligt war. Aber gleichzeitig realisiert er, dass er und sein naher Umgang mit Marlene und Charlotte wieder und wieder geprüft werden wird.

Er hat in diesen Tagen keine Möglichkeit, sich mit seiner Frau oder den Eltern in Verbindung zu setzen. Als er über das Geschehene nachdenkt, kreisen in seinem Kopf viele Fragen:

»… Schön zu wissen, dass Marlene und ich so synchronisiert sind, dass es nicht zu Problemen kommt. Aber wie soll ich Charlottes Teil unserer Arbeit behandeln und wie soll ich meine enge Zusammenarbeit mit Oberst Grosse erklären? Was ist seine Rolle in dem Ganzen? Ich kann mir nicht vorstellen, dass er auf irgendeine Weise einbezogen ist …«

»… Das hier muss Charlotte selbstständig organisiert haben, ansonsten hätte es verhindert werden können. Wie kam sie nur auf diesen verräterischen Plan? Ich habe keine Abweichung an ihrem Verhalten bezüglich des richtigen Weges bemerkt. Das muss einer von den kranken Amerikanern gewesen sein, der sie gezielt gelenkt und umprogrammiert hat. Etwas anderes kann ich mir nicht denken. Aber wenn ich nachdenke, fällt mir die Operation mit dem jungen Schweden ein, Herrn Oskarsson. Kann es da einen

Zusammenhang geben? Nein, er ist ja nur ein gewöhnlicher, netter, naiver, junger Schwede …«

Am Ende der Woche sitzt Andreas vor Generalmajor Bauer und Oberst Weber und wartet auf sein Urteil. Der stahlharte Oberst Weber ergreift das Wort und beginnt mit: »Major Jähnert, wir haben bei unseren umfassenden und tiefgehenden Untersuchungen den Verrat betreffend von Frau Pfeiffer nichts gefunden, was darauf hindeutet, dass Sie in die Vorbereitungen Ihrer Mitarbeiterin zur Zusammenarbeit mit dem Feind und ihres nicht autorisierten Verlassens unseres Staatsterritoriums beteiligt gewesen sind.«

Andreas atmet tief durch, aber die beiden Männer blicken streng auf ihn und Oberst Weber setzt fort: »Aber Ihr nicht vorschriftsmäßiges Verhalten zu der Angeklagten und die informelle Zusammenarbeit, die Sie mit Fähnrich Marlene Schmidt haben, kann ein beitragender Faktor zum Sinneswandel der Angeklagten gewesen sein.« Ferner haben wir herausgefunden, dass Sie in Ihrer Zusammenarbeit mit Oberst Grosse die Bestimmungen und Verordnungen unseres Ministeriums in Bezug auf die nichtsozialistischen Kräfte, die den für unsere Republik so wichtigen Fährhafen bauen, nicht eingehalten haben. Ihnen wird daher mit sofortiger Wirkung der Auftrag entzogen, den Sie als verantwortlicher Bauleiter der Deutschen Reichsbahn in Saßnitz haben. Sie behalten Ihren Rang als Major und Sie werden hier in Berlin eingesetzt und übernehmen die Aufgaben, die die Kontakte und Überwachung der amerikanischen Botschaft hier in Berlin betreffen.«

»Wir machen Sie persönlich verantwortlich, damit ähnliche Vorkommnisse verhindert oder mit anderen Worten unmöglich gemacht werden. Das Haus in Binz, zu dem Sie sich durch unerlaubte Methoden Zugang verschafft haben, muss umgehend freigeräumt werden und wird zukünftig als Ferienhaus für unser Ministerium dienen. Wir haben für Sie eine Dreiraumwohnung in Berlin arrangiert. Damit erhalten Sie eine neue Chance, ich betone eine, um Ihren Ruf im Dienste des ostdeutschen Volkes wiederherzustellen.«

Andreas taumelt aus dem Raum mit einer Mischung von Erleichterung, glimpflich davongekommen zu sein, und tiefer Sorge darüber, dass er seinen wichtigen Auftrag in Saßnitz verloren hat. Als er wieder raus an die frische Berliner Luft kommt, erkennt er, dass Freiheit mehr Wert ist als seine eigenen egoistischen Gefühle für die eigene Karriere. Und er schwört sich, dass er ab jetzt allen Regeln hundertprozentig folgen wird.

Zur gleichen Zeit hebt sich ein graues Flugzeug vom Typ Boeing 707 der amerikanischen Luftwaffe vom amerikanischen Flugplatz Ramstein ab, mit dem Ziel Washington USA. An Bord sitzt Charlotte. Sie sieht, wie die herrlich grüne Landschaft unter ihr verschwindet. Tränen rollen ihre Wangen herunter, als sie daran denkt, dass sie ihren Weg in ein neues Leben nun allein gehen muss. Es gibt keine Rückkehr, solange die Kräfte, die sie so komplett verraten hat, an der Macht sitzen. Und das wird vermutlich ihr ganzes Leben sein und noch darüber hinaus. Sie denkt an die, die sie nie mehr wiedersehen wird – ihre Eltern, Geschwister und Freunde – und sie denkt an den jungen Schweden in dem kleinen gelben Haus am herrlichen See und dann sinkt sie in die Welt der Träume.

Kapitel 40

Oktober 1976 – Wachablösung

Als Tommy ins Büro im Saßnitzer Hafen kommt, liegt Unruhe in der Luft. Der Projektchef und sein engster Mitarbeiter hatten den ganzen gestrigen Tag Besprechungen und auch jetzt am Morgen. Es geht das Gerücht um, dass eine große Veränderung am Laufen ist. Tommy sitzt zusammen mit Helmut Pressler, Rolf Ravinder und Bert im Pausenraum, als Walter Mahlstedt mit einer wichtigen Miene hereinkommt, zum Platzen voll, das Geheimnis zu teilen, das er in sich trägt. Helmut versucht mit seinem österreichischen Charme, Walter dazu zu bringen, sich zu öffnen, und sagt: »Komm setz dich zu uns, Walter. Nach so wichtigen Gesprächen musst du dich etwas erholen.« Walter schmatzt leicht und sieht dankbar zu Helmut, den er als seinen Freund betrachtet. Um deutlich zu machen, dass die kleinen Jungs, Tommy und Bert, dem Gespräch nicht folgen sollen, sagt er auf Deutsch: »Mein lieber Helmut, das mache ich außerordentlich gern. Schön, dass du hierhergekommen bist. Das Niveau in der Konversation hat sich dadurch um einige Stufen erhöht.« Als er das sagt, blickt er herablassend auf die zwei jungen Männer.

Rolf, der sich, seit der frühere Produktionschef Stefan Palm den Bau verlassen hat, überraschenderweise zurückhält, blickt verstohlen auf die Gruppe rund um den Tisch und bläst eine Wolke Marlboro-Rauch hoch in die Luft.

Helmut wechselt zu Schwedisch: »Es scheint, dass etwas Spannendes vor sich geht. Du, der alles weiß, kannst uns wohl einen kleinen Hinweis geben, was da gerade passiert.«

Walter beugt sich zu den Männern und sagt mit tiefer und ernster Stimme: »Ich weiß aus sicherer Quelle, dass es einen Wechsel auf dem Posten des Bauverantwortlichen von der DDR-Seite geben wird. Es ist so, dass Andreas Jähnert einen sehr wichtigen Auftrag in Berlin erhalten hat und der Chef der Deutschen Reichsbahn hier im Norden Deutschlands, Dr. Egon Weinhard, höchstpersönlich die hohe Position von Andreas Jähnert in Saßnitz übernehmen wird.«

Tommy zuckt zusammen. Er hat auf die langatmigen Ausführungen von Walter etwas müde und nur halb gehört. Er versteht aber plötzlich, dass Andreas Saßnitz verlassen wird. »Was wird da aus Heidemarie? Wird sie ihrem Mann nach Berlin folgen …?«, fragt er sich und merkt, wie sein Puls plötzlich höher schlägt. Am liebsten würde er sich jetzt in sein Auto setzen und ins Krankenhaus fahren, um sie zu fragen, aber das geht natürlich nicht. »Verflucht, wie finde ich heraus, was los ist? Ich kann nicht bis morgen warten, wenn wir uns bei der Krankenrunde sehen.«

Tommys Gedanken werden unterbrochen, als Walter mit strengen Augen auf ihn blickt und sagt: »Was ist mit dir, Tommy, kannst du nicht zuhören, wenn ich mit so wichtigen Neuigkeiten komme? Du siehst etwas blass um die Nasenspitze aus. Geht es dir nicht gut?«

Tommy sieht, dass seine Kollegen um den Tisch ihn interessiert und prüfend ansehen, als würden sie seine Gedanken lesen können. Tommy entscheidet sich dafür, seine Schutzidentität in Form eines Uninteressierten aus der Provinz anzunehmen, und sagt mit deutlichem Örebro-Dialekt:

»Entschuldige bitte, Walter. Was du und die anderen Ostdeutschen glaubt, interessiert mich nicht. Lass mich meinen Job machen und lass mich mit deinen Machtspielchen in Frieden. Komm jetzt, Bert, sollen die hohen Herren sich um die Weltpolitik kümmern. Wir gehen raus und bauen die Fähranlage fertig.«

Sie verlassen den Raum mit Walters hasserfülltem Blick im Rücken. Bert, der sich seit seinem Bad im Hafenbecken etwas gepflegter ausdrückt, fühlt sich nun gezwungen, die Ereignisse zu kommentieren: »Das hast du furchtbar gut gemacht, Tommy. Jetzt hast du es dem grandigen Deutschen, Walter, aber gegeben. Ich hätte es nicht besser machen können. Aber nun sieh dich vor. Dieser hässliche Kerl will sich sicher an dir rächen.« Tommy versucht, ganz unbeteiligt zu wirken, und antwortet Bert: »Da scheiß ich drauf. Hast du das nicht immer gesagt?« So ganz überzeugend klingt es aber nicht. Tommy fühlt sich unruhig bei der Frage darüber, was mit Heidemarie passieren wird. Und er kann nicht vermeiden, dass er Angst hat, oder ziemlich erschrocken ist, weil ihm bewusst wird, wen er da gerade geärgert hat, welche Organisation hinter ihm steht und welche Ressourcen diese hat, um ihre Feinde zu vernichten.

Mit diesen Gedanken geht Tommy gemeinsam mit Bert raus auf den Bau. Um sein Unbehagen abzuschütteln, beginnt er ein Gespräch mit Bert: »Ist es nicht immens, was alles passiert ist, seit wir vor 15 Monaten hierherkamen?« Sie gehen auf eine der hohen Kaimauern, die so geformt sind, dass sie 150 Meter lange und 18 Meter breite Fähren, die täglich alle vier Stunden kommen und wieder fahren, empfangen und abbremsen können. Die Arbeit an den fünf Meter hohen Betonkonstruktionen sind nun fertiggestellt. Die meisten von den geschickten Facharbeitern aus Schweden, die die Schalung gebaut, das schwere Armierungseisen eingelegt und dann die Konstruktion mit Beton gefüllt haben, sind mit großer Enttäuschung darüber, dass es keine Anschlussprojekte in Ostdeutschland geben wird, wieder nach Schweden zurückgekehrt.

Die laufende Arbeit weit unter der Ostseeoberfläche besteht jetzt darin, die ein Meter dicke Betonplatte zu fertigen, die zwischen den beiden Kaimauern verläuft und sich einhundert Meter von dem Punkt aus, an dem die Kaimauern zusammentreffen, erstreckt. Diese Arbeit erledigen die taffen Taucher gemeinsam mit Åke Pump, der die Betonpumpe unter harten Bedingungen bedient.

Sie haben sich darauf geeinigt, dass Tommy mithilft und kontrolliert, dass es mindestens acht Meter von der Betonoberkante bis rauf zur Ostseeoberfläche sind. Bert weigert sich seit seinem unfreiwilligen Bad, einen Fuß auf den Ponton zu setzen, von wo aus die Taucher arbeiten. Er hilft von dort aus mit, wo er festen Boden unter seinen Füßen hat. Sie laufen weiter auf dem 200 Meter langen Kai entlang, wo die Stahlburschen das schwere Leitwerk montieren, eine Art Stoßdämpfer, was hilft, die schwere Fähre zu lenken und zu bremsen. Die fünf mal fünf Meter großen Teile wiegen jedes vierzig Tonnen und werden zusammenliegend auf dem Kai montiert, um sie danach mit großer Präzision in die Halterung zu hängen. Tommy und Bert hoffen innerlich, dass sie auf dem richtigen Platz landen.

»Hallo Jungs, seid ihr unterwegs?« Es ist der jugoslawische Ringer, Adolf, der trotz des kleinen Zwischenfalls mit Bert, jetzt zur großen Überraschung von Tommy, ein echter Kumpel von Bert geworden ist. »Keine Sorge, Adolf, wir wollen nur sicherstellen, dass hier draußen mit der Montage alles läuft.«

Bert genießt, dass er es ist, der die Kontrolle über die Lage hat und nicht Tommy im Mittelpunkt steht. Sie laufen weiter und sehen plötzlich, dass ihnen eine Gruppe ernster Herren entgegenkommt. Das ist Anders, der gemeinsam mit dem Produktionschef Lars und dem Planer Per den neuen Projektverantwortlichen von der ostdeutschen Eisenbahn über die Baustelle führt. Es ist Dr. Egon Weinhard, der eine altmodische Uniform aus dickem, dunkelblauem Stoff trägt, ergänzt mit roten Streifen an den Hosen und großen, goldfarbenen Emblemen auf den Schultern. Er geht vor zwei nervösen Oberinspektoren in gleicher Uniform, nur mit weniger goldenen Schulterstücken.

Als sie Tommy und Bert treffen, fühlt sich Anders gezwungen, stehen zu bleiben und seine beiden Vermessungsingenieure vorzustellen. Er sagt ernst: »Doktor Weinhard, das hier sind zwei tüchtige Vermessungsingenieure, die Herren Oskarsson und Svensson, die dafür Sorge tragen, dass alle Bauteile an der richtigen Stelle landen, sodass die ankommenden Fähren schnell und sicher anlegen können.« Der große, mürrische Deutsche blickt auf die beiden jungen Schweden, und Tommy fühlt förmlich sein Misstrauen ihnen gegenüber. Dr. Weinhard sagt: »Ich habe gehört, dass das ein Großteil der Vermessungsarbeit der jungen Kollegen bisher relativ gut ging, aber ich weiß aus eigener Erfahrung, dass Vertrauen gut, aber Kontrolle besser ist und von entscheidender Bedeutung, ob wir die Fertigstellung bis zum 8. Oktober im nächsten Jahr schaffen. Deshalb habe ich entschieden, dass zwei Tage pro Woche zwei unserer besten Vermessungsingenieure vor Ort sind und gemeinsam mit Ihnen notwendige Kontrollmessungen durchführen. Ich will, dass alles doppelt kontrolliert wird und nichts dem Zufall überlassen wird. Dagegen haben Sie doch nichts, Herr Oskarsson?«

Tommy sackt innerlich etwas zusammen und fühlt sich tief verletzt von dem Misstrauen, das ihm der hohe ostdeutsche Beamte entgegenbringt. Er entscheidet sich, etwas leicht diplomatisch zu antworten: »Das ist kein Problem, Herr Doktor Weinhard, ich freue mich auf die Zusammenarbeit mit Ihren Experten.«

Per Murström, der sieht, dass Bert schon bereit ist, seine gefürchtete verbale Kanone abzufeuern, nimmt ihn schnell zur Seite und indem er ihm einige kurze Fragen über die Stahlmontage stellt, glückt es ihm, Bert auf andere Gedanken zu bringen. Als Tommy und Bert wieder allein sind, kann sich Bert nicht länger zurückhalten:

»Was zur Hölle ist mit dir los? Hast du Löcher im Kopf? Wie kannst du es zulassen, dass die so mit uns umgehen? Ich hätte dem dicken Deutschen was entgegnet, wenn mich nicht der Theoretiker Murström mit seinen wichtigen Fragen über die Stahlmontage unterbrochen hätte.« Tommy guckt ihn freundlich an und sagt: »Aber das war doch gut, dass du Per helfen konntest. Die deutschen Vermessungsingenieure werden uns keinen Ärger

machen. Vielleicht können wir sie dazu bringen, dass sie uns bei einigen Arbeitsschritten hilft, damit es für uns besser wird.«
Berts Gesicht hellt sich auf: »Du meinst, wir können sie als unsere Helfer benutzen?«

»Vielleicht nicht direkt, aber so was in der Richtung«, sagt Tommy und sie gehen schweigend zurück zum Büro. In Tommys Gedanken gibt es nur Heidemarie, und er fragt sich, was als Nächstes passiert …

Kapitel 41

Oktober 1976 – Weichenstellung

Es ist früher Nachmittag, als Tommy erfährt, dass Andreas Jähnert den Auftrag als verantwortlicher Bauleiter für die Ostdeutsche Eisenbahn verloren und Saßnitz verlassen hat. Doch noch vierundzwanzig unruhige Stunden liegen vor ihm. Er und Heidemarie haben sich für ein Treffen außerhalb verabredet, an ihrem Lieblingsstrand in Glowe. Er sitzt in seinem roten Saab in einer Ecke auf dem großen Parkplatz im Wald zwischen der Straße und dem langen Sandstrand. Er sieht ihren Trabant kommen und ist voller Glück, spürt aber auch eine große Unruhe aufkommen. Sie parkt mit dem kleinen Auto so weit weg von ihm, wie es nur geht, zwischen einigen windgepeitschten Kiefern.

In dieser Jahreszeit ist der Parkplatz leer. Umso wichtiger ist es, sehr aufmerksam zu sein, damit die üblen Kräfte ihnen nicht auf die Spur kommen. Heidemarie kommt schnell mit der ihr innewohnenden Stärke und Eleganz auf ihn zu. Ihr blauer Mantel flattert im milden Oktoberwind so, als würde er die filmähnliche Szene vervollständigen wollen.

Sie treffen aufeinander und er sieht direkt in ihren Augen, dass sie es in den zurückliegenden Tagen sehr schwer gehabt hat. Sie umarmen sich und stehen eine lange Zeit nur da, ohne etwas zu sagen. Dann übernimmt sie das Kommando und sagt: »Mein lieber Tommy, in den vergangenen Tagen ist so viel passiert, über das wir reden müssen. Wir können am Meer entlang gehen und besprechen, wie wir das Geschehene einordnen können. Ich bin ganz verwirrt und meine Nerven können nicht viel mehr vertragen!«

»Ja«, bestätigt Tommy, »wir gehen in Richtung Kap Arkona. Da fahre ich normalerweise hin, wenn bei mir einiges zusammenkommt.«

»Zusammenkommen ist das Mindeste, was man sagen kann. Es fühlt sich an, als läge mein ganzes Leben in Trümmern«, fügt Heidemarie hinzu. Tommy legt den Arm um sie. Sie gehen über Sanddünen und schauen hinaus auf die Ostsee, die in der Nachmittagssonne glitzert. Ein schwacher zischender Laut rollt rhythmisch über den Strand, bis die langen Wellen auf den hellbraunen Sand treffen. Sie gehen eine Weile stumm vor sich her, bis er den Mut fasst und fragt: »Was ist passiert? Gestern erfuhr ich, dass Andreas nicht mehr für uns zuständig ist, sondern Dr. Egon Weinhard die Aufgabe übernommen hat. Anscheinend hat Andreas eine andere Arbeit in Berlin erhalten. Das muss sehr schnell gekommen sein.« Er schaut sie fragend an, aber sie antwortet nicht. Deshalb redet er weiter: »Bedeutet das, dass auch du Saßnitz verlassen musst?«

Sie überlegt, wie sie diese Fragen beantworten soll, da sie selbst noch nicht alle Informationen hat: »Ich weiß es nicht, Tommy. Ich weiß auch nicht, was genau du weißt und wie viel ich erzählen kann, ohne uns beide in Gefahr zu bringen. Es ist eine schwere Situation für viele Betroffene und ich weiß nicht, wie du in dieses Durcheinander involviert bist.«

»Was meinst du damit?«, wundert sich Tommy. »Ich verstehe gar nichts und du musst mir die Chance geben, dass ich begreife, was passiert ist. Du bist das Wichtigste für mich. Nichts anderes ist von Bedeutung!« Sie sieht ihn kritisch an und sagt mit einer gewissen Kühle in der Stimme: »Gerade bin ich mir nicht so sicher. Ich glaube nämlich, dass du mir nicht alles erzählt hast, was im Sommer passiert ist, bevor du nach Saudi-Arabien geflogen bist.«

Er fühlt sich schuldig. Da ist aber auch die unausgesprochene Eifersucht wegen ihres Urlaubes in seinem Kopf, was dazu führt, dass er etwas trotzig sagt: »Ich habe dich auch nicht gefragt, was während deines Aufenthaltes in Ungarn passierte!« Sie wird sofort wütend und reißt sich von ihm los und schreit: »Du Idiot, das ist ja wohl nicht das Gleiche. Du wusstest von Beginn an, dass ich daran arbeite, von Andreas loszukommen. Wenn es etwas zwischen uns werden soll, dann musst du absolut ehrlich mit mir sein.« Er fühlt sich verletzt und versteht ihre Reaktion nicht und er spricht weiter: »Aber das gilt wohl auch für dich!«

Sie bleibt stehen, stellt sich vor ihm hin und sagt mit ernster Stimme: »Ich war immer völlig offen zu dir über die Situation, in der ich mich befinde. Wenn du damit nicht umgehen kannst, dafür kann ich nichts. Du musst deine Verantwortung wie ein Erwachsener übernehmen und verstehen, dass das Leben kein Spiel ist!«

Er blickt nach unten in den Sand und danach in ihre mit Tränen gefüllten Augen: »Ich werde es versuchen, aber wir können nicht ungeschehen machen, was passiert ist. Was du sagst, klingt so abstrakt für mich. Denke daran, dass ich ein einfacher, schwedischer, junger Mann bin.«

Sie muss lächeln, als sein betender, hundeartiger Blick um Verzeihung bittet, und so sagt sie: »Es ist vielleicht einen Versuch wert. Schlimmer kann es nicht kommen. Es ist so, dass Andreas vor zehn Tagen kurzerhand zur Stasi zu einer Krisensitzung gerufen wurde. Er versprach mir, dass er mich am gleichen Abend anruft und mich informiert. Aber ich hörte eine Woche lang nichts von ihm. Vor drei Tagen dann kam er in unser Haus nach Binz und war völlig verstört.«

Tommy sieht sie an und fragt sich selbst, ob er mehr hören will, und sagt: »Du weißt, dass ich über dich und deinen Mann nichts hören will.« Sie funkelt ihn an und er versteht, dass es das Beste ist, sich still zu verhalten. »Warte nur, deine Rolle in diesem Theater kommt sofort.« Jetzt wird er noch unruhiger, als sie langsam am leeren Strand weitergehen. Nur die Schreie der fetten Möwen unterbrechen die Stille. Nach einer Weile Schweigen nimmt sie ihre Erzählung wieder auf: »Wie ich vorhin gesagt habe, ist das hier nur für deine Ohren bestimmt!« Er nickt, aber sie fragt ärgerlich: »Verstehst du wirklich, was das bedeutet?« Er nickt wieder und versichert: »Natürlich, Frau Doktor.« Sogar unter dem Druck, der auf ihr lastet, muss sie kurz über seine typisch deutsche Antwort lächeln, aber redet ernst weiter: »Was kurz vor einer Woche passiert ist, war so ein Verrat, dass viele Verantwortliche nicht nur ihren Job verloren haben, sondern auch zu langen Gefängnisstrafen verurteilt wurden. Der Chef meines Mannes ist einer von diesen. Andreas verlor nur seine Arbeit hier in Saßnitz und das Recht, in unserem Haus zu wohnen. Er erhielt eine Stelle in Berlin und wird dort zukünftig auch wohnen.«

Tommy sieht sie an und will sie fragen, was sie machen wird, aber sie schüttelt nur mit dem Kopf und sagt weiter: »Jetzt kommst du ins Spiel!« Er sieht sie entsetzt an und versteht nicht, was los ist. Sie bleibt stehen und sieht ihm direkt in die Augen, sodass es wehtut. Er merkt, dass sie versucht, seine Gedanken zu lesen. Es ist erschreckend. Sie beginnt langsam mit verhaltener Stimme zu reden: »Das ganze Drama wurde dadurch ausgelöst, dass jemand, den du gut kennst, wohl über den Checkpoint Charlie geflüchtet ist, versteckt im Kofferraum eines amerikanischen Militärautos.« Er schwankt und seine Gedanken beginnen zu kreisen. Er sieht Charlotte weinend vor dem Grenzübergang in seinen Armen und er sieht sie weinend in dem kleinen gelben Haus, wo sie davon sprach, dass er keine Schuld hat, an dem, was passieren wird. »Tommy, reiß dich zusammen.« Heidemarie sieht ihm weiterhin in die Augen und er versteht, mit einer noch nie da gewesenen Deutlichkeit und Klarheit, dass jede weitere Lüge das Ende ihrer Liebe bedeuten würde.

»Bist du in diese Flucht involviert? In diesem Falle solltest du die nächste Fähre nach Schweden nehmen, wenn du nicht für die nächsten zehn Jahre im Gefängnis landen möchtest.« Er versteht, dass er jetzt seinem Herzen folgen muss und sich nicht mit irgendwelchen Halbwahrheiten aus der Situation stehlen kann. Er versucht, sich zu konzentrieren, und beginnt holprig zu erzählen, wie es war: »Ich habe keine Ahnung, warum Charlotte das getan hat. Wir hatten ein kurzes Verhältnis, bevor du und ich begonnen haben, uns nach der Weihnachtsfeier zu treffen. Ja, wir waren nach meinem Vortrag, den dein Mann organisiert hat, zusammen eine Nacht im Hotel Neptun in Warnemünde. Einige Wochen später verbrachte ich mit ihr ein Wochenende in ihrer Wohnung in Berlin und sie zeigte mir die Stadt. Charlotte erzählte mir, wer sie war und was das für mich bedeutet, wenn ich mit ihr Kontakt habe und dass wir uns nicht mehr sehen dürften. Danach sahen wir uns erst, wie du weißt, auf der Weihnachtsfeier wieder, als sie mit mir tanzte.«

Sie sieht ihn zweifelnd an und fragt mit bohrender Stimme: »Aber das ist noch nicht das Ende der Geschichte?« Er sieht sie niedergeschlagen an und antwortet: »Leider nicht. Vor dem Weiterflug nach Saudi-Arabien hielt ich mich eine knappe Woche in Berlin auf. Ich hatte von ABV den Auftrag, einen Scheck als Vorschuss für ein großes Bauprojekt in Leuna zu übergeben. In der ganzen Zeit, ab der Landung in Tegel bis zur Scheckübergabe, stand ich unter Bewachung der Stasi. Eine von denen, die mich in Ostberlin überwachte, war Charlotte. Sofort, nachdem ich meinen Auftrag erfüllt hatte, endete die Überwachung. Doch sie folgte mir und unternahm mit mir eine Fahrt in ihrem Trabant in Berlin. Ja, das war nicht richtig von mir, aber ich fühlte mich verletzt und entmutigt, als ich daran dachte, was du tust.« Heidemarie spottet über ihn und sagt mit einem Unterton in der Stimme: »Und da dachtest du, dass es nur angemessen wäre, wenn du dein Verhältnis mit der Schlampe wieder aufnehmen würdest!«

Er schaut verlegen nach unten auf den Sand und weiß nicht, was er darauf antworten soll, aber versucht es dennoch: »Es ist einfach passiert. Wir verbrachten drei Tage in einem kleinen gelben Haus am See, den Namen habe ich vergessen. Und danach brachte sie mich zurück zum Checkpoint Charlie. Ich hatte keine Ahnung von ihren Fluchtplänen und ich war auch nicht einbezogen. Am letzten Abend sagte sie mir etwas in der Richtung:

›Ich bin dankbar, dass ich dich getroffen habe. Was mit mir auch immer geschieht, du sollst wissen, dass du keine Schuld trägst. Im Gegenteil, du hast mir die Augen geöffnet und es für mich möglich gemacht, mich von dem Bösen zu befreien. Ich weiß nicht, wohin mich das führt, aber wir werden uns niemals wiedersehen.‹ Ich verstand nicht, was sie meinte, aber jetzt weiß ich es.«

Heidemarie sieht ihn an und geht dann mit schnellen Schritten voran. Er folgt ihr, hat aber nicht den Mut, sie einzuholen. Sie sind jetzt so weit gelaufen, dass sie umkehren mussten, um noch vor Einbruch der Dunkelheit den Parkplatz zu erreichen. Sie gehen still nebeneinander, bis er fragt: »Und wie geht es jetzt weiter?«

Sie blickt nach unten in den Sand und antwortet: »Andreas hat zugegeben, dass er sowohl mit Charlotte als auch Marlene ein Verhältnis gehabt hat. Ihm ist klar, dass wir zwei nicht länger zusammenbleiben können. Wir werden uns scheiden lassen und er zieht mit Marlene in eine Wohnung nach Berlin. Die Stasi hat jetzt ein Auge auf ihn. Er muss jetzt gut aufpassen, denn er hat noch einmal eine Chance bekommen.«

»Was er tut, interessiert mich nicht. Was wirst du tun?«, fragt Tommy besorgt.

»Ich hatte bis heute Morgen die Hoffnung, dass du meine Zukunft bist, aber jetzt weiß ich es nicht mehr. Ich bin in die Villa von Onkel Hans in Saßnitz eingezogen und bleibe als Ärztin im Krankenhaus. Gib mir etwas Zeit, damit ich begreife, was für mich, vielleicht auch für uns, das Beste ist.« Sie sind jetzt am Parkplatz angekommen und es ist dunkel geworden. Sie umarmt ihn leicht und verschwindet mit dem kleinen Auto in Richtung Saßnitz.

Er bleibt in seinem Auto sitzen und denkt über seine eigene Dummheit nach und wie er so leichtfertig ihre gemeinsame Zukunft aufs Spiel setzen konnte. Er überlegt, warum er Charlotte in das gelbe Haus gefolgt ist. Aber er findet keine andere Antwort, als dass seine Gefühle echt waren. Gleichzeitig empfindet er, dass ein Leben ohne Heidemarie kein Leben ist. Er ist deprimiert und glaubt, dass er gescheitert ist, denn er sieht keinen Ausweg. Auf alle Fälle ist er damit zufrieden, dass er dieses Mal Heidemarie gegenüber absolut ehrlich war, unabhängig von den Folgen.

Andererseits kommt eine starke Unruhe in ihm auf. Er denkt daran, dass er Charlotte irgendwie doch geholfen hat, in die Freiheit zu gelangen. Und das kann für ihn eine lange Gefängnisstrafe bedeuten. Er fragt sich auch, wie es ihr ergangen sein wird. In seinem Kopf dreht sich alles und er kann nicht klar denken. Nach einiger Zeit hat er seine Gedanken so gut es geht gesammelt und ist in der Lage, seinen Saab zu starten und sich aus dem Wald auf den Weg zurück nach Saßnitz zu machen. Es ist stockdunkel und auf einmal taucht der ihm sehr bekannte rechteckige Opelscheinwerfer in seinem Rückspiegel auf. Er hat noch nie eine solche Wut, einen solchen Hass und eine so starke Entschlossenheit gespürt und beschließt, jetzt und hier Walters Leben zu zerstören. Kurze Zeit später hat sein Plan Gestalt angenommen, wie er seinen Feind vernichten wird, und er fasst eine weitere lebenswichtige Entscheidung: Er wird mit Heidemarie den Rest seines Lebens verbringen.

Kapitel 42

November 1976 – Walter

Die mittlerweile unansehnliche Hansestadt Stralsund ist in einen leichten Novembernebel gehüllt. Von der Schönheit, die die Stadt vor dem Krieg prägte, ist fast nichts übrig geblieben. Nicht mal die Nähe zum Meer lässt die Stadt atmen. Vielmehr scheint sie in Erwartung einer besseren Zeit in den Winterschlaf verfallen zu sein. Nördlich des historischen Stadtzentrums, am Stadtrand auf der Prohner Straße, steht ein modernes dreistöckiges Bürohaus mit einer gut strukturierten, aber kalt wirkenden Betonfassade, die den Besuchern einen Eindruck vermittelt, was sie erwartet, wenn sie hineingehen. Hier gibt es keine Behaglichkeit oder Kreativität. Es gibt nur die kalte sozialistische Wahrheit. Hier hat die Stasi ihr gefürchtetes Machtzentrum für Stralsund und die Insel Rügen.

In einem der unzähligen Büroräume wartet Oberst Weber auf Walter Mahlstedt, der nun in Kürze zum ersten Mal seinem neuen ostdeutschen Führungsoffizier begegnen wird. Es ist ein sehr nervöser Walter, der die reichlich 50 Kilometer auf der schmalen Landstraße fährt, die Saßnitz auf der Insel Rügen mit Stralsund auf dem deutschen Festland verbindet. In der guten Stunde, die die Fahrt dauert, hat Walter wieder und wieder gegrübelt, wie er das kommende Treffen ohne seinen Freund und Kollegen Andreas Jähnert schaffen soll.

Er denkt nach: »Warum haben sie ihn abgezogen? Vielleicht deshalb, weil ich meinen Auftrag noch nicht erledigt habe? Wie soll ich erklären, dass ich noch immer nicht denjenigen entlarvt habe, der für den schwedischen Nachrichtendienst auf dem Bau arbeitet? Es wird nicht leicht für mich, das Gespräch mit Oberst Weber ohne Unterstützung zu überstehen. Was ist, wenn man mich rauswirft? Da werden die garantiert den Schweden verklickern, dass ich für die andere Seite gearbeitet habe. ABV wird mir auch kündigen und Ingrid, meine geliebte Schwester, wird ihren Job als Schuldirektorin ebenfalls verlieren.«

Er beginnt zu schwitzen und kann sich nur schwer auf das Fahren konzentrieren. Der Verkehr ist wieder mal eine Mischung von russischen Militärfahrzeugen und Traktoren einschließlich einiger Lkw, die von der Fähre aus Schweden kommen. Er kann nicht schneller als im Durchschnitt 50 Kilometer pro Stunde fahren und er befürchtet, dass es schwierig wird, zur rechten Zeit anzukommen.

»Jetzt ist frei, weg mit euch russischen Bastarden, ich habe ein wichtiges Treffen«, spricht er laut vor sich hin, als er einen Konvoi mit russischen Kampffahrzeugen überholt. Er beugt sich näher zum Lenkrad und versucht, den schweren Opel Kommodore weiter zu beschleunigen. Angestrengt nach vorn gelehnt, überholt er das letzte Fahrzeug in der langen Schlange, kurz bevor ihm ein großer schwedischer Lkw entgegenkommt, der wild mit den vielen Extrascheinwerfern blinkt.

»Das war knapp, Walter, aber das hast du gut gemacht.« Er schnalzt zufrieden und fährt auf die lange Brücke, die Deutschlands größte Insel mit dem Festland verbindet.

»Setzen Sie sich dorthin, Herr Mahlstedt.« Der ernste und für Walter Schreck einjagende Oberst Weber sitzt an seinem bis auf einen dicken Ordner leeren Schreibtisch und zeigt auf einen Stuhl auf der anderen Seite des Schreibtisches. »Wie Sie wissen, habe ich die Aufgaben übernommen, die bisher Oberst Grosse in Zusammenarbeit mit Major Jähnert bearbeitet, oder sollte ich vielleicht sagen, vernachlässigt hat? Oder was meinen Sie, Herr Mahlstedt?«

Walter ist völlig überfragt und weiß nicht, was er antworten soll, während sein Gehirn auf Hochtouren arbeitet. Er versucht, Zeit zu gewinnen, und schmatzt zweimal, aber er bringt nichts Vernünftiges raus. Der schlanke Mann sieht ihn aufmerksam an, sagt nichts und macht sich nur einige Notizen in seine Unterlagen. Für Walter ist die Zeit stehen geblieben und er beginnt langsam und beteuert: »Es ist eine große Ehre für mich, Sie heute hier treffen zu dürfen, und es freut mich sehr, dass ich unter Ihrer Leitung arbeiten darf.« Der Oberst äußert sich weiterhin nicht und deshalb redet Walter weiter: »Es ist wichtig für mich, der DDR zu dienen, und ich habe keine Kenntnisse darüber, wie Ihr Vorgänger seine Arbeit durchgeführt hat. Ich bin nur ein kleiner Mitarbeiter in Ihrer großen Organisation.«

»Also das meinen Sie. Warum verließen Sie dann unser Heimatland 1960, wenn es so wichtig für Sie ist, dem zu dienen?« Walter erkennt, dass dieser Oberst nicht sein Freund ist und es niemals werden wird. Nun geht es nur noch darum, dieses Gespräch hier zu überleben. Er antwortet: »Ich war jung und dumm und hatte noch nicht verstanden, was der richtige Weg ist. Als ich das einsah, war es zu spät. Und ich beschloss, Ihnen als Wiedergutmachung meine Dienste als bescheidene Entschädigung anzubieten.«

»Ja, dem muss ich zustimmen, das ist wirklich bescheiden. Ich würde es eher als sehr kleine Entschädigung betrachten, wenn ich lese, was Sie in den letzten eineinhalb Jahren im Zusammenhang mit dem Bau des Fährhafens in Saßnitz erreicht haben! Unter meiner Leitung wird das nicht toleriert. Noch vor Jahresende will ich den oder die Namen vom schwedischen Personal des Projektes haben, die eine Verbindung zum schwedischen Nachrichtendienst aufweisen. Die Folgen für Sie persönlich, wenn dieses Ziel nicht erfüllt wird, muss ich Ihnen wohl nicht extra aufzeigen, oder, Herr Mahlstedt?«

Walter nickte völlig verzweifelt, aber war klug genug, nichts dagegen zu sagen. »Dann sehen wir uns vor Weihnachten in Berlin wieder, wenn Sie die Erfolge Ihrer Untersuchung berichten werden.« Der Oberst winkte mit der Hand als Zeichen dafür, dass er sofort den Raum verlassen sollte, was er niedergeschlagen befolgte.

Auf dem Weg zurück nach Saßnitz musste er erst einmal am Bahnhof von Stralsund anhalten, um ein paar Schnäpse Nordhäuser Doppelkorn zu trinken. Er hoffte, dass sich dadurch seine Nerven von dem entsetzlichen Treffen mit dem Oberst beruhigen. Er sitzt in dem abgenutzten Speisesaal und sieht auf die weiße Tischdecke mit den gelben Flecken, die so eingefressen sind, dass selbst die tägliche Wäsche es nicht vermochte, sie zu entfernen. Er denkt darüber nach, was er gerade erlebt hat.

»… Das Leben ist ungerecht. Auf der einen Seite setze ich mich dafür ein, etwas Ordnung in die unstrukturierten Schweden zu bringen, und andererseits bekomme ich eine Standpauke von meinem ostdeutschen Auftraggeber. Weder die Deutschen noch die Schweden kommen ohne meine Hilfe zurecht. Und ich werde denen beweisen, was ich kann. Dieser Falsche aus Örebro darf nicht davonkommen. Ich bin sicher, er ist derjenige, der für den schwedischen Nachrichtendienst rennt und arbeitet. Ich habe ihn mehrere Male gesehen, wie er dastand und mit seinen komischen Vermessungsgeräte auf die Kriegsschiffe geschaut hat. Ich werde ihn bald auf frischer Tat ertappen. Und wenn das geschafft ist, dann wird mir der widerliche Oberst eine gerechte Belohnung geben …«

Er beginnt wieder klar zu denken und sein Selbstvertrauen wächst in dem Maße, wie sein Körper sich von dem Alkohol erwärmt. Als er sich ins Auto setzt und seine Fahrt nach Saßnitz beginnt, hat der Alkohol ihn melancholisch gestimmt und seine Gedanken wandern zurück in die Jugend. »Eine seltsame Frage, wie ich es wagen kann, das Land zu verlassen und 1960 nach Schweden zu fliehen. Ich frage mich, was passiert wäre, wenn ich es nicht getan hätte. Da hätte ich vielleicht den Job von Dr. Weinhardt als Auftraggeber und Chef für die Ostdeutsche Eisenbahn hier oben. Da würden andere Winde wehen und keine Schweden hätten die Oberhand.«

Er sitzt im Auto und fährt mit langsamer Geschwindigkeit, hört sich die aktuellen deutschen Schlagerhits im Autoradio an und überlegt weiter: »… Da hätte ich ja mindestens zwei Jahre Dienst in der ostdeutschen Armee schieben müssen. Das war vor allem der Grund, weswegen ich nach Schweden geflohen bin.«

Für Walter war der bloße Gedanke daran, sich vor anderen Männern nackt ausziehen und mit ihnen sogar körperliche Übungen machen zu müssen, so abwegig und erniedrigend, dass er lieber den Preis bezahlte, seine Eltern und Freunde zu verlassen. Die Schweden nahmen ihn zudem mit offenen Armen auf. Er erhielt eine gute Ausbildung und musste keinen Wehrdienst leisten. Sein Glück war vollkommen, als er einen Job bei ABV in Malmö als Büroangestellter angeboten bekam. Er schmatzt und sagt sich: »Ja Walter, du hast in deinem Leben alles richtig gemacht. Jetzt musst du nur noch den Verräter Tommy fangen, dann wird alles perfekt.« Er erreichte Saßnitz, kurz bevor es finster wurde. Das Einzige, das die dunkle, trostlose Stadt erhellt, ist die Fähre, die gerade in voller Beleuchtung den Hafen verlässt und ihre Reise in die Freiheit auf die andere Seite der Ostsee beginnt.

Kapitel 43

November 1976 – Kriegslist

Nach dem einschneidenden Erlebnis mit Heidemarie am Strand hat Tommy keinen Kontakt mehr mit ihr. Stattdessen hat er, um auf andere Gedanken zu kommen, die vergangene Woche in seiner Heimatstadt Örebro verbracht. Auch wenn es wehtut, nicht mehr vor seiner Abfahrt mit ihr gesprochen zu haben, empfindet er, dass beide jetzt Ruhe brauchen. Er erkennt, dass sein Handeln ihrer Beziehung mehr geschadet hat, als es sein kurzes Verhältnis mit Charlotte wert war. Aber irgendwo in seinem Inneren liebt er beide Frauen auf eine Art, die er nicht versteht. Trotz alledem ist er überzeugt, dass er Heidemarie nicht aufgibt. Es ist sie, mit der er den Rest seines Lebens teilen will. Er schwört sich, sie zurückzugewinnen und alles dafür zu tun.

Zu Hause in Örebro findet er keine Ruhe und kann seine Rückkehr nach Deutschland kaum erwarten. Als er eines Abends zu Hause bei seinen Eltern sitzt, kommt seine Schwester vorbei und will mit ihm im Vertrauen reden. »Du hast eine Ansichtskarte aus Washington, USA, erhalten, die ich dir aus verständlichen Gründen nicht nach Saßnitz geschickt habe. Und als du mir von der Überwachung erzählt hast, wollte ich dir das auch nicht am Telefon sagen. Es klingt aufregend. Worum geht es?« Seine Schwester guckt ihn neugierig an, als sie ihm die farbenfrohe Karte übergibt. Tommy liest laut den englischen Text auf der Rückseite: »Die Freiheit ist fantastisch, aber ich werde immer das gelbe Haus in meinem Herzen tragen. C.« Er sieht zur gleichen Zeit froh und traurig aus und seine Schwester fragt besorgt: »Was ist passiert? Schlechte Nachrichten? Warum bist du so traurig?« Er trocknet schnell ein bisschen verlegen die Tränen weg und antwortet: »Nein, eigentlich außerordentlich gute Nachrichten, aber gleichzeitig ist es ein Abschied für immer von jemandem, den ich sehr gern habe. Ich weiß nun, dass sie eine schlechte Welt verlassen und sich von ihren Dämonen befreit hat. Vielleicht habe ich ihr ein bisschen dabei geholfen, den schwierigen, sogar lebensbedrohlichen Weg zu gehen.«

»Aber was ist das für eine Welt, in die du geraten bist?«, fragt Tommys Schwester. »Wissen Mama und Papa, was du tust? Du musst vorsichtig sein. Vielleicht ist es besser, dass du von dem Abenteuer in Saßnitz abspringst und stattdessen wieder hierher nach Örebro kommst.« Er lächelt etwas zaghaft und entgegnet: »Du darfst nichts darüber unseren Eltern erzählen. Du wirst sehen, dass alles gut wird. Ich habe mich für einen Weg entschieden, den ich bis zum Schluss gehen werde. Und das bedeutet, dass ich zurück nach Ostdeutschland muss.«

Seine Schwester denkt sich: »Wie hat er sich in den eineinhalb Jahren verändert, so entschlossen und so selbstständig! Er ist nicht mehr der kleine, unsichere Junge aus Örebro, den ich immer in ihm gesehen habe. Es scheint so, als hätte ihn die deutsche Welt geprägt.« Sie lächelt für sich: »… Oder eher die deutschen Frauen …«

»Warum lächelst du? Habe ich etwas so Lustiges gesagt?« Tommy sieht sie etwas verunsichert an und sie sagt: »Nein, nein, es ist alles okay. Aber du musst versprechen, dass du in der seltsamen Welt, in der du zu leben scheinst, auf dich aufpasst.«

Tommy brennt nun vor Sehnsucht, zurückzureisen. Aber vorher muss er den Ring für Heidemarie kaufen, den er ihr zu Weihnachten als sein Versprechen schenken will, dass er sie nie mehr im Stich lassen wird, egal was passiert.

Die Reise durch Schweden verläuft in Rekordzeit und auch die langweilige Fährfahrt vergeht wie im Flug. Nun steht Tommy in der Schlange zur Zollkontrolle in Saßnitz. Es ist derselbe diensteifrige Zollbeamte wie bei seiner ersten Einreise. Er weiß, dass der Mann ohne Hals ihn kennt. Sie sehen sich täglich im Fährhafengebiet. Trotzdem kommen die gleichen unfreundlichen Befehle, das gesamte Gepäck zu zeigen und die Rücksitze zu entfernen. Ohne dass er irgendeine Unruhe oder Zweifel zeigt, lässt er den kleinen dicken Mann sein Auto durchwühlen. Tommy denkt sich zufrieden: »Wenn du nur wüsstest, was sich unter dem schwarzen Isolierband der drei Extrascheinwerfer versteckt, würdest du den Zoll-Fund des Monats machen, lieber Zollbeamte.« Gut verpackt ist dort ein Diamantring in Weißgold leuchtend und in Erwartung, aus seinem Versteck im Motorraum des roten Saabs befreit zu werden.

Tommy fährt direkt hoch zum Hotel und parkt dort sein Auto. Danach geht er durch die engen Gassen zur großen Holzvilla von Onkel Hans. Natürlich sieht er sich um, dass ihm keiner folgt, und er geht durch den dicht bewachsenen Gang bis zum Eingang des Hauses. Tommy klopft derb an der Tür und ein überraschter Onkel Hans öffnet.

»Guten Tag, Tommy, ich hatte nicht erwartet, dich jetzt hier zu sehen. Aber komm herein!« Der ältere Mann gibt ihm ein Zeichen, dass er schnell hereinkommen soll, sieht aber unruhig nach draußen, ob jemand seinem Besucher gefolgt ist. Tommy erkennt das Verhalten vieler Ostdeutscher wieder. Es scheint, als wäre ihnen ein Reflex eingebaut, der durch die letzten 50 Jahre Krieg, Sorge und Diktatur geprägt wurde. »Aber Heidemarie ist auf Arbeit und sie kommt nicht vor fünf Uhr nach Hause.« Tommy, der auf Onkel Hans einen erschöpften Eindruck macht, antwortet kurz und knapp: »Es ist gut. Ich will sowieso mit dir allein sprechen.«

Sie setzen sich in die Küche und er spricht weiter: »Es war eine anstrengende Zeit für Heidemarie durch die Trennung von Andreas und die Probleme, die das mit sich gebracht hat. Und ich habe es ihr auch nicht leicht gemacht. Ich dachte, dass es das Beste wäre, sie in Frieden zu lassen, damit sie ihre Gedanken und Zukunftspläne ordnen kann. Als ich in der letzten Woche in Schweden war, wurde mir bewusst, dass ich mit Heidemarie für den Rest meines Lebens zusammenbleiben will. Und ich wollte euch beide gern so schnell wie möglich treffen, um über die Zukunft zu sprechen.«

Onkel Hans sieht Tommy ernst und etwas fragend an und sagt: »Ich muss nicht dabei sein, wenn ihr euch aussprechen wollt. Du sollst wissen, dass ich sehr froh bin, dass sie endlich nicht mehr mit diesem Schwein von Mann zusammen sein muss. Ich hatte gehofft, dass seine Verbrecherorganisation ihn für immer wegsperrt. Hingegen bekommt er durch seine Gönner hoch oben in der Partei eine neue Chance und eine feine Wohnung in Berlin, in die er mit seiner Geliebten eingezogen ist. Du kannst dir ja denken, wie Heidemarie sich gefühlt hat, auch wenn sie ihren sogenannten Ehemann loswerden wollte. In jedem Falle kann sie nun nach vorn schauen. Ich helfe ihr gern dabei, eine Zukunft aufzubauen, aber du musst dich entscheiden, was du willst. Es mir zu erzählen, ist die eine Sache, aber du musst es vor allem ihr glaubwürdig vermitteln. Sie ist sehr niedergeschlagen und lebt im Moment nur für ihre Arbeit als Ärztin.« Tommy nickt verständnisvoll und antwortet: »Das werde ich tun. Aber da ist noch etwas, über das ich mit euch beiden sprechen muss. Ich werde von einem Stasi-Agenten, einem Schweden, verfolgt. Er arbeitet mit uns unten im Hafen, kommt aber ursprünglich aus Ostdeutschland. Er heißt Walter Mahlstedt und versucht mit allen Mitteln, mich als den Mann festzusetzen, der für den schwedischen Nachrichtendienst arbeitet.« Er lächelt Onkel Hans ein wenig an und ergänzt: »… Oder glaubst du das auch?«

Onkel Hans sieht ihn ernst an und sagt: »Natürlich nicht, aber es ist typisch für die Stasi, Handlanger zu benutzen, die ein bisschen bescheuert oder intellektuell dämlich sind, aber das macht sie nicht weniger gefährlich. Ich habe in den letzten Jahren festgestellt, dass sie mehr und mehr Macht in unserer Gesellschaft bekommen und die, die sich dagegen wehren, werden immer weniger. Aber ich habe nicht den Krieg überlebt, um die Überreste unseres Landes kampflos diesen üblen Menschen zu überlassen. Lass mich überlegen und mit meinen Vertrauten sprechen, wie wir uns um diesen Herrn Mahlstedt kümmern können. Wir machen es so, dass ich Heidemarie morgen Abend mit zur Jagdhütte nehme. Du nimmst dein Auto, stellst es auf dem Parkplatz am Königsstuhl ab und läufst den Weg zur Hütte, den wir geübt haben, um von dort wegzukommen. Gemeinsam werden wir das Problem schon lösen.

Er sagt das so selbstbewusst und mit solcher Zuversicht, dass Tommy das einstmals so schöne Haus voller Energie verlässt. Alle Zweifel sind wie weggeblasen.

Der nächste Tag auf der Arbeit verging schnell. Und Tommy ist so voller Vorfreude, endlich Heidemarie wiederzusehen, dass er nicht bemerkt, dass ihm seit der Abfahrt von der Baustelle ein hellgrauer Wartburg in angemessenem Abstand bis hoch zum Parkplatz am Königsstuhl gefolgt ist. Das Auto wird von Franz Eckert gefahren. Er ist einer von den unbekannten, hartnäckigsten Agenten, die die Stasi im Büro in Saßnitz etabliert hat. Franz ist das ganze Gegenteil von Walter, der auf dem Beifahrersitz mitfährt: hart, kompromisslos, völlig ohne Empathie und ein geschickter Vernehmungsleiter. In seiner Not, endlich Ergebnisse liefern zu müssen, hat Walter Mahlstedt Franz um Unterstützung gebeten, um den Verräter Tommy Oskarsson zu fassen, obwohl er Angst vor dem für ihn undurchsichtigen Mann neben ihm hat.

»Jetzt haben wir ihn. Ich lasse ihn jetzt nicht mehr aus den Augen. Du kannst dich beruhigen, Walter. Ich kenne den herrlichen Geruch von Blut, wenn die Jagd begonnen hat.«

Walter schaudert, als er den älteren Stasimann hört. Franz ist 55 Jahre alt und diente während des Krieges in der Gestapo in Stralsund. Häufig erzählt er unter dem Einfluss großer Mengen Bier und Wodka Geschichten aus dieser Zeit, wenn er sich mit Walter und einigen anderen von der bösen Seite im Stammlokal trifft. Als der Frieden 1945 kam, wechselte er die Seite. Wie Hunderttausende anderer Kriegsverbrecher wusch er seine Vergangenheit mithilfe vieler Gleichgesinnter rein, die sich überall auf hohen Posten in der neuen kommunistischen Gesellschaft fanden.

Tommy war völlig ahnungslos über die lauernde Gefahr. Er folgte genau dem Ablauf, den Onkel Hans mit ihm trainiert hat. Nachdem er auf der einen Seite des Parkplatzes direkt an den dichten Büschen geparkt hat, schließt er schnell sein Auto ab, geht direkt ins Gebüsch und folgt dem markierten Weg, den er sich eingeprägt hat. Zur gleichen Zeit fährt das Verfolgungsauto mit erloschenen Scheinwerfern auf den Parkplatz. Die beiden Männer bleiben sitzen und beobachten das rote Auto, ohne dass etwas passiert. Nach zehn Minuten nähern sie sich vorsichtig dem schwedischen Auto, aber als sie ankommen, ist das Auto leer. Sie gucken sich verwundert an und Franz sagt: »Weit kann er noch nicht gekommen sein. Vermutlich hat er oben auf dem Königsstuhl ein Treffen. Lass uns dort die Suche beginnen.« Walter stöhnt, als er an die körperliche Anstrengung denkt, die ihn erwartet. An einem Novemberabend in den dunklen Wald auf schmalen Wegen zu gehen, behagt ihm ganz und gar nicht. Aber er trabt Franz treu in dessen Fußspuren hinterher.

Tommy sieht die kleine Jagdhütte in der Senke liegen; der Geruch von Kaminholzrauch gibt ihm das Gefühl, nach Hause zu kommen. Zugleich fürchtet er sich vor dem Treffen mit Heidemarie. Wird sie sich weigern, ihm zu verzeihen und ihn niemals mehr in ihr Leben lassen, oder wird alles wieder gut werden? Alle Fensterläden sind geschlossen. Das gehört zur Routine von Onkel Hans. Tommy kann also nicht sehen, ob jemand im Haus ist. Er nähert sich vorsichtig der Tür und als er sie fast bis auf fünf Meter erreicht hat, wird sie plötzlich von einem lächelnden Onkel Hans geöffnet. »Guten Abend, Tommy, sehr schön, dass du unseren Weg vom großen Parkplatz im Dunkeln gefunden hast. Über meine Sensoren sind wir dir auf den letzten Metern gefolgt.« Als Onkel Hans wir sagt, strahlt Tommy, denn er versteht, dass sie auch hier ist. »Aber komm jetzt herein. Das Essen ist fertig.«

Als er eintritt, weiß er sofort, dass alles wieder gut wird. Sie kommt stürmisch auf ihn zugerannt und sie versinken in einer langen Umarmung. Onkel Hans musste sie erst erinnern, dass er echt hungrig ist und nicht länger auf das Abendessen warten will. »Ja, aber wir haben uns ja so viel zu erzählen«, sagt Heidemarie zu ihrem Onkel. »Ich habe nicht gehört, dass ihr, seit Tommy hereingekommen ist, irgendetwas gesagt habt, aber ich bin vermutlich ein bisschen taub.« Wie immer versucht Tommy zu vermitteln, so sagt er: »Ich bin auch ungemein hungrig. Wir können uns vielleicht während des Essens erzählen, was alles geschehen ist, seit wir uns das letzte Mal gesehen haben.«

Das Feuer knistert im Kamin und sie genießen das Essen bei einem angeregten Gespräch. Es scheint, als sei sie ein Stück weit aus der Depression herausgekommen, die sie in der turbulenten Zeit im Zusammenhang mit dem Umzug von Andreas nach Berlin erlitten hat. Tommy bemerkt, dass sie jetzt mehr an die Zukunft denkt, weil sie seinen Namen immer häufiger nennt. Onkel Hans sitzt meistens still daneben und hört beiden zu, wie sie über die Zukunft reden, und sagt:

»Entschuldigt, wenn ich euch jetzt in die Gegenwart zurückhole, aber wir müssen uns mit etwas befassen, wenn wir nicht in Schwierigkeiten geraten wollen. Tommy, es geht um deinen Kollegen Walter Mahlstedt, der dich die ganze Zeit verfolgt. Ich habe einen Plan, wie wir ihn aus dem Weg räumen können.« Heidemarie und Tommy schauen erschrocken auf den fest entschlossenen Mann am Tisch und sagen gleichzeitig: »Aber das können wir doch nicht machen!« Onkel Hans entgegnet leicht lächelnd: »Nein, so meine ich das natürlich nicht. Ich will, dass er eine ordentliche Lektion in Form von einigen Jahren im ostdeutschen Gefängnis bekommt.« Die beiden gucken nun noch skeptischer und er sagt weiter: »Mein Freund Horst – in der Tat einer der wenigen Freunde, die ich habe und denen ich vertraue – ist Chef des Marinestützpunktes oben in Dranske.« Er deutet mit der Hand in Richtung Nordwest und fragt Tommy: »Weißt du, wo das liegt?«

»Ist das nicht in der Nähe von Hiddensee?«, fragt Tommy. »Ich bin dort Rad gefahren.«

»Ja, genau und das ist ein außerordentlich geheimer Platz. Wie dem auch sei, wir holzen da einen Teil des Waldes ab, damit die Marine mehr von ihrer neuen Ausrüstung installieren kann. Mehr solltet ihr nicht wissen. Mein Plan ist, dass wir Walter dorthin locken, sodass sich die Sicherheitskräfte der Marine um ihn kümmern können. Als schwedischer Staatsbürger wird ihm die Hölle heiß gemacht, wenn er auf frischer Tat in einem sicherheitsgeschützten Gebiet erwischt wird.«

Tommy sieht Onkel Hans ein wenig verwundert an und fragt: »Aber wird er nicht behaupten, dass er der Stasi angehört und dann mich verdächtigen?«

»Das wird er sicher tun«, entgegnet Onkel Hans, aber das Schöne ist, dass die Marine ja weiß, dass sie ausgezeichnet ohne die Bösen zurechtkommt. Und die Gottlosen werden sich um Walter kümmern und ihn seinem Schicksal überlassen! Heidemarie und Tommy sehen ihn skeptisch an und Tommy fragt: »Gehe ich richtig in der Annahme, dass ich der Lockvogel sein soll?« Heidemarie wiederum fragt besorgt: »Ist das nicht sehr gefährlich? Ich weiß ja, was die Bösen mit den Menschen machen können.«

Onkel Hans sieht beide mit sicherem Blick an: »Vertraut mir. Ich werde vorsichtig sein, aber wir müssen da gemeinsam durch. Jetzt räumen wir den Tisch ab und sehen zu, dass wir wieder etwas Ordnung bekommen. Danach möchte ich ein paar Gläser von unserem Lieblingsgetränk zu mir nehmen, oder was meinst du, Tommy?«

»Klingt gut, Chef!«

Zur gleichen Zeit haben Franz und Walter oben auf dem Königstuhl gesucht und sich auch mühsam zum Strand hinunterbegeben, der einhundert Meter unter der Aussichtsplattform liegt. »Verdammte Scheiße«, murrt Franz. »Welchen Weg hat er genommen? Er ist doch nur ein kleiner, unerfahrener Schwede. Es kann doch nicht so schwer sein, ihn zu fassen. Oder gibt es etwas, was du mir nicht erzählt hast, Walter? Da hol dich der Teufel! Ich habe keine Lust, mich von einem Schweden an der Nase herumführen zu lassen!«

Walter ist zutiefst besorgt. Er hat auch körperliche Angst vor dem groben, vulgären Mann, der, wenn er besoffen ist, erzählt, wie er seine Gefangenen während des Krieges dazu brachte, irgendwas zu bekennen, nur damit sie der Folter entkommen.

»Nein, ich habe alles gesagt. Ich weiß, dass er verdächtige Aktivitäten beabsichtigt. Außerdem bin ich genauso deutsch wie du, Franz, und ich arbeite für dieselbe Organisation wie du. Wir tragen dazu bei, dass unser Staat wächst und sich zum einzig wahren Teil Deutschlands entwickelt.«

»Das sagst du. Wir werden sehen, ansonsten bekommst du es mit mir zu tun.« Das Letzte sagt er so genüsslich, dass Walter sich ärgert, seine Hilfe in Anspruch genommen zu haben.

Franz fährt fort: »Jetzt gibt es nur noch eine denkbare Stelle hier oben im Wald, wo er sein könnte. Das ist eine Jagdhütte, über die der Förster hier auf Rügen verfügt. Das ist ein richtig harter Bursche. Er spricht nicht viel, aber es ist keiner, mit dem man gern spielt. Vielleicht benutzt dein Kollege die Hütte als Treffpunkt?«

»Warum sollte er das tun?« Walter findet, dass es jetzt anstrengend wird, und will am liebsten nach Saßnitz zurückfahren und etwas Gutes essen, aber Franz macht nicht den Eindruck, als wolle er aufgeben. »Die Hütte liegt nur zwanzig Minuten vom Parkplatz da oben entfernt.« Er zeigt auf die weißen Kreidefelsen, die im Mondschein leuchten. Walter schaut erschreckt auf Franz: »Aber da müssen wir ja wieder nach oben laufen und danach mindestens eine Stunde hin und zurück zur Jagdhütte. Ich weiß nicht, ob ich das schaffe!«

»Das ist kein Problem, Walter. Wenn du es nicht schaffst, dann sorge ich dafür, dass du es schaffst. Habe viele in meinem Leben stärker gemacht, als sie dachten, bevor sie starben.«

Die drei in der Jagdhütte sitzen um den Kamin, als der Alarm kam. Onkel Hans übernimmt unmittelbar das Kommando und sagt: »Ihr begebt euch umgehend in den Tunnel und wartet im Sammelraum, bis ich nach unten komme und euch sage, was ihr tun sollt.« Tommy öffnet die Luke und beide gehen nach unten. Dann schließen sie die Luke sorgfältig und gehen in den genannten Raum. Oben im Haus beseitigt Onkel Hans alle Spuren von den beiden. Er hat dabei keine Eile, denn er weiß genau, dass die Eindringlinge mindestens zwanzig Minuten benötigen, bevor sie das Haus erreichen. Er zieht sich aus und den Pyjama an, deckt das Bett auf, sodass es aussieht, als hätte er sich bereits schlafen gelegt.

Unten im Sammelraum sitzen Heidemarie und Tommy dicht aneinander. Sie friert und er hat eine Decke um sie gelegt. Sie weint und sagt: »Nimmt das niemals ein Ende? Ich komme mit diesem Spiel hier nicht mehr länger klar. Mein ganzes Leben habe ich mich angepasst und mitgespielt, aber es wird immer schlimmer. Ich hoffe, dass die Scheidung von Andreas schnell erfolgt. Er hat es plötzlich sehr eilig, weil er sein Verhältnis mit Marlene legalisieren muss.« Tommy registriert, dass sie das erste Mal nicht sagt »mit der Schlampe« und, dass sie ihm sachlich mitteilt, dass sie in naher Zukunft frei sein wird. Er sagt vorsichtig: »Aber dann können wir ja richtig zusammen sein, ohne dass wir uns wie jetzt verstecken müssen. Ich werde mich von dir für den Rest meines Lebens nicht mehr trennen!« Sie sieht ihn überrascht, aber auch liebevoll an und antwortet: »Ich möchte auch, dass wir unser Leben gemeinsam verbringen, aber du weißt, dass es bis dahin ein langer und beschwerlicher Weg ist.« Plötzlich lächelt sie und er fragt: »Warum lächelst du? Die ganze Situation hier ist so beschämend und unwirklich für mich. Sollten wir uns nicht Sorgen um Onkel Hans da oben machen?«

»Das musst du nicht«, ist die Antwort, »mir tun eher die leid, die ihn besuchen. Er kann fürchterlich hart werden, wenn es jemand oder etwas ist, was ihm nicht gefällt. Andreas hatte Angst vor ihm und sie trafen sich nur einmal und das war zu unserer Hochzeit. Damals wusste ich nicht, dass er für die Stasi arbeitet, aber Onkel Hans sah das auf den ersten Blick.«

Es klopft hart an die Tür und Onkel Hans steigt aus dem Bett, zieht seine derben Stiefel an, ergreift das Gewehr, das neben der Tür hängt, und öffnet die Tür. Draußen stehen der berüchtigte Franz Eckert, den er aus Saßnitz kennt, und ein anderer schlanker, dunkelhaariger und relativ weich aussehender Mann, den er noch nie gesehen hat. Er sieht die beiden Männer streng an und sagt: »Guten Abend. Ein unerwarteter Besuch. Ich habe mich bereits hingelegt. Was machen Sie so spät noch hier draußen im Wald? Haben Sie sich verlaufen?«

Franz ergreift das Wort und sagt: »Guten Abend, Herr Förster, entschuldigen Sie bitte, dass wir noch so spät am Abend stören, aber wir möchten Sie gern nach einer Sache befragen. Das hier ist im Übrigen Herr Mahlstedt, ein Bekannter von mir.« Walter nickt dem Mann mit dem Gewehr in der einen Hand ein wenig zu, der ihn mit einem scharfen Blick prüft. Nachdem er die Männer eine Weile angesehen hat, sagt Onkel Hans: »Wenn Sie so lange im Wald gelaufen sind, dann kommen Sie doch herein und nehmen Sie einen Braunen. Da bekommen Sie die Energie, Ihre Nachtwanderung fortzusetzen. Ich bin auch neugierig darauf, was Sie von mir wollen. Sie sind ja wohl nicht draußen, um auf fremden Grundstücken Diebe zu jagen, der Satan soll euch holen!«

Er lässt sie in die warme gemütliche Hütte rein. Er sieht, wie Franz schnell scannt, ob es Spuren von anderen Besuchern gibt. Aber sie sehen nur sein ungemachtes Bett und im Übrigen nur eine gut aufgeräumte Junggesellenwohnung. Sie setzen sich an den Esstisch und Onkel Hans holt eine ungeöffnete Flasche Goldkrone und gießt das braune Getränk in drei kleine Gläser. »Zum Wohl, meine Herren.« Sie leeren das Glas in einem Zug und er gießt noch einmal voll und sagt: »Jetzt bin ich neugierig, was Sie mich fragen wollen. Es muss wichtig sein, wenn Sie rechtschaffene Bürger um diese Zeit stören.« Franz konzentriert sich und versucht, sich etwas einfallen zu lassen, was einigermaßen glaubhaft klingt: »Ja wir sind im Interesse der Republik unterwegs. Wir haben eine Information erhalten, dass einer von den Schweden auf der Baustelle des Fährhafens auch für den schwedischen Nachrichtendienst tätig ist, um unsere Verteidigungsanlagen hier auf der Insel auszuforschen. Herr Mahlstedt und ich folgten heute Abend seinem Saab bis zum Parkplatz hoch. Aber dann verloren wir seine Spur.«

»Und da erhielten Sie die erleuchtende Idee, mich zu besuchen? Sie sollten es besser wissen, Herr Eckert, denn Sie kennen ja sehr gut meinen wichtigen Auftrag, auf den Wald zu achten, was von größtem Interesse für unser Land und unsere Regierung ist. Wie Sie sicherlich wissen, berichte ich einmal jährlich an unseren hochverehrten Staatschef, Erich Honecker, wie sich der Wildbestand hier oben entwickelt. Ich habe gar nichts zu tun mit irgendeinem schwedischen Nachrichtendienst und auch nicht mit dem ostdeutschen Äquivalent. Mein Auftrag ist es, die Natur auf Rügen zu schützen. Apropos Auftrag. Welchen Auftrag haben Sie eigentlich, Herr Mahlstedt?«

Er blickt streng auf Walter, der verlegen dreinblickt und zu schnalzen beginnt, in der Hoffnung, dass Franz für ihn antwortet. Aber Franz lehnt sich behaglich in den Stuhl zurück und freut sich auf Walters Antwort. Etwas kleinlaut beginnt Walter: »Ich helfe der ostdeutschen Eisenbahn mit gewissen wichtigen Sicherheitsfragen.« Onkel Hans explodiert und schreit zurück: »Und deshalb kommen Sie zu mir, einem hohen ostdeutschen Beamten, und fragen mich, ob ich irgendeinen schwedischen Spion gesehen habe? Habt ihr den Verstand verloren, Mann!«

Walter sackt vollständig zusammen und Franz sieht ein, dass es Zeit ist, sich zurückzuziehen. »Ich verstehe, dass Sie empört sind. Ich würde genauso reagieren. Ich bedanke mich für den freundlichen Empfang und bring den ostdeutschen Eisenbahner umgehend nach Saßnitz zurück.« Als sie zu seinem Wartburg auf den trostlosen Parkplatz zurückkommen, erhält Walter die zweite Standpauke am selben Abend: »Wie zum Teufel kann man so dumm sein und sagen, dass du von der ostdeutschen Eisenbahn kommst. Der Waldhüter weiß ganz genau, für welche Organisation wir arbeiten. Er hat seine Kontakte überall, auch wenn er ein Einzelgänger ist. Das spielt jetzt keine Rolle mehr. Den mystischen Schweden musst du selbst ausfindig machen. Er ist sicher bei irgendeinem Weibsbild und hat es schön, während wir hier im Wald wie irgendwelche Pfadfinder umherspringen. Jetzt fahren wir nach Saßnitz zurück und du darfst mich zu einem richtigen Gelage einladen und ein tolles Weibsbild für mich organisieren. Bekommst du das hin oder brauchst du dafür auch Hilfe?«

Tommy und Heidemarie sitzen eng zusammen unter der Decke und warten ängstlich, als sie Schritte im Tunnel hören. »Das bin nur ich, es ist alles unter Kontrolle.« Sie werfen die Decke ab und seufzen erleichtert, als sie die feste Bassstimme von Onkel Hans hören. Das Licht seiner starken Taschenlampe erleuchtet den Tunnel. Und als er sie erreicht, sagt er nur ruhig: »Wir gehen wieder nach oben ins Haus.« Heidemarie will wissen, was los war, und überschüttet ihn mit Fragen. Er antwortet aber nicht und zeigt, dass sie den Weg durch den Tunnel zurück in die Hütte nehmen sollen.

»Das war wirklich ein interessanter Besuch, den ich bis vorhin hatte«, sagt Onkel Hans, als sie sich an den gleichen Tisch setzten, an dem vor einer Stunde die ungebetenen Gäste saßen. Sie haben sich jeweils einen Braunen eingegossen und stoßen darauf an, dass das Alarmsystem planmäßig funktioniert hat. Tommys Puls ist weit über dem Normalwert und er kann kaum klar denken. Er hat noch nie in seinem Leben so eine abscheuliche Erfahrung gemacht. Jetzt versteht er auch, wie hart im Nehmen die anderen beiden sind.

Es scheint, als wollten sie nur analysieren, was passiert ist, während er kämpft, seine Nerven unter Kontrolle zu bringen, und so platzt es ungeduldig aus ihm heraus: »Aber jetzt musst du erzählen, welche Besucher es waren und was sie wollten!«

Der ältere Mann, der es jetzt zu genießen scheint, die Kontrolle über das Geschehene zu haben, zeigt mit seinem Gesichtsausdruck eine Entschlossenheit, die an Rücksichtslosigkeit grenzt.

Er beginnt seine Geschichte oder eher Berichterstattung: »Sie suchten dich, Tommy. Sie glauben, dass du für den schwedischen Nachrichtendienst arbeitest.«

Tommy sackt zusammen und Heidemarie nimmt ermutigend seine Hände. Onkel Hans macht augenscheinlich unbeeindruckt von der Reaktion des jungen Mannes weiter: »Es war Franz Eckert, ein richtiger fauler Fisch, der für die Stasi in Saßnitz arbeitet. Ich kenne seine Geschichte sehr gut und die ist nicht erfreulich. Er hat eine Vergangenheit als Handlanger der Gestapo während des Krieges und er hat viel Blut an seinen Händen. Der zweite Mann war dein Kollege Walter Mahlstedt.« Tommy steht jetzt auf, ganz weiß im Gesicht, und weiß nicht, wohin er gehen soll. Heidemarie versucht, ihn zu beruhigen, als Onkel Hans mit fester Stimme sagt: »Setz dich wieder hin, Junge. Hier, trink noch einen Braunen und danach hört ihr beide zu, was ich noch zu berichten habe. Und unterbrecht mich nicht.«

Tommy setzt sich schnell wieder hin und kippt den starken Schnaps in einem Zug hinunter. »Kann ich jetzt weitermachen?« Onkel Hans schaut die beiden an und sie nicken: »Die gute Nachricht ist, dass Franz überhaupt nicht an Walters Fantasien glaubt und die Stasi auch nicht. Vermutlich ist dein schwedisch-deutscher Kollege ein inoffizieller Mitarbeiter und die haben ihn unter Druck gesetzt, etwas Interessantes zu liefern. Wieso ich das weiß? Ja, dadurch, wie die beiden aufgetreten sind und weil Franz eine Riesenangst hat, dass ich seine Vergangenheit jedem außerhalb seines Einflussbereiches preisgebe. Walter hat sich als Angestellter der ostdeutschen Eisenbahn ausgegeben und hätte da die Aufgabe, deren Sicherheitsinteressen zu vertreten. Das gab mir eine ausgezeichnete Gelegenheit, ihn zu erschrecken. Nach meinem Ermessen wirst du mit der Stasi überhaupt keine Probleme bekommen, aber wir müssen zusehen, dass Walter umgehend von hier verschwindet. Deshalb werden wir nächste Woche die Operation Mausefalle starten. Deine Rolle dabei, Tommy, ist die wichtigste, damit wir erfolgreich sind!«

Tommy sitzt wie gelähmt da, als Onkel Hans mit militärischer Genauigkeit beschreibt, was passieren wird. Und er fragt sich, wann er aus diesem Albtraum erwachen wird.

Kapitel 44

Dezember 1976 – Die Mausefalle

Als Tommy am ersten Tag im Dezember – ein zeitiger Mittwochmorgen – auf der Baustelle ankommt, spürt man nichts vom nahenden Weihnachtsfest. Die Straßen in Saßnitz sind so dunkel und grau wie immer und keine Weihnachtsbeleuchtung erhellt die Stadt. Durch die vielen kleinen Fenster schimmert ein schwaches Licht der Resignation. Sie sind einheitlich mit weißen Dederongardinen verhangen, als hätte sie die kommunistische Partei in Ostberlin gesetzlich vorgeschrieben. In manchen Häusern leuchten Leuchtstoffröhren in grellem Lila oder in scharfem Grün. Das ist der diesjährige Verkaufsschlager in der planökonomischen Mangelwirtschaft.

Als Einziges fällt der schwedische Weihnachtsbaum auf, der vor dem Büro der Baustelle steht. Als Tommy die Treppe zum Büro hinaufgeht, trifft er Bert, begleitet von den von der Deutschen Reichsbahn eingesetzten zwei Experten, die kontrollieren sollen, dass die Schweden die richtigen Sachen am richtigen Platz bauen. Bert hat sie irgendwie zu seinen persönlichen Assistenten und Helfern gemacht und es gibt keinen Zweifel daran, wer der Chef ist.

Tommy hat gerüchteweise gehört, dass Bert dafür gesorgt hat, dass sich die beiden ostdeutschen Männer bei der Beschaffung von Baumaterialien für ihren jeweiligen privaten Hausbau Vorteile verschaffen konnten. Er hat jedem 5.000 Ostmark schwarz eingetauscht. Mit den dafür erhaltenen 1.000 DM werden sie bei der Baustoffversorgung außerhalb von Bergen, der größten Stadt auf Rügen, vorrangig behandelt.

»Immer mit der Ruhe. Setz dich und mach eine Kaffeepause. Meine kleine Brigade erledigt den schwersten Job des Tages im Handumdrehen«, sagt Bert in seinem etwas umgangssprachlichen Deutsch und fügt hinzu: »oder was sagt ihr, Jungs?« Die beiden Ostdeutschen verstehen, dass Bert mit seinem Chef ein bisschen scherzt, und spielen mit. Sie drehen sich aber erst vorsichtig um, um zu sehen, ob sie von anderen Ostdeutschen beobachtet werden. »Natürlich, Chef, das schaffen wir leicht!« Lächelnd rennen sie die Treppe nach unten, raus in die Dezemberdunkelheit.

Tommy geht durch das Büro in den Speisesaal und sucht sich einen Platz, der zu seinem Plan passt. Er sieht, dass Walter gemeinsam mit Rolf Ravinder und Helmut Pressler an einem Tisch sitzt, und er entscheidet, sich dazuzusetzen, als wäre es rein zufällig. Es wird etwas leiser am Tisch und er fragt: »Störe ich? Ihr habt vielleicht etwas Wichtiges zu besprechen.« Zu seiner Verwunderung antwortet Walter: »Nein, Tommy, überhaupt nicht. Wir sprachen gerade darüber, dass nur noch ein halbes Jahr bis zur Premiere verbleibt und wir ungeheuer gespannt sind, wie erfolgreich sie sein wird und dass das noch mal richtig interessant wird.«

Rolf bläst etwas Marlboro-Rauch in Richtung Tommy und sagt: »Speziell für dich persönlich glaube ich nämlich, dass die Fähre nicht anlegen kann. Ich denke, dass es viel zu eng zwischen den Pieren sein wird. Der immer positiv gestimmte Helmut fügt hinzu: »Es wird alles gut gehen. Unsere Leitwerke sind so flexibel, dass der Kapitän nur etwas mehr Gas geben muss, dann sitzt die Fähre wie angegossen.« Er lacht ansteckend und Walter hängt sich dran: »Ich habe gehört, dass die Kontrolle des Fährbettes durch die ostdeutschen Experten von der Deutschen Reichsbahn gezeigt hat, dass alles in Ordnung ist, und die wissen ja, worüber sie reden. Er schmatzt ein wenig und blickt herablassend auf Tommy.

Dieser lässt sich nicht provozieren, sondern sagt betont ruhig: »Ich finde es ausgezeichnet, wenn alle unsere Messungen kontrolliert werden. Das verschafft mir mehr Zeit für andere Aufgaben.«

Er sieht, dass Walter aufhorcht und als er gerade etwas fragen will, verlassen Rolf und Helmut kurzerhand den Tisch, da sie bemerkten, dass der Projektchef Anders hereinkommt und auf dem Weg zu ihnen ist. »Hallo alle zusammen. Ist alles in Ordnung?«, fragt Anders und wendet sich an Tommy und Walter. Bevor Tommy antworten kann, kommt eine schnelle Antwort von Walter: »Es könnte nicht besser sein, Chef. Ich habe eine wichtige Information, die wir vielleicht später besprechen können.«

Er wirft Tommy einen vielsagenden Blick zu. Tommy sitzt ruhig da und packt unbekümmert eine Straßenkarte von der gesamten Insel Rügen aus. Diese wurde von Minol herausgegeben, dem einzigen Mineralölbetrieb, der die gesamte DDR mit Kraftstoff versorgt. Er faltet den Nordwestteil der Karte auseinander und sagt: »Anders, das funktioniert sehr gut mit Bert und den Experten von der Deutschen Reichsbahn. Die kommen zurzeit auch ohne mich zurecht und ich habe einige Überstunden abzuarbeiten. Chef, hast du etwas dagegen, wenn ich mir heute ab 11 Uhr für den Rest des Tages freinehme? Ich würde gern hoch nach Kap Arkona fahren und einige feine Winteraufnahmen mit meiner neuen ostdeutschen Systemkamera Praktika schießen. »Das klingt ja aufregend, aber natürlich kannst du das tun.« Anders nickt Tommy freundlich zu, der die Karte sorgfältig zusammenfaltet und den Raum verlässt.

Walter sieht seine Stunde gekommen und denkt sich: »Jetzt habe ich dich. Heute wirst du für deine Sünden bezahlen. Ich lasse dich nicht mehr aus den Augen und serviere dich dem unliebsamen Oberst auf dem Tablett. Dann werden wir sehen, wer die verdiente Belohnung bekommt. Das hier werde ich selbst tun und den kleinen fiesen Franz leer ausgehen lassen!«

Tommy vergewissert sich, dass Walter alles verfolgen kann, was er im Büro macht. Er packt eines ihrer Messinstrumente – einen

Theodolit – in einen abgetragenen Rucksack. Er holt ein neues knallgelbes Stativ und stellt es neben den Rucksack am Ausgang, bevor er zurück in den Speisesaal geht, um eine letzte Tasse Kaffee zu trinken und nachzudenken …

»… Bin ich das wirklich, so kalt und gefühllos? Oder ist es die Härte von Onkel Hans, die mich zu etwas verleitet, das ich nicht tun sollte? Ist es wirklich richtig, dass ich dabei helfe, einen Kollegen ins Gefängnis zu bringen? Verdammt, sollte ich das Abenteuer nicht lieber abbrechen? Ich kann die Verantwortung, die damit verbunden ist, nicht übernehmen.« Seine Gedanken wandern hin und her ohne feste Richtung. Plötzlich denkt er an etwas, was Charlotte ihm über die üblen Kräfte gesagt hat, und wie er sie in ihrem Willen bestärkt hat, sich aus dem mentalen Gefängnis, in dem sie lebte, zu befreien. »… Wenn sie so mutig war und es schaffte, so ist das, was wir planen, vergleichsweise nur ein Fliegenschiss. Ich werde uns jetzt von dem Spion befreien – zu welchem Preis auch immer. Das bin ich Heidemarie, Onkel Hans und allen anderen schuldig, die versuchen, Walter und seine Organisation ins Verderben zu stürzen.« Er nimmt seinen dunkelgrünen Regenmantel, ergreift seinen Rucksack mit Stativ und geht nach draußen in den leichten Sprühregen. Er zieht seine Kapuze über den Kopf und geht langsam zu seinem roten Saab. Im Augenwinkel sieht er, wie Walter ihm diskret folgt.

Walter ist richtig gut gelaunt. Eine solche Gelegenheit zu haben, ist ja fast zu schön, um wahr zu sein, denkt er sich. Er sieht Tommy in der grünen Regenjacke und wie er seine Ausrüstung in den Kofferraum packt und sich in sein Auto setzt und losfährt. Walter öffnet schnell die Tür zu seinem grauen ostdeutschen Wartburg, den er sich von einem seiner Stammtischbrüder geliehen hat, und folgt vorsichtig dem Saab aus der Fähranlage. »Jetzt, Walter, ist es wichtig, dass du ihn nicht verlierst. Bleib nah an ihm, aber nicht zu nah. Dieses Auto kennt er zum Glück nicht, sodass es nicht so riskant ist«, sagt sich Walter. Der rote Saab fährt die Hauptstraße in Saßnitz entlang und als sie sich dem großen Parkplatz vor dem Rügen Hotel nähern, biegt er schnell ein und parkt.

»Was will er hier?« Walter bleibt an der Einfahrt stehen und sieht, dass Tommy den Rucksack aus dem Saab nimmt und zu einem Jeep-ähnlichen Auto mit ostdeutschen Kennzeichen geht. »Ha, du dachtest, du bist schlau, Tommy, aber Walter ist schlauer!« Der dunkelgraue Jeep fährt schnell an ihm vorbei und er nimmt die Verfolgung wieder auf. Sie verlassen Saßnitz und fahren auf der Straße in nordwestlicher Richtung. Walter hält angemessenen Abstand und pfeift vor sich hin, aufgeregt darüber, wie gut die Jagd begonnen hat und wie schön sein Lohn sein wird. Langsam aber sicher nähern sie sich der Nordspitze von Rügen. Als sie durch Altenkirchen fahren, denkt Walter mit Unbehagen daran, wie Tommy Rolf und ihn getäuscht hatte und sie vom Weg abkamen. »Dafür wirst du heute bezahlen, du kleiner, naive Schwede!«

Als sie sich der Einfahrt zum großen ostdeutschen Marinestützpunkt in Dranske nähern, biegt der Jeep plötzlich in ein dicht bewachsenes Waldgebiet ein. Walter sieht, dass Tommy unter einigen Bäumen parkt, den Kofferraum öffnet, sich den Rucksack aufsetzt und einer kleinen Foststraße folgt. Walter parkt schnell seinen Wartburg und geht hinaus in das diesige Wetter. Er schleicht, so leise er kann, dem Mann mit der Kapuze hinterher. Er flucht: »Verdammt, was für ein scheußliches Wetter! Ich hoffe, dass wir nicht so weit gehen müssen, bevor ich meine Fotos machen und mit meinem Bericht nach Stralsund zurückkehren kann.« Er geht an einer Öffnung in einem hohen Zaun mit Stacheldraht vorbei, der vermutlich ein Teil der Absperrung um den Stützpunkt ist. Er sieht, dass sich Tommy einem Gebiet mit gefällten Bäumen nähert. Unterhalb wird etwas montiert, was für ihn wie irgendwelche kleine Raketen aussieht.

»Jetzt habe ich dich. Nun brauch ich nur noch ein paar Fotos mit dir und dann ist mein Glück vollkommen.« Er nimmt eine Serie Fotos mit Tommy und den Raketen im Hintergrund auf. Plötzlich fühlt er, dass ihm irgendjemand ein Gewehr in den Rücken drückt und mit ernster Stimme fragt: »Was tun Sie hier im geschützten Gebiet der Marine? Drehen Sie sich langsam um und geben Sie uns Ihre Kamera.« Walter dreht sich um und steht einer Gruppe streng dreinblickender Militärpolizisten gegenüber. Er schmatzt leicht und antwortet mit großer Freude und Zuversicht: »Meine Herren, danke, dass Sie hier sind. Da können wir den schwedischen Spion auf frischer Tat ertappen.« Er zeigt auf Tommy und lächelt verächtlich. Der Unteroffizier als Ranghöchster der drei Militärpolizisten sieht irritiert auf Walter und sagt: »Ich verstehe nicht, was Sie meinen, junger Mann! Welcher schwedische Spion? Ich sehe keinen solchen hier. Haben Sie getrunken? Walter zeigt wieder auf Tommy und nun ruft der Unteroffizier mit befehlender Stimme zu dem Mann mit der grünen Regenjacke: »Herr Schreiber, wollen Sie bitte so freundlich sein und umgehend zu uns kommen!« Als der Mann sich Walter und den drei Militärpolizisten nähert, zieht er die Kapuze zurück und Walter beginnt dort, wo er steht, zu schwanken. Zwei von den Militärpolizisten umklammern fest seine Arme und er versteht nicht, was los ist. Der Mann, der sich nähert, ist nicht Tommy, sondern ein ihm unbekannter Mann.

Der Unteroffizier ergreift wieder das Wort: »Das hier ist Herr Manfred Schreiber, verantwortlich für das Projekt der Waldbehörde, hier Bäume zu fällen für den Ausbau der Militärbasis. Dieser Eindringling hier behauptet, dass Sie ein schwedischer Spion sind. Stimmt das?« Und das sagt er mit einer gewissen Portion deutscher Ironie und fügt noch hinzu: »Ist Ihnen der Mann bekannt?«

Der junge blonde Försteraspirant blickt neugierig auf Walter und mustert seine elegante Bekleidung und die dünnen, gut geputzten Lederschuhe. Er wendet seinen Blick zum Unteroffizier und antwortet mit großem Selbstvertrauen in der Stimme: »Nein, ich habe ihn noch nie gesehen, aber ich halte mich ja meistens im Wald auf. So gut gekleidete Stadtbewohner treffe ich nicht allzu oft. Die einzigen Schweden, die ich treffe, sind die Bauarbeiter vom Fährhafen, die sich in der Disco vergnügen und uns unsere Mädchen wegnehmen. Nein, diesem feinen Herrn bin ich, wie bereits gesagt, noch nie begegnet.«

»Danke, Herr Schreiber. Sie können zurück an Ihre Arbeit gehen.« Der Unteroffizier wendet sich erneut an Walter und sagt mit Bestimmtheit: »Und nun will ich wissen, wer Sie sind. Zeigen Sie Ihre Ausweispapiere!« Die beiden Soldaten, die ihn eisern im Griff halten, lassen etwas locker, sodass Walter seinen Pass aus der Innentasche seines Burberrymantels nehmen und dem Unteroffizier übergeben kann, der verblüfft sagt: »Das wird ja immer besser! Das hier ist ja ein schwedischer Pass. Woher haben Sie den?« Walter windet sich und versucht, eine einigermaßen brauchbare Antwort zu geben: »Ich bin schwedischer Staatsbürger, aber gleichzeitig habe ich eine wichtige Funktion in einer Organisation, die mir das Recht gibt, auf einem Platz wie diesem hier zu sein.«

Walter ist sich im Klaren, dass er nun in der Klemme sitzt und dass nichts hilft, was auch immer er sagt. Er fühlt sich nicht besser, als sich der Unteroffizier an die Kommandozentrale des Militärstützpunktes wendet und mit hoher und deutlicher Stimme in sein tragbares Radio meldet: Wir haben einen kapitalistischen Spion an der Erweiterung der Lenkflugkörperanlage für SA-2 festgenommen. Den Dokumenten zufolge, die er bei sich trägt, ist er schwedischer Staatsbürger. Wir bitten um Verstärkung und umgehende Auslösung des Generalalarmes. Wir wissen nicht, ob er der einzige Eindringling ist!« Walter sackt zusammen und weiß, dass das Spiel vorbei ist.

Zur gleichen Zeit kommt Tommy auf der Baustelle an und geht zurück in den Speisesaal und setzt sich an den Tisch von Anders. Der sieht Tommy verwundert an und sagt: »Du bist ja schon zurück! Du wolltest dir doch für den Rest des Tages freinehmen.« Tommy nickt und entgegnet: »Es war so neblig. Ich habe eine Stunde auf dem Parkplatz vor dem Rügen Hotel gewartet. Das Wetter wurde aber nicht besser, sodass ich mich entschied, hierher zurückzukommen. Man fühlt sich hier sicherer, wenn sich der Nebel über die Insel legt. Man weiß nie, welche faulen Fische man da draußen trifft.« Anders schaut verwundert auf seinen jungen Mitarbeiter, aber genießt weiter sein mitgebrachtes Essen aus der Brotdose.

Kapitel 45

Dezember 1976 – Weihnachtsfrieden

»Hast du schon gehört, dass Walter in Untersuchungshaft ist?« Tommy hat nicht einmal Zeit, am nächsten Morgen in ihren gemeinsamen Büroraum einzutreten, als Bert vor Ungeduld schon fast explodiert. Er will unbedingt erzählen, was er hier morgens aufgeschnappt hat. »Was zur Hölle meinst du mit Walter sitzt im Gefängnis?« Tommy versucht, den Überraschten zu spielen, aber in Wirklichkeit fühlt er sich zutiefst schuldig und ist deprimiert. »Jawohl, ich habe gehört, dass er auf frischer Tat ertappt wurde, als er auf dem geheimen ostdeutschen Militärstützpunkt oben in Dranske spioniert hat. Anders wird uns beim Frühstück informieren. »Verdammt, was für eine gute Nachricht. Da erhält der ungenießbare Deutsche endlich seine Strafe dafür, dass er uns verfolgt hat. Ich weiß auch, dass er versucht hat, dahinterzukommen, mit welchen Mädchen ich Umgang habe. Endlich ist die Welt ein wenig gerechter geworden.«

Bert genießt die Neuigkeit und eilt den Flur entlang auf der Jagd nach noch mehr Informationen. Tommy weiß nicht, wie er mit der Situation umgehen soll. Er fühlt sich schwindelig und seine Schuldgefühle überfluten ihn wellenartig. Er sitzt still, aber sein ganzer Körper schüttelt sich innerlich vor Unruhe und Aufregung. »Ich muss mich beruhigen, damit keiner etwas merkt«, sagt er sich. Er entscheidet sich, den Raum nicht vor dem Frühstück zu verlassen. Anstatt zu den anderen auf die Baustelle zu gehen, gibt er vor, mit einigen Berechnungen beschäftigt zu sein.

»Warum habe ich mich in diesen Schlamassel hineinziehen lassen? Ich bin nicht geschaffen dafür, um das hier zu verkraften. Mir fehlt auch die Härte von Onkel Hans oder die Konsequenz, nach der Heidemarie lebt. Ich ziehe es vor, mich treiben zu lassen und wichtigen Fragen lieber auszuweichen. Am liebsten mache ich es wie alle anderen und schwimme mit dem Strom, wie ich es in Örebro gelernt habe.« Seine Gedanken kreisen. »Zuerst lasse ich mich von Charlottes Spiel einfangen und nun bin ich in Heidemaries Probleme involviert.« Als er an Heidemarie denkt, erkennt er, wie wichtig sie für ihn ist und wie sehr er sie liebt. Seine Wahrnehmungsfähigkeit ändert sich langsam und in ihm entsteht ein Gefühl, dass er das Richtige getan hat und dass es ein Teil von etwas Großem und Wichtigem ist. »Wichtiger als mein schlechtes Gewissen ist, dass Walter in ihre Falle getappt ist«, denkt er.

Anders steht in der Mitte des Frühstücksraums, der voll besetzt ist mit allen Schweden, die auf dem Bau arbeiten. Auch die Bauarbeiter sind eingeladen, um ebenfalls die Informationen zu erhalten, die gleich mitgeteilt werden.

»Heute Morgen erhielt ich Besuch von Dr. Weinhard, der mich gemeinsam mit dem Polizeichef von Rügen informiert hat, dass Kollege Walter Mahlstedt gestern auf frischer Tat ertappt wurde, wie er auf dem Militärstützpunkt Fotos von der Montage einer geheimen Anlage gemacht hat.« Anders, der nun ganz rotfleckig im Gesicht ist, muss ein Glas Wasser nehmen, bevor er fortsetzt. Obwohl man die in der Luft liegende Spannung förmlich spüren kann, ist es trotz der vielen Kollegen im Raum ganz still. Tommy sitzt neben Bert, der vor Aufregung kaum auf seinem Stuhl sitzen bleiben kann. Anders räuspert sich und setzt fort: »Walter wurde nach Berlin überführt und sitzt dort in Untersuchungshaft. Eine umfassende Untersuchung ist eingeleitet. Die Behörden sagen zurzeit aus verständlichen Gründen nicht mehr. Ich hatte am Morgen mit dem Außenministerium in Stockholm Kontakt. Sie kümmern sich um weitere Informationen. Ich verstehe, dass die Gerüchteküche brodelt, aber mehr kann ich noch nicht sagen.

Wir müssen die weitere Entwicklung abwarten. Das Beste, was wir jetzt tun können, ist, das weiterzumachen, wofür wir hier sind, nämlich den Fährhafen fertigzubauen.« Ein lautes Gemurmel bricht im Raum aus und Bert wendet sich mit den Worten an Tommy: »Ich wusste es. Jetzt bekommt er zehn Jahre Zuchthaus. Pfui Teufel, wie schön!«

Er springt auf und begibt sich in die allgemeine Diskussion. Tommy bleibt ruhig auf seinem Stuhl sitzen, lächelt still in sich hinein und denkt: »Wenn ihr wüsstet, was passiert ist, aber das werdet ihr niemals erfahren.« Er steht auf und geht raus in den feuchten Dezembermorgen. Die schreienden Möwen und der Geruch von Fisch geben ihm das Gefühl, sich in seiner neuen Wirklichkeit heimisch zu fühlen.

Am selben Abend ist er bei Onkel Hans zu Hause in seinem alten, abgenutzten Holzschloss in Saßnitz eingeladen. Als er dorthin geht, fühlt er sich frei. Er muss sich nicht mehr umsehen, ob er verfolgt wird. Es fühlt sich komisch an zu wissen, dass Walter nicht mehr länger eine Bedrohung ist, sondern dass er sich in irgendeiner Zelle in Ostberlin befindet, eingesperrt und ohne Hoffnung, dass er in naher Zukunft in die Freiheit zurückkommt. Als er ankommt, öffnet eine freudige Heidemarie die Tür, die ihn sofort eine gefühlte Ewigkeit umarmt, bis sie ein leichtes Räuspern von Onkel Hans hört, als Zeichen, dass es jetzt reicht.

»Willkommen, Tommy, ich bin mächtig stolz auf dich«, sagt Hans. Tommy freut sich und ist zufrieden darüber, dass er auf eine andere Weise als früher von Onkel Hans respektiert wird. Heidemarie führt ihn in das Speisezimmer, wo der große Tisch bereits mit Meissener Porzellan eingedeckt ist. Der Geruch von gekochtem, frisch gefangenem Dorsch macht, dass er sich sofort wie zu Hause fühlt. Sie essen schweigend, was sich Onkel Hans ausdrücklich gewünscht hat. Tommy bemerkt, dass Heidemarie so schnell wie möglich erfahren will, was passiert ist. Aber sie muss sich in Geduld üben, bis Onkel Hans den Kaffee und die obligatorische Flasche mit Weinbrand geholt hat.

»Aber jetzt will ich wissen, was gestern geschehen ist. Ging alles gut, Tommy?« Tommy schaut Onkel Hans mit fragendem Blick an und sieht in den Augen des älteren Mannes, dass es in Ordnung ist, wenn er ihr das Geschehene verrät. »Mein Teil des Planes war, dass ich Walter Mahlstedt dazu bringe, mich zu verfolgen. Das war aber nicht besonders schwer, weil er ja ohnehin ständig an mir gehangen hat. Das Besondere war, dass mir Onkel Hans klare Anweisungen gegeben hatte, wie ich auszusehen habe. Dazu hatte er mir eine von den grünen Regenjacken mit Kapuze gegeben, die die Forstverwaltung benutzt. Außerdem hatte ich mir von denen noch einen Rucksack ausgeliehen, in den ich etwas Messausrüstung packte. Als ich das Büro verließ, habe ich alles sehr langsam gemacht, sodass Walter nichts verpassen konnte.«

»Genau wie wir gedacht haben, folgte er mir, als ich zum Auto ging. Als ich losfuhr, bemerkte ich, dass er nicht seinen eigenen Opel nahm, sondern in einen grauen Wartburg einstieg. Das war für mich überraschend und ich war leicht verunsichert. Wir fuhren aus dem Hafen mit den üblichen Kontrollen. Ich fuhr so langsam, dass er mit Leichtigkeit dranbleiben konnte. Als wir zum Rügen Hotel kamen, bog ich auf den Parkplatz ein und stellte mich neben einen der russischen Jeeps von der Forstverwaltung. Ich stellte mein Auto so dicht ran, dass Manfred, der junge Kollege von Onkel Hans, der vor dem Jeep gehockt hat, sich nach vorn schleichen konnte. Und als ich die Autotür öffnete, sah das so aus, als würde ich aus meinem Auto steigen. Aber Manfred war es, der zu meinem Kofferraum ging und den Rucksack herausnahm, den ich von Onkel Hans erhalten hatte. Im selben Augenblick, wie ich die Tür von meinem Auto öffnete, legte ich mich auf den Beifahrersitz …« Tommy macht eine kurze Pause und nimmt erst einmal einen Schluck von dem Braunen. »Was passierte dann, hast du nicht befürchtet, dass es schiefgehen könnte?« Heidemarie ist aufgeregt und fasziniert von der Geschichte und will noch mehr hören. Tommy spricht ganz ruhig weiter: »Hier endet mein Teil der Operation. Ich wartete, bis Manfred mit Walter im Schlepptau davon fuhr. Ich stieg aus meinem Auto und ging ins Hotel, sprach ein wenig mit den hübschen Mädchen an der Rezeption und bestellte ein Telefongespräch zu meinen Eltern nach Schweden. Während ich auf das Gespräch wartete, kaufte ich im Taxfree-Shop einige Flaschen Cinzano ein. Nachdem ich mit meinen Eltern gesprochen hatte, fuhr ich zurück zum Fährhafen. Ich kam eine knappe Stunde, nachdem ich die Baustelle verlassen hatte, wieder da an. Das ist die ganze Geschichte von meiner Seite.«

Tommy sieht, dass sie enttäuscht ist, dass er nicht noch mehr Spektakuläres gemacht hat. Also fügt er hinzu: »Der große Held der Operation sitzt dort.« Er zeigt auf Onkel Hans und verneigt sich leicht. »Es gibt keine Helden, sondern es war eine erfolgreiche Teamarbeit. Im Krieg habe ich gelernt, dass es nicht wichtig ist, was eine Person tut, sondern was eine Gruppe gemeinsam leisten kann. Das Wichtigste war, Walter Mahlstedt glauben zu lassen, was er gesehen hat. In der Rolle als Doppelgänger von Tommy war Manfred perfekt geeignet. Er hat ungefähr die gleiche Größe und einen ähnlichen Körperbau. Und in der Regenjacke mit Kapuze und mit dem alten, abgetragenen Rucksack war es für einen Gaffer unmöglich zu erkennen, dass es nicht Tommy, sondern Manfred war, der in den russischen Jeep stieg. Es war auch nicht schwer, ihn zu überzeugen, die Operation mitzumachen. Er hasst alles, wofür die Stasi steht. Ich versuche, ihn als meinen Nachfolger aufzubauen, und wir führen darüber oft lange Gespräche, wenn wir einsam im Wald arbeiten.«

»Nun ja, zurück zu gestern. Glücklicherweise sah Tommy, dass Walter nicht mit seinem üblichen Opel kam, sondern dass er außerhalb des Parkplatzes in einem grauen Wartburg stehen blieb. Das hatten wir vorher so nicht geplant. Dafür sollte er gelobt werden. Der Rest der Fahrt bis zum Marinestützpunkt verlief ohne Probleme. Nachdem Manfred sein Auto geparkt hatte, ging er wie immer zu unserem Fällplatz.

Im Normalfall steht dort eine Militärstreife, aber ich hatte den mir sehr gut bekannten Chef der Anlage informiert, dass wir festgestellt hätten, dass ein schwedischer Opel Manfred wiederholt verfolgt, wenn er von Saßnitz nach Dranske fährt. Sie hatten deshalb in den vergangenen Tagen ihre Wache zurückgezogen. Diese stand gut versteckt etwas hinter dem von uns verwendeten provisorischen Eingang. Walter, der nicht besonders vorsichtig war, folgte Manfred, sozusagen direkt in sein Verderben …« Er hört auf zu erzählen und Heidemarie sitzt sprachlos mit offenem Mund da.

Onkel Hans schaut amüsiert auf sie: »Aber kleines Mädchen, nun kannst du deinen Mund wieder schließen. So spannend war es ja nun auch wieder nicht! Jetzt stoßen wir darauf an, dass es seit gestern einen Üblen weniger gibt. Prost, Tommy, langsam beginnst du, ein richtiger deutscher Mann zu werden.«

Er zwinkert Tommy zu, aber der weiß nicht, was er glauben soll. Tommy prostet beiden zu, aber ist nicht so überzeugt, dass alles besser wird – eher schlechter. So weit hinter dem Eisernen Vorhang kann vieles passieren. Er denkt an das alte Sprichwort: Wir haben gestern die Schlacht gewonnen, aber den Krieg noch lange nicht.

Heidemarie und Tommy sind von Saßnitz nach Lützen bei Leipzig gefahren. Sie besuchen Heidemaries geliebte Oma Friede, mit der sie gemeinsam Weihnachten feiern wollen. Das erste Mal seit Langem ist es Heidemarie gelungen, Onkel Hans zu überreden, mitzukommen. Er hatte aber den Zug gewählt, damit die Jungen für sich allein sein können. Tommy fühlt sich unsicher und nicht so wohl dabei, dass er Heidemaries Großmutter vorgestellt werden soll, über die er schon so viel gehört hat. Er weiß durch die Erlebnisse von Onkel Hans, die er in seinen Erzählungen von der Zeit vor und nach dem Krieg beschrieben hatte, dass es sich um eine Frau handelt, die schon viel Böses in ihrem Leben erfahren hat.

Als sie auf das Grundstück zu dem kleinen Haus fahren, kommt eine energische, kleine Frau in der obligatorischen blauen Kittelschürze, wie sie die meisten ostdeutschen Frauen über 60 Jahre tragen, rennend auf sie zu. Sie umarmt ihre Enkelin stürmisch und schaut mit aufgerissenen Augen auf Tommy. »Es macht mich sehr glücklich, dass Sie, Tommy, mit Heidemarie hierherkommen, um mit uns Weihnachten zu feiern. Ich habe zu allen Mächten gebetet, dass der Himmel jemanden wie Sie schickt, um sie zu befreien.« Sie nickt Heidemarie bestätigend zu und spricht weiter: »Und nun kommen Sie von dem guten und schönen Land Schweden zu uns – das ist ein Geschenk!«

Tommy wird sehr verlegen und weiß nicht, was er auf diesen überwältigenden Empfang sagen soll, sodass Heidemarie einspringt und streng zu ihrer Großmutter sagt: »Nun krieg dich wieder ein, wir können vielleicht erst einmal hineingehen, bevor du deine Geschichte erzählst und im Übrigen möchte ich, dass du zu Tommy du sagst. Wie du weißt, bedeutet er alles für mich und er ist nun ein Teil unserer Familie.«

Oma Friede sieht Heidemarie liebevoll an und antwortet: »Ja, Frau Doktor, und nun, Tommy, will ich dir eine große deutsche Umarmung geben und dich herzlich willkommen heißen in unserem Leben.« Sie umarmt ihn liebevoll und flüstert in sein Ohr: »Sie ist immer ein bisschen streng. Darüber musst du dir keine Gedanken machen. Das geht schnell vorbei.« Sie hakt sich bei ihm unter und sie gehen in das kleine gemütliche Haus. Heidemarie bleibt stehen und ruft den beiden hinterher: »Und was ist mit mir? Und was hast du Tommy zugeflüstert?« Oma Friede antwortet: »Du findest den Weg allein und ich habe ihm gewisse Sachen erklärt, die nur uns zwei etwas angehen.« Sie lacht Heidemarie an und diese folgt ihnen leicht verärgert ins Haus.

Am Heiligabend sitzen alle gemeinsam in dem altmodisch möblierten Wohnzimmer um den schweren Eichentisch. Tommy hat ein kleines Problem mit dem Hals, verursacht durch die schlechte Luft von den großen chemischen Anlagen in der Nähe und von der trockenen Wärme, die der schwere gusseiserne Herd abgibt. Heidemarie, die gut mit dem Zustand vertraut ist, hat ihm Antibiotika gegeben, wodurch es schnell besser wird. Die Weihnachtsstimmung, die Tommy erlebt, ist so anders als die, die er von

Schweden gewohnt ist. Im Mittelpunkt stehen hier Gespräche und Zusammensein. Das Weihnachtsessen ist auch ungewohnt. Tommy sehnt sich nach dem schwedischen Weihnachtsbüfett. Wurst und Kartoffelsalat, die Oma Friede gerade serviert hat, sind gewiss gut, aber ein Weihnachtsessen ist es nicht. Er hat sich schnell in Heidemaries Großmutter verliebt, die wiederum dafür sorgt, dass er alles bekommt, was er will.

»Es ist fast so, als wäre Heidemarie eifersüchtig auf mich, weil Oma Friede mir gefallen will, aber das muss sie ertragen«, denkt sich Tommy. Nach dem Essen erhebt Onkel Hans sein Glas als Zeichen, dass er einige Worte sagen will: »Nachdem mein Vater, dein Mann, liebe Mutter, nicht mit uns das Fest der Freude verbringen kann, will ich an seiner Stelle einige Worte sagen. Es war ein einschneidendes Jahr für dich, Heidemarie. Wir wollten uns nicht in dein Leben einmischen, aber Mutter und ich hatten große Schwierigkeiten, uns mit der Tatsache abzufinden, dass du mit Andreas zusammengelebt hast.« Er blickt ein wenig unruhig auf Tommy, wie der reagiert, dass er Heidemaries Ex-Mann erwähnt hat. Aber Tommy sieht aus, als verfolge er interessiert, was er sagt, und macht weiter: »Ich hatte den Vorteil, schon einige Zeit mit Tommy zusammen zu sein und ich habe das wirklich geschätzt. Du, Tommy, hast mir zugehört, als ich dir über mein Leben und meine Probleme erzählt habe. Und das hat mir sehr geholfen, dass ich mich jetzt besser fühle. Wir hatten auch einige kleinere Aufgaben zusammen, die die Luft auf Rügen gereinigt haben. Und dich, liebe Mutter, möchte ich nur um Verzeihung bitten, dass ich es so selten geschafft habe, dich zu besuchen. Ich merke jetzt, wie sehr ich das vermisst habe. Irgendwie fühlt sich jetzt alles leichter an und ich verspreche dir, in Zukunft regelmäßiger zu kommen. Ich werde auch alles tun, dass du, Heidemarie, und du, Tommy, ein gutes Leben zusammen haben werdet, auch wenn es bedeutet, dass ihr aus unserem Leben verschwindet. Ihr sollt wissen, dass ihr immer in unseren Herzen sein werdet.«

Nach der Rede von Onkel Hans ist kein Auge trocken. Tommy

sieht, wie Heidemarie mit dem Gedanken kämpft, dass sie gezwungen sein wird, beide zu verlassen, wenn sie die Freiheit und ein Leben zusammen mit ihm wählt.

Am Morgen des ersten Weihnachtsfeiertages gehen sie in dem kleinen Dorf zur Kirche und nehmen an einem für Tommy völlig andersartigen Weihnachtsgottesdienst teil. Formeller und trostloser, als er es von Örebro gewohnt ist. Und dazu ein Pfarrer, der in seiner Predigt seine Botschaft von Freude und Freiheit, eingehüllt in viele Gleichnisse, so neutralisieren muss, dass es schwer ist, ihm zu folgen. Aber ihm ist bewusst, dass der Pfarrer dazu gezwungen ist.

Heidemarie hat berichtet, wie er überwacht und wie jedes seiner Worte von der Stasi kontrolliert wird. Auf dem Heimweg gehen sie am Denkmal von Gustav Adolf dem II. vorbei. Er starb am 6. November 1632 in der Schlacht gegen die katholischen Truppen, die genau hier stattfand. Tommy spürt ein Gefühl von Stolz, aber auch von Heimweh, als er sieht, wie fein und gepflegt die kleine Anlage mit dem rot gestrichenen Fachwerkmuseum und dem wunderschönen gusseisernen Baldachin ist, der den Stein an dem Platz schützt, wo der tote König seinerzeit aufgefunden worden war.

Als er am gleichen Abend mit Heidemarie allein ist, fühlt Tommy, dass jetzt der Zeitpunkt gekommen ist, und er nimmt all seinen Mut zusammen: »In der letzten Zeit ist meine Liebe zu dir immer stärker geworden und ich kann und will mir ein Leben ohne dich, Heidemarie, nicht mehr vorstellen. Willst du meine Frau werden?« Er holt den Ring in Weißgold mit dem schimmernden Diamanten heraus und setzt ihn auf ihren Finger. Heidemarie schaut auf den Ring, schüttelt mit dem Kopf und antwortet: »Aber Tommy, das ist der schönste Ring, den ich jemals gesehen habe. Ich weiß nicht, was ich sagen soll.« Tommy sieht ihr in die Augen: »Sag einfach ja!«

Kapitel 46

Februar 1977 – Ausgrenzung

Heidemarie geht mit schnellen entschlossenen Schritten in Richtung Saßnitzer Rathaus. Sie hatte eine unruhige Nacht. Es plagten sie die Gedanken, wie sie dem örtlichen Amt ihre sensible Angelegenheit vortragen sollte, damit es die Erlaubnis zur Eheschließung erteilt. Weil sie nicht schlafen konnte, hatte sie versucht, die Fragen vorauszusehen, mit denen sie konfrontiert werden könnte. Sie war besonders besorgt darüber, wie sie Fragen zu ihrer früheren Ehe beantworten sollte. Andreas hatte in Rekordzeit die Scheidung von ihr durchgesetzt und hatte sich bereits mit Marlene verheiratet. »Die Schlampe ist genau das Richtige für ihn. Nun müssen sie keine Geheimnisse mehr voreinander haben. Sie arbeiten ja beide für die Bösen. Ich werde niemals mehr auch nur einen Gedanken in meinem Leben an ihn verschwenden«, denkt sie sich.

Sie trägt ihr weinrotes Kostüm von Betty Barclay, womit Tommy sie am Heiligabend überrascht hat. »Vielleicht wirkt es ein bisschen zu luxuriös, aber ich muss zeigen, dass ich nicht irgendwer bin, sondern Frau Doktor«, motiviert sie sich selbst für die schwere Aufgabe, die ihr bevorsteht.

Der Warteraum des Amtes ist voll mit grau gekleideten, gewöhnlichen Menschen, die etwas neugierig auf die elegante Frau in dem weinroten Kostüm blicken, das überhaupt nicht zum sozialistischen Alltag passt. Einige, die bei ihr in Behandlung waren, grüßen sie schüchtern. Heidemarie bewahrt ihre stolze Haltung und nickt nur leicht wiedererkennend zurück. Eine weibliche Angestellte kommt aus dem Amtszimmer und verkündet mit hoher entschlossener Stimme: »Genossin Dr. Jähnert, bitte folgen Sie mir.« Heidemarie spürt, wie ihre Beine zittern, aber sie reißt sich zusammen. Den blauen Mantel über dem Arm und die Handtasche in der anderen Hand, folgt sie erhobenen Kopfes der Frau mit der hohen Stimme in einen Raum, in dem zwei Männer warten. Mit bedächtiger Haltung zeigt die Frau auf einen Stuhl an der einen Seite des Tisches. Sie setzt sich dann selbst zu den beiden Männern an die andere Seite des Tisches und zeigt mit aller Deutlichkeit, dass sie es ist, die die Besprechung leitet.

»Wir sind wirklich erstaunt über Ihren Antrag, Genossin Jähnert. Deshalb habe ich meine beiden Kollegen von der Partei-Kreisleitung in Stralsund dazu gebeten.« Sie zeigt auf einen übergewichtigen Mann in den Fünfzigerjahren mit einem deutlich zu hohem Blutdruck. Heidemarie kann nicht anders, sie denkt als Ärztin, die sie nun einmal ist: »Er wird nicht alt, wenn er nicht seine Gewohnheiten ändert.« Die Frau stellt den anderen Mann als Spezialisten aus Berlin für Eheschließungen mit Personen vor, die einen nicht-sozialistischen Hintergrund haben. Heidemarie braucht nur einen Blick auf den Mann mit seinen leeren Augen werfen, um zu wissen, dass er von der Stasi ist.

»Können Sie uns Ihre Pläne erklären, Genossin Jähnert?« Die drei auf der anderen Seite des Tisches blicken gespannt auf sie und halten ihre Stifte in Bereitschaft, um sich Notizen in den dicken Ordner zu machen, der vor ihnen auf dem Tisch liegt. Heidemarie weiß, dass es nun darum geht, den Wunsch, mit dem Mann, den sie liebt, in einem nicht-sozialistischen Land leben zu wollen, in Einklang zu bringen, mit dem, was rein politisch und sicherheitstechnisch möglich ist.

»In den zurückliegenden eineinhalb Jahren war ich in meiner Funktion als Ärztin im Krankenhaus hier in Saßnitz verantwortlich für die medizinische Betreuung des schwedischen Personals, das den Fährhafen ausbaut. Das war und ist eine interessante Aufgabe. Nicht zuletzt im Hinblick darauf, dass die meisten Patienten kein oder nur etwas Deutsch sprechen und ich kein Englisch, eine Sprache, die die meisten Schweden schon in der Schule lernen ...« Heidemarie sieht, wie der Mann von der Partei die Nase rümpfte, was beweist, dass ihre kleine ironische Bemerkung angekommen ist, und spricht schnell weiter: »Deshalb begleitete einer der Schweden, Tommy Oskarsson, zweimal in der Woche als Dolmetscher die Besuche der Patienten.« Der Mann gegenüber, der bisher noch nichts gesagt hatte, schaute sie kalt an.

»Und da sahen Sie Ihre Chance, sich einen Einmalfahrschein zu organisieren – wie Sie glauben ins Paradies auf der anderen Seite der Ostsee.« Heidemarie hat erwartet, dass sie provoziert wird, aber jetzt wird ihr klar, dass mit dem Mann auf der anderen Seite des Tisches nicht gut Kirschen essen ist. Sie kennt die Art der Provokationen von Andreas und antwortet besonnen: »Überhaupt nicht. Wir entwickelten eine gute Zusammenarbeit und ich bekam Lob sowohl von der Deutschen Reichsbahn als auch der Krankenhausleitung, weil es uns geglückt ist, die Anzahl der Krankentage für das wichtige Projekt im Hafen niedrig zu halten.« Sie sieht, wie sich die drei Notizen machen, und fährt fort: »Wie Sie aus meinen Unterlagen ersehen können, erfolgte meine Scheidung von Andreas Jähnert bereits zu Beginn dieses Jahres. Wir heirateten früh und entwickelten uns leider in verschiedene Richtungen. Im Zusammenhang mit seiner Arbeit, die plötzlich im Oktober vergangenen Jahres endete ...« Sie sieht auf den Mann, der zur gleichen Organisation wie Andreas gehört. Sie nähert sich jetzt einem Gebiet, dass sie lieber in dieser Runde nicht erwähnen sollte, und spricht schnell weiter: »Seinerzeit erhielt ich die Tätigkeit als Ärztin hier im Saßnitzer Krankenhaus. Meine Arbeit gefällt mir und in meinem Kollektiv fühle ich mich wohl. Unser gemeinsames Leben jedoch funktionierte nach dem Umzug hierher immer schlechter. Mein Mann war gezwungen, viele Dienstreisen zu machen, um im Zusammenhang mit dem Hafenbau verschiedene Dinge zu kontrollieren. Er war sogar auf Dienstreise in Schweden.«

Der Mann von der Stasi wirft unmittelbar ein: »Halten Sie sich an das Thema, das wir hier Sie betreffend behandeln, und nicht welche wichtigen Dienste Ihr Mann für unser Land leistet oder geleistet hat!« Heidemarie zuckt zusammen und antwortet: »Verzeihung, das wird sich nicht wiederholen. Ich bin nicht besonders an diese Art von Gesprächen gewöhnt. Wie auch immer, wir sahen uns nicht oft, sondern wir lebten uns langsam aber sicher auseinander. Wir sind nun geschieden und haben ein freundschaftliches Verhältnis.« Die Frau, die die Besprechung leitet, fragt nun: »Und da fanden Sie es angebracht, ein Verhältnis mit Herrn Oskarsson zu beginnen?«

Heidemarie blickt ruhig zu den dreien auf der anderen Seite des Tisches. »Was angemessen ist oder nicht, das ist nicht das Erste, woran man denkt, wenn es um Gefühle geht. Aber zwischen mir und Herrn Oskarsson hat sich über die lange Zusammenarbeit eine tiefe Beziehung entwickelt. Ja, die ist so tief und stark, dass wir, Herr Oskarsson und ich, beschlossen haben, den Weg zu gehen, der zu einer Ehe führt, obwohl wir verstehen, welche Schwierigkeiten es für uns alle bedeutet.«

Die drei auf der anderen Seite des Tisches blicken einander an und nicken. Die Frau teilt kurz mit: »Danke. Sie können jetzt gehen. Die Besprechung ist beendet. Sie werden von uns hören.«

Am gleichen Abend sitzen Heidemarie und Onkel Hans zusammen und überlegen, was als Nächstes passieren wird. Er sagt: »Das ist gut, dass ihr den ersten Schritt getan habt. Ich weiß nicht, was als Nächstes kommt, aber meine Erfahrung sagt mir, dass ihr euch auf eine lange Wartezeit einstellen müsst, bevor ihr grünes Licht zum Heiraten bekommt.« Heidemarie sieht ihn verzweifelt an und antwortet: »Aber Tommy ist gezwungen, Saßnitz im August dieses Sommers zu verlassen, wenn der Fährhafen fertiggestellt ist. Und ich bleibe einsam zurück, eingesperrt bis auf alle Ewigkeit …«

Onkel Hans sieht seine Nichte an und sagt: »Nun machen wir einen Schritt nach dem anderen. Morgen wird die Krankenhausleitung versuchen, dich unter Druck zu setzen. Dann musst du dich an das halten, was wir vereinbart haben.«

Sie sieht ihn skeptisch an: »Aber wie kannst du das wissen? Du hast doch nichts mit meinem Gespräch heute im Rathaus zu tun!«

»Aber, kleines Mädchen, nun bist du fast genau so naiv, wie Tommy normalerweise ist. Es ist doch klar, dass die Partei und die Bösen ihre Kontakte zum Krankenhaus ausnutzen, um dich wieder auf den rechten Weg zu bringen. Du stehst allein da. Lass dich nicht auf irgendwelche Kompromisse ein. Du wirst Tommy heiraten und mit ihm nach Schweden ziehen, was die auch sagen. Sie werden auch auf mich zukommen, aber da beißen sie auf Granit. Ich werde ihnen sagen, dass es nur euch zwei etwas angeht und niemand anderen. Wenn es etwas gibt, was ich in meinem Leben gelernt habe, dann ist es Konsequenz. Ich verbiege mich vor niemandem, seien es Nazis oder Kommunisten, die unser Land ins Verderben stürzen. Das spielt keine Rolle. Du darfst niemals deine Seele verraten oder verkaufen, wie es dein Ex-Mann getan hat!« Er sieht sie ernst an und lächelt ihr aufmunternd zu: »Du wirst sehen, es wird alles gut werden!« Heidemarie versucht zu glauben, was er sagt, aber gerade jetzt hat sie ein mulmiges Gefühl der Hoffnungslosigkeit.

Als sie am nächsten Morgen bereit ist, den ersten Patienten zu empfangen, betritt Schwester Adelheid den Raum mit einer wichtigen Miene und verkündet: »Frau Doktor soll sich umgehend zum Krankenhausdirektor, Herrn Braun, begeben. Ihre Patienten müssen warten. Beeilen Sie sich. Es scheint so, als wäre etwas Wichtiges im Gange.« Heidemarie fühlt, dass sich die Unruhe verstärkt, die sie seit ihrem Treffen im Rathaus hat und ihr wird leicht übel. Als sie ins Zimmer des Krankenhausdirektors kommt, sieht sie, dass Dr. Schmidt an seiner Seite sitzt und sie denkt: »... Das ging ja enorm schnell bis zu dieser Besprechung hier und das Übel sitzt auch schon dabei. Ich hoffe, dass er nicht vergessen hat, dass ich ihm half, sich aus der Schlinge zu ziehen, als es um die groben Kanülen ging. Vielleicht hat er noch einen kleinen Teil seiner Ehre behalten …«

Manfred Braun sitzt an seinem hohen Schreibtisch, der ihm hilft, angesichts dessen, dass er recht klein gewachsen ist, über die beiden anderen an dem niedrigen Schreibtisch herabzublicken, der im Winkel zu seinem Schreibtisch steht. Heidemarie sitzt Dr. Schmidt gegenüber, der sie freundlich begrüßt. Der Direktor leitet die Besprechung mit den Worten ein: »Genossin Dr. Jähnert, wir haben Informationen erhalten, die uns große Sorgen bereiten. Und wir würden gern den Irrtum korrigieren, der entstanden sein muss.« Heidemarie blickt ihn verständnislos an. »Jetzt weiß ich nicht, was Sie meinen. Um welche Information geht es?«

»Versuchen Sie nicht, die Dumme zu spielen, Frau Doktor. Sie wissen genau, was ich meine. Sie haben Ihre Position und mein Vertrauen ausgenutzt, indem Sie unerlaubte Kontakte mit einen unserer Klassenfeinde geknüpft haben!« Heidemarie bleibt gelassen und erwidert: »Ja, nun verstehe ich, welche Information Sie meinen. Aber Herrn Oskarsson einen Klassenfeind zu nennen, ist nicht hinnehmbar, Genosse Braun.«

Sie sieht, dass Dr. Schmidt lächeln musste, als sie das sagt, aber sie merkt auch, wie der Blutdruck des Direktors in die Höhe schießt und seinem Gesicht eine Farbe gibt, die sich einem dunkelroten Ton mit einer blauen Komponente nähert. Er brüllt sie an: »Nun werden Sie mal nicht frech, das kann für Sie böse ausgehen. Es sind die Partei und ich, die über Ihre Zukunft bestimmen, vergessen Sie das niemals!«

Dr. Schmidt, der mehr Stratege als deutscher Choleriker ist, sagt ruhig, aber mit Autorität in der Stimme: »Ich denke, dass wir uns alle beruhigen und von vorn beginnen sollten. Wir sind ja alle zivilisierte Menschen, nicht wahr? Erzählen Sie uns, Dr. Jähnert, was ist passiert?«

Heidemarie wiederholt die gleiche Geschichte, die sie bei der Besprechung am Vortag im Rathaus vorgetragen hat. Als sie fertig ist, sitzt sie ruhig da und wartet auf die Reaktion. Sie sieht, dass

Manfred Braun die Situation ganz und gar nicht gefällt und sich für eine neue Attacke bereit macht, aber Dr. Schmidt schafft es, dem Ausbruch zuvorzukommen, indem er sagt: »Ja, wenn Gefühle und Hormone im Spiel sind, kann es schwierig sein, klar zu denken, oder was denken Sie, Genosse Braun?« Bevor der Mann mit dem rotblauen Gesicht antworten kann, spricht Dr. Schmidt weiter: »… Es gibt ja immer verschiedene Wege, die man einschlagen kann. Wir haben intensiv Ihre Position hier im Krankenhaus diskutiert und sind zu dem Ergebnis gekommen, dass Sie Ihre Arbeit erstklassig machen, und wir würden ungern eine Kollegin mit Ihrem Können verlieren. Deshalb haben wir uns gedacht, dass Sie eine neue Stelle als Oberärztin für Allgemeine Medizin übernehmen. Sie würden dann die jüngste Oberärztin im Bezirk Rostock sein, was Ihnen auch einen Platz in der Volkskammer bei der nächsten Wahl verschaffen könnte. Wie klingt das, Genossin Jähnert?«

Heidemarie schaut die beiden Männer erstaunt an und antwortet: »Und was erwarten Sie von mir als Gegenleistung?« Sie kennt schon die Antwort, aber sie spielt deren Spiel mit. Die Gesichtsfarbe des Krankenhausdirektors hat sich wieder zu einer mittelroten Variante normalisiert, begleitet von kleinen Schweißperlen, die ihm von der Stirn laufen und ein kleines Rinnsal bilden, das ihn wie ein Miniaturwasserfall über seine breite Nasenspitze verlässt. Er sammelt sich und sagt mit Schärfe in der Stimme: »Es wird erwartet, dass Sie in ein normales sozialistisches Leben zurückkehren und keine anderen Dummheiten machen!«

»Was Genosse Braun meint, ist, dass Sie Ihr unmögliches Verhältnis mit Herrn Oskarsson umgehend beenden und sich auf die wahren Werte in unserem fantastischen Land konzentrieren sollten«, verdeutlicht Dr. Schmidt.

Heidemarie bleibt ruhig sitzen und sagt: »Und für das Protokoll: Was passiert, wenn ich das nicht tue und bei meinem Antrag auf Eheschließung mit Herrn Oskarsson bleibe?« Sie sieht, dass die Augen von Dr. Schmidt schmaler werden und er mit langsamer überdeutlicher Stimme antwortet: »Da müssen Sie drei Jahre auf eine Antwort auf Ihren Antrag warten. Der Grund ist, dass Sie in Ihrer Ehe mit Andreas Jähnert Kenntnis über sicherheitsrelevante Dokumente erlangt haben könnten, was wir nicht tolerieren dürfen. Ein anderer wichtiger Grund ist, dass Ihre Ausbildung als Ärztin unserem Land Kosten verursacht hat, und wir können nicht zulassen, dass Sie ohne weitere Kompensation das Land verlassen.«

Sie hat Schwierigkeiten, nicht zu zeigen, wie entsetzt sie über diesen Bescheid ist, und bevor sie es schafft, sich zu sammeln, sagt Manfred Braun: »Ab morgen werden Sie in unserem Laboratorium tätig werden und keinen Kontakt mehr mit unseren Patienten haben. Zugleich werde ich Ihren Ausschluss aus der kommunistischen Partei in Gang setzen! Und was sagen Sie jetzt, Frau Doktor?«

Heidemarie sitzt eine Weile still da, bevor sie mit sicherer Stimme sagt: »Ich muss meinem Herzen folgen, auch wenn es für Sie schwer ist, das zu verstehen.« Dann fühlt sie, dass sie auch gern sagen möchte: »Und ich wähle die Freiheit zu welchem Preis auch immer, aber das kann so ein Schwein wie Sie natürlich nicht verstehen …«

Kapitel 47

März 1977 – Das Urteil

»Danke, dass ihr alle so schnell gekommen seid. Ich wollte, dass ihr es von mir erfahrt und nicht aus der Gerüchteküche«, sagt der Projektchef zu der kleinen Gruppe Verantwortlicher in verschiedenen Funktionen des Projektes, die um den Konferenztisch sitzen. Außer Tommy ist auch der Produktionschef Lars Paulsson anwesend, der Nachfolger von Stefan Palm. Er hat es innerhalb kurzer Zeit geschafft, die Motivation aller Mitarbeiter zu erhöhen. Ferner sind auch Per Murström und Lasse Hansson an Ort und Stelle.

Zur großen Freude von Tommy ist Ralf Ravinder vergangene Woche nach Südschweden zurückgekehrt, nachdem der Hauptteil der 20 000 m³ Beton mithilfe der museumsreifen Betonstation und der roten knurrenden Betonpumpe an ihre endgültigen Ziele in verschiedenen Teilen des Hafenbaus gepresst worden waren.

Anders setzt fort: »Heute Morgen habe ich einen Anruf von der schwedischen Botschaft in Ostberlin erhalten. Sie hat, wie ihr wisst, die Gerichtsverhandlung über die Anklage gegen Walter verfolgt und sich für ihn eingesetzt. Der Rechtsanwalt, den wir für Walter engagiert haben, ist Wolfgang Tauber, einer der bekanntesten Juristen in der DDR und gut geeignet für diese Art von grenzüberschreitenden Straftaten. Er hat gestern Abend den Botschafter zu Hause besucht und mitgeteilt, dass Walter wegen Spionage zu fünf Jahren Gefängnis verurteilt wurde!«

Es wurde ganz still am Tisch und Tommy fühlt sich richtig schlecht. Es ist eine Mischung aus Schock, Scham und Reue über das, was er getan hat. Auch die anderen sind stark mitgenommen von dem unerwartet harten Urteil. Der Erste, der etwas sagt, ist Per Murström: »Das ist ja absolut schrecklich! Können wir denn gar nichts tun, um Walter zu helfen?« Anders blickt etwas hilflos auf seine Kollegen und ergänzt: »Ich weiß nicht, wie viel ich von dem sagen kann, was mir der Botschafter erzählt hat, aber ich empfinde, dass ich diese Information mit euch teilen muss. Offenbar ist es nicht nur die Frage, dass Walter im Auftrag Schwedens den ostdeutschen Marinestützpunkt in Dranske ausspioniert hat. Er war außerdem Mitarbeiter des ostdeutschen Sicherheitsdienstes.« Per blickt ihn verständnislos an und schreit heraus: »Du meinst doch nicht etwa die Stasi?«

Anders nickt und blickt bedrückt auf den Tisch. Per spricht weiter: »Da war er also eine Art von Doppelspion? Wie kann das möglich sein? Wir haben ja nie irgendetwas bemerkt!«

Tommy sitzt wie versteinert am Tisch und weiß nicht, was er sagen soll, aber entscheidet sich, doch einen Teil der Wahrheit zu erzählen: »Ich weiß nicht, wie ich beginnen soll. Walter hat mich seit Längerem verfolgt und versucht, herauszufinden, wen ich in meiner Freizeit treffe. Das ging so lange, dass ich mich an die Scheinwerfer von seinem Opel in meinem Rückspiegel gewöhnt hatte. Er hat auch Bert hier in Saßnitz verfolgt, wann er von und zur Diskothek geht. Und als Rolf und Walter vom Weg abkamen, war nicht ein Ölfleck die Ursache, sondern dass sie mich und Bert in meinem Saab oben in Altenkirchen beschatteten.«

Die anderen am Tisch schauen entsetzt und Anders sagt: »Warum um Himmels willen hast du mir nichts darüber erzählt, das ist ja abscheulich!«

Tommy senkt seinen Kopf mit Tränen in den Augen: »Ich wusste nicht, was ich tun sollte. Vor allem wollte ich nicht rumrennen und über einen Kollegen etwas ausplaudern, wofür es vielleicht eine Erklärung gibt. Jetzt im Nachhinein ist mir klar, dass ich natürlich zu dir, Anders, hätte kommen und dir alles erzählen sollen.«

Es wird still am Tisch und zu guter Letzt hat Lars das Gefühl, dass er etwas sagen muss. Er ergreift daher das Wort: »Ja, das ist eine traurige Geschichte, aber können wir jetzt irgendetwas tun? Wir müssen wohl die Fakten akzeptieren und trotz allem den Bau des Hafens fortsetzen und sicherstellen, dass alles in trockene Tücher kommt. Mein Vorschlag ist, dass du, Anders, über das Urteil bei einer Besprechung mit allen Jungs heute informierst, denn das wird ohnehin von der schwedischen Abendpresse aufgegriffen und durchgekaut werden. Ab jetzt soll die Konzernzentrale in Stockholm diese Frage übernehmen, ob Walter nun ein Doppelspion war oder wie man es nennen soll. Es ist besser, dass wir uns aus diesem Durcheinander raushalten. Wir müssen in den kommenden vier Monaten intensiv mit den Ostdeutschen zusammenarbeiten, um alle Unterlagen zu bekommen, die für eine Betriebserlaubnis der Fähranlage benötigt werden. Gleichzeitig müssen wir auch unsere Restarbeiten und notwendigen Anpassungen erledigen. Was denkt ihr?«

Anders sieht erleichtert auf seine Kollegen und fasst mit ein bisschen Mut in der Stimme zusammen: »Ich denke, das klingt gut. Was denken die anderen?« Die anderen am Tisch nicken zustimmend und das Treffen ist beendet.

»Warum in Gottes Namen hast du mir nichts gesagt, Tommy? Wir sind doch Freunde, oder?« Um auf andere Gedanken zu kommen, gehen Per und Tommy über die gesamte Baustelle, um zu überprüfen, was es noch zu tun gibt. Tommy läuft neben ihm. Sie haben fast die Spitze einer der Molen erreicht, die sie in den vergangenen eineinhalb Jahren gebaut haben und sie setzen sich auf eines der Poller-Fundamente, das von der frühen Märzsonne angenehm erwärmt ist. Tommy schaut sich um und sieht, dass sie ungestört sprechen können.

»Es ist nicht so einfach, über solche heiklen Angelegenheiten zu sprechen. Ich war mir auch nicht sicher, ob ich was gesehen habe oder ob es nur Einbildung war. Ich möchte dir aber eine andere Sache erzählen, aber du musst mir versprechen, dass du es niemandem weitersagst.« Per legt seinen Zeigefinger auf den Mund als Zeichen, dass er nichts sagen wird. Tommy ärgert sich, dass er Per misstraut hat, und entschuldigt sich: »Das war dumm von mir. Selbstverständlich weiß ich, dass du nicht tratschst. Es ist nämlich so, dass ich jemanden kennengelernt habe und mit der Frau möchte ich den Rest meines Lebens zusammenleben. Die ganze Situation ist aber kompliziert. Du hast vielleicht auf der Weihnachtsfeier vor über einem Jahr bemerkt, dass Dr. Jähnert und ich uns nähergekommen sind. Das war der Beginn einer Beziehung, die seit dieser Zeit Monat für Monat tiefer und ernster geworden ist. Sie ist jetzt von Andreas Jähnert geschieden und das ist gut so. Ich weiß nicht, ob du es weißt, dass er nicht der nette Auftraggeber ist, den er uns erfolgreich vorgespielt hat. Naiv, wie wir sind, haben wir nicht gesehen, dass sein eigentlicher Arbeitgeber die Stasi ist. Er hat dort eine wichtige Position und ich habe zufällig mitbekommen, dass Walter auch für die arbeitet. Du verstehst nun vielleicht, dass ich vor Anders und den anderen nicht die ganze Wahrheit erzählen konnte, ohne die Sicherheit von Heidemarie zu gefährden. Ja, so heißt Dr. Jähnert mit Vornamen. Wir sind sehr glücklich und haben die Eheschließung beantragt. Mir ist klar, dass sich für dich die ganze Geschichte unglaublich anhören muss, aber ich kann keinen anderen Weg gehen.«

Per sieht seinen jüngeren Kollegen mit seinen braunen, intelligenten Augen an und sagt: »Ach du meine Güte. Ich ahnte, dass irgendeine Frau im Spiel war, wenn du dich auf deine einsamen Ausflüge begeben hast. Aber dass sie es war, konnte ich mir beim besten Willen nicht vorstellen. Ich hatte so meine Hinweise, dass Andreas und Walter, wie die meisten Ostdeutschen, von der Stasi unter Druck gesetzt wurden. Trotzdem glaubte ich nicht, dass sie direkt für diese Organisation gearbeitet haben. Ich verstehe und respektiere, dass du nicht mehr sagen kannst als das. Aber es führt dazu, dass meine Sympathien für Walter und mein Mitleid für seine harte Strafe gen Null sinkt. Es muss in letzter Zeit schwer für dich gewesen sein, in diesen Schlamassel verwickelt zu sein.«

Tommy sieht Per ein wenig lächelnd an und antwortet: »Ja, das war nicht leicht, in eine Situation zu kommen, wo alles, was man sagt und tut, dem Menschen schaden könnte, den man am meisten liebt. Nun fühle ich mich ein bisschen besser, wo ich einen Teil meiner Last mit dir teilen kann. Heidemarie und ich befinden uns jetzt in einer Phase, wo sie den Ball ins Rollen gebracht hat, und die Kommunisten schlagen nun so hart sie können zurück. Entsprechend dem Abkommen zwischen Schweden und der DDR würde eine Heirat dazu führen, dass sie die Genehmigung zur Ausreise nach Schweden bekommt. Das wollen sie zurzeit nicht genehmigen, zumindest nicht bevor sie in Erfahrung gebracht haben, welches Sicherheitsrisiko sie darstellt. Außerdem gedenken sie, einen Ausgleich für ihre teure Ausbildung als Ärztin zu fordern. Sie erwartet innerhalb von vier Wochen eine Antwort von den Behörden. Seitdem sie ihren Antrag eingereicht hat, darf sie keine Patienten mehr behandeln, sondern arbeitet im Labor des Krankenhauses und widmet sich den Probeentnahmen. Das ist auch der Grund, warum sich Dr. Sickert um unser Personal kümmert und ich sie nicht mehr während meiner Krankenhausbesuche als Dolmetscher sehen kann. Die Geschichte, dass ich mit Schwester Adelheit ein Pfeifchen geraucht und sie als unmenschlich bezeichnet habe, war nur eine Notlüge, um zu verhindern, dass unsere Beziehung herauskommt. Die Zeit sitzt uns im Nacken, denn in weniger als vier Monaten müssen wir Saßnitz verlassen und ABV hat in naher Zukunft kein neues Projekt in der DDR. Du verstehst sicher, wie wir uns fühlen. Es ist wie eine Sanduhr, wo der Sand langsam, aber unerbittlich in die untere Hälfte rieselt. Heidemarie hat natürlich Angst vor dem Tag, an dem ich Saßnitz verlasse, und dass ich sie mit der Zeit vergesse. Sie hat sich hier gegen das gesamte System gestellt. Das bedeutet, dass sie in diesem Land keine Zukunft mehr hat.«

Per versucht, Tommy etwas Mut zu machen: »Es ist ja noch nicht August und bis dahin kann noch viel passieren! Ich werde natürlich niemanden erzählen, was du mir erzählt hast. Darauf kannst du dich verlassen. Aber jetzt sollten wir unser Augenmerk darauf richten, was wir noch alles zu tun haben. Das bringt dich vielleicht auf andere Gedanken!« Als er das sagt, sehen sie, wie die schwedische Fähre rückwärts in das alte Fährbecken gleich neben dem neuen einfährt, das sie gerade fertigstellen. Auf der hinteren Kommandobrücke stehen der Kapitän und der Steuermann, die dem Leuchtfeuer folgen, das auf der steilen Böschung steht, die das Stadtzentrum vom Hafengebiet trennt.

»Wir müssen jetzt auch durchstarten …«, sagt Per, der fasziniert die Fahrt der großen weißen Fähre in das enge Fährbecken verfolgt. Tommy, der dasitzt und an Heidemarie denkt, hört nur mit einem Ohr hin, was Per sagt: »Was meinst du?« Per zeigt auf den großen Mast, der den richtigen Kurs in das Fährbecken weist: »Wir müssen jetzt auch mit der Montage der gleichen Richtmarke beginnen, damit die Fähre bei jedem Wetter und zu jeder Jahreszeit anlegen kann. Hast du den Kurs geprüft, den die Ostdeutschen in ihren Dokumenten vorgeschrieben haben? Das müssen wir schnell testen. Wir können dafür das Boot der Taucher, Söderns Drottning, verwenden und prüfen, ob alles korrekt ist.«

Plötzlich kommt Tommy die Erleuchtung: »Ich Dummkopf, dass ich da nicht früher darauf gekommen bin. Großartige Idee, Per!« In Wirklichkeit aber keimt in ihm ein Plan, wie er Heidemarie befreien kann. Seine Arbeitslust kommt zurück und Per sieht mit Verwunderung Tommys plötzlichen Elan …

Am gleichen Nachmittag sitzen Tommy und Bert im Speiseraum bei einer Kaffeepause. Bert, der immer noch wegen der Information über Walter aufgeregt ist, strahlt über das gesamte Gesicht: »Was habe ich gesagt? Wir werden den faulen Fisch die nächsten fünf Jahre nicht sehen. Pfui Teufel, wie schön.«

Lars Paulsson, der gehört hat, was Bert gesagt hat, fühlt sich gezwungen zu antworten: »Nun werden wir uns nicht am Unglück anderer Leute ergötzen. Wir wissen ja nicht, warum Walter das getan hat, was er getan hat. Vielleicht hatte er seine Gründe, wer weiß. Nun vergessen wir die Geschichte und gehen raus und bauen den Fährhafen fertig. Ist das für dich okay, Bert?«

»Verdammt, wir dürfen nie ein bisschen Spaß machen. Aber es ist okay für mich. Hauptsache ihr Höheren besorgt mehr Arbeit hier in Ostdeutschland. Ich will niemals mehr zurück nach Schweden!«

Lars kann es nicht lassen, ihn ein wenig zu necken: »Fein, Bert, da kannst du ja mit Walter tauschen ...«

Zur gleichen Zeit kommt Walter mit einem Gefangenentransport aus Berlin im Stasi-Spezialgefängnis in Bautzen an. Das Gefängnis steht mitten in einem alten, schönen Wohngebiet. Es war schon in der Nazizeit ein berüchtigtes Zentrum für brutale Verhöre. Seit 1956 hat die Stasi es als Gefängnis ausgebaut, für besonders ungeliebte Gefangene, wie Systemkritiker, Spione und Verräter – zu deren Kategorie Walter nun zählt.

Bei Methoden, die auf einer vollständig bedingungslosen Behandlung durch das Wachpersonal mit weniger oder gar keinen Skrupel fußen, kann Walter sicher sein, dass die Zeit hier unerträglich werden würde. Der einzige Weg von hier weg ist, dass er von den westdeutschen Behörden für einen Betrag freigekauft wird, der von Fall zu Fall variieren kann. All das weiß Walter natürlich nicht, bis er in eine kleine Zelle eingesperrt wird, wo ihn drei Gefangene resigniert ansehen. Er legt sich auf das freie Bett und seine Gedanken kreisen unaufhörlich, als er verzweifelt darauf wartet, dass er aus diesem Albtraum erwacht.

Kapitel 48

April 1977 – Verzweiflung

Onkel Hans geht unruhig auf der Straße hin und her, die aus dem Hafengebiet in Saßnitz führt. Ohne die Aufmerksamkeit von irgendjemandem zu wecken, versucht er, Kontakt zu Tommy zu bekommen, wenn dieser von der Arbeit kommt. Er hat seinen grünen Jeep in einer Seitenstraße geparkt und steht jetzt unter einem großen Baum, der den schweren Kohlerauch aus den Essen all der kleinen Häuser dieser Stadt und die Abgase der schweren Lkw überlebt hat, die an ihm vorbei von und auf die Fähre fahren.

Tommy kommt in seinem roten Saab angefahren, als er Onkel Hans entdeckt. Dieser gibt ein Zeichen, ihm zu folgen. »Warum ist er hier? Da muss etwas mit Heidemarie passiert sein«, ist sein erster Gedanke. Er wartet, bis der grüne Jeep vor ihm fährt und folgt ihm diskret bis zum Hotelparkplatz, wo er einbiegt. Und jetzt versteht er, dass er sein Auto parken und danach in den Jeep des älteren Mannes umsteigen soll. Er versucht, so weit wie möglich weg zu parken, um dann zu Fuß zu gehen, so wie er es sich angewöhnt hat, damit er nicht beobachtet wird. Als er in den Jeep einsteigt, sieht er, dass Onkel Hans zutiefst besorgt ist. Dieser nickt nur ganz kurz und sagt: »Du musst sofort mit zu uns nach Hause kommen. Heidemarie geht es nicht gut und sie braucht dich jetzt augenblicklich.« Tommy bekommt Angst. Aber er merkt, dass Onkel Hans nicht mehr Informationen geben will. Er sitzt deshalb still in Gedanken versunken während der kurzen Fahrt bis zur alten Holzvilla mit Aussicht über den gesamten Hafen.

Sie kommen in die Diele und Onkel Hans wendet ihm sein Gesicht zu und sagt mit ernster Stimme: »Sie wurde heute ins Rathaus gerufen und erhielt den Bescheid, dass über eure Eheschließung frühestens in drei Jahren befunden werden kann!«

Tommy fühlt, wie ihm die Luft ausgeht, und er bricht zusammen. Onkel Hans greift ihn unter den Achseln und schüttelt ihn kräftig: »Jetzt musst du stark sein und ihr helfen. Ich toleriere jetzt keine Schwäche von dir. Das Leben ist nicht immer einfach und kein Zuckerschlecken, also will ich jetzt – nein ich fordere es von dir –, dass du wie ein Mann zu ihr gehst und ihr hilfst, dass sie ihre Lebenslust zurückbekommt.«

Tommy tut sich selbst leid und will am liebsten davonlaufen, aber in diesem Augenblick versteht er, dass es jetzt ernst ist – entweder er stellt sich zu einhundert Prozent hinter sie und steht das Ganze durch mit allen Konsequenzen oder er ergreift die Flucht und lässt alles hinter sich. Onkel Hans sieht mit wachsamen Augen auf ihn, als ob er seine Gedanken lesen könnte, bis dann Tommy all seinen Mut zusammennimmt, und sagt: »Natürlich werde ich ihr, uns beiden, aus dieser schweren Situation helfen.« Er geht die Treppe hinauf zu ihrer Wohnung.

Als er den Raum betritt, sieht er sie zuerst gar nicht. Alle Gardinen sind zugezogen, die Luft steht im Raum und auch ein Geruch von Krankheit liegt im Zimmer. Vor ihrem Doppelbett steht ein Blecheimer mit etwas Wasser und nun sieht er, woher der Geruch kommt. Sie liegt unter so vielen Decken, dass er nur ein wenig von ihrem braunen Haar sieht. Er hört an ihrer Atmung, dass sie tief schläft, so legt er sich auf das andere Bett und legt seine Arme vorsichtig um sie. Er hört ihre Atemzüge, weiß aber nicht, was er tun soll, bis sie seinen Namen ruft: »Tommy, bist du hier? Mir geht es so schlecht.« Sie beugt sich über das Bett und übergibt sich in den Blecheimer, befeuchtet ein Handtuch mit kaltem Wasser und legt sich zurück. Er wäscht ihr das Gesicht und den Nacken ab und legt das kalte Handtuch über ihre heiße Stirn. »Ich öffne kurz das Fenster und du legst dich in das andere Bett, sodass ich dein Bett neu herrichten kann.«

Sie versucht, sich zu bewegen, ist aber zu schwach, sodass er ihr helfen muss. Nachdem er ihre Bettseite wieder in Ordnung gebracht hat, hilft er ihr zurück. »Wie fühlst du dich? Soll ich einen Arzt aus dem Krankenhaus rufen?« Sie schaut ihn traurig an und sagt mit schwacher Stimme: »Sie werden uns nicht zusammen sein lassen. Alles ist verloren.«

»Nichts ist verloren«, entgegnet er, »sie können uns nicht daran hindern, zusammenzubleiben. Nun dürfen wir nicht aufgeben. Das ist ja das, was sie wollen, aber wir geben niemals auf! Gibt es nichts, was ich für dich tun kann?«

Sie fragt: »Welcher Tag ist heute und wie spät ist es?«

»Donnerstagabend und es ist halb elf. Du hast den ganzen Tag geschlafen. Ich bleibe bei dir, bis es dir wieder besser geht. Die werden es auf dem Bau schon ohne mich schaffen. Aber wie ist es mit dir? Soll ich nicht doch jemanden aus dem Krankenhaus bitten, vorbeizukommen?«

Sie wendet den Kopf und zeigt auf eine Arzttasche, die auf dem Stuhl am Fenster steht: »Nein, das ist nicht nötig. Es ist nur ein starker Migräneanfall. Gib mir bitte eine blaue und eine weiße Schachtel, auf der Ergotamin steht. Tommy, das sind Zäpfchen und ich brauche dafür deine Hilfe, denn ich schaffe es nicht allein.« Er versteht nun, was sie meint. Es gelingt ihm, sich von seinen schwedischen Hemmungen zu lösen, als er das patronenförmige Arzneimittel an der richtigen Stelle einsetzt. Nach kurzer Zeit verfällt sie in einen tiefen Schlaf. Er legt sich wieder neben sie, tief beunruhigt darüber, dass es ihr so schlecht geht und aus Sorge vor der Zukunft.

Am nächsten Morgen geht Tommy in die Küche hinunter zu Onkel Hans, der am Tisch sitzt und seinen starken Morgenkaffee trinkt. »Guten Morgen, Tommy. Wie geht es ihr? Kann ich etwas tun? Schläft sie immer noch?« Tommy nickt und antwortet: »Sie schläft weiterhin. Sie hat mich um Medizin aus ihrer Arzttasche gebeten und nachdem sie das Zäpfchen genommen hat, ist sie sofort eingeschlafen.« »Das klingt ja gut«, sagt Onkel Hans, »aber sie muss etwas in den Magen bekommen, wenn sie aufwacht. Was denkst du? Sollen wir ihr einen Tee machen und etwas trockenes Weißbrot? Sie hat in den zurückliegenden vierundzwanzig Stunden nichts gegessen und das kann ja nicht gut sein, oder was meinst du?«

Tommy stimmt zu: »Onkel Hans, ich bin kein Experte darin, mich um kranke Frauen zu kümmern, aber wir können es ja testen.«

»Da sind wir ja schon zwei Laien«, merkt Onkel Hans an, »aber wir können es ja tun, so gut wir können. Hat sie dir etwas erzählt, was im Rathaus passiert ist?«

Tommy sieht ihn besorgt an. »Nur, dass wir drei Jahre warten müssen, bevor sie unseren Antrag für die Eheschließung bearbeiten.« Er sieht, dass die Augen von Onkel Hans funkeln. »Ja, das sagte sie, als sie von der Besprechung zurückkam und bevor sie ihren Migräneanfall bekam. Die kommunistischen Schweine werden es teuer bezahlen, wenn eines Tages die Stunde der Freiheit schlägt. Ich hoffe, dass ich da noch lebe, damit sie nicht so einfach wie die Nazis davonkommen, als die besiegt wurden.«

»Was meinst du damit?«, wundert sich Tommy. »Ich habe in der Schule in Schweden gelernt, dass sie alle aus den Behörden entfernt und durch Menschen ohne Schuld ersetzt wurden.«

»Das ist ein schöner Scherz«, wendet Onkel Hans ein, »die schlimmsten Verbrecher wurden vielleicht vor Gericht gestellt, aber die große Masse der Mitläufer hat nur ihre Kleidung ausgetauscht und weitergemacht, als sei nichts geschehen. In beiden deutschen Staaten ist das seltsamerweise gleich. Die alten Netzwerke von früher scheinen sowohl in einer Demokratie als auch in einer sozialistischen Diktatur zu funktionieren!«

Tommy ist entsetzt über die klaren Worte von Onkel Hans. Er wechselt das Gesprächsthema und schlägt vor, dass sie gemeinsam rauf zu Heidemarie gehen. Als sie hochkommen, ist sie wach, und Tommy sieht sofort, dass es ihr besser geht. Sie öffnen das

Fenster und Tommy begleitet sie ins Bad. Währenddessen wechselt Onkel Hans die Bettwäsche und versucht, den Geruch von Niedergeschlagenheit und negativen Gedanken aus dem Zimmer zu vertreiben. Sie kommt zurück, legt sich vorsichtig in das neu gemachte Bett und sagt: »Müsst ihr dastehen wie zwei ängstliche Schuljungen? Onkel Hans, du kannst dir ja den Stuhl an mein Bett holen und du, Tommy, setzt dich auf mein Bett.«

»Wie geht es dir?«, fragt Onkel Hans besorgt seine Nichte. Sie erzählt, dass sie noch nie einen solchen schweren Anfall von Migräne hatte und dass er durch ihren Besuch im Rathaus ausgelöst wurde. Der Stress und die Wut über die arrogante und bösartige Behandlung waren zu viel für sie und sie musste sich beeilen, nach Hause zu kommen, als sie den Anfall unterwegs aufkommen merkte.

»Glücklicherweise bist du zu Hause gewesen, Onkel Hans, und konntest mir ins Bett helfen, bevor der Anfall so schlimm wurde. Nun klingt es langsam ab und morgen ist alles wieder gut. Ich brauche etwas Richtiges zu essen. Vielleicht könnt ihr gemeinsam eine Hühnersuppe zubereiten und ich brauche Flüssigkeit. Könnt ihr auch einige Flaschen Mineralwasser besorgen?« Sie kaut weiter auf ihrem trockenen Brot herum und trinkt den lauwarmen Tee in kleinen Schlückchen.

Als Tommy am nächsten Morgen aufwacht, hört er, dass sie im Badezimmer ist und duscht. Sie kommt in das Schlafzimmer zurück und er sieht gleich, dass es ihr bedeutend besser geht. Die dunklen Ringe unter den Augen sind kleiner geworden und sie hat auch ein wenig von ihrer Energie zurückbekommen.

»Nun darfst du aufstehen, mein Liebling, mach dich bereit für ein langes Frühstück. Ich bin ja so hungrig!« Sie beeilt sich, hinunterzugehen, um mit dem Frühstück zu beginnen. Als er herunterkommt, schlägt ihm als Erstes der wohlbekannte Duft von Rührei entgegen. Augenblicklich kommt ihm die süße Erinnerung an Marzahn und die Jagdhütte in den Sinn und er musste plötzlich lächeln.

»Warum lächelst du, Tommy?«, fragt sie, als er in die Küche kommt. Er denkt sich schnell eine Antwort aus, die vielleicht nicht ganz wahr ist, aber trotzdem ist es das, was er eigentlich gedacht hat. Wenn nur nicht der verdammte Duft von Rührei sein Gehirn in die falsche Bahn gelenkt hätte. »Ich lächle, weil es dir wieder so gut geht, und das macht mich glücklich. Onkel Hans und ich waren so besorgt in den letzten Tagen. Wo ist er eigentlich? Muss er heute am Sonnabend arbeiten?« Sie zeigt auf einen Zettel, auf dem steht, dass er das Wochenende in der Jagdhütte verbringt, weil angeblich gejagt wird. »Er will uns die Möglichkeit geben, dass wir am Wochenende für uns allein sind.«

Sie gehen langsam am Strand entlang, von der großen verfallenen Seebrücke in Richtung Prora. Sie brauchte nach dem herrlichen Frühstück frische Luft und so nahmen sie ihren Trabant und fuhren nach Binz. Gemeinsam in Saßnitz spazieren gehen, würde das Schicksal zu sehr herausfordern. Sie trägt ihren Wintermantel und eine altmodische Pelzmütze, die sie bis zur Nase heruntergezogen hat, damit sie nicht erkannt wird. In der steifen, frischen Brise, die in der Aprilsonne bläst, ist das Risiko aber gering, erkannt zu werden. Sie sind fast die Einzigen auf dem langen Sandstrand.

»Ist es nicht fantastisch, hier zu gehen? Das Gefühl von Hoffnungslosigkeit und die Übelkeit, die auf mir lasteten, sind wie weggeblasen. Als sie zu mir sagten, dass wir drei Jahre warten müssen, um den Antrag zur Heirat stellen zu können, war es, als hätte ich ein Todesurteil erhalten. Ich sah vor mir, wie du ein letztes Mal die Fähre nimmst und ich fühlte, wie mein Leben langsam im Sande verlief.« Sie bleibt stehen und stochert mit dem Fuß einen kleinen Sandhaufen umher, der durch die Wellen entstanden ist, die ihre Reise auf der anderen Seite der Ostsee begonnen haben, nur reichlich 160 Kilometer entfernt und vier Stunden mit der Fähre, die sie gerade den Hafen von Saßnitz verlassen sehen zu ihrer Fahrt nach Trelleborg.

»Wenn du wüsstest, wie ich mich danach sehne, mit dir auf dem

Schiff zu sein. Es gibt nichts, was ich lieber will. Kannst du das nicht arrangieren? Du kannst doch fast alles.«

Sie sieht ihm in die Augen und er spürt, wie er immer bei ihr sein will. Nichts anderes hat irgendeine Bedeutung. Er ist gezwungen, eine Träne wegzuwischen, die plötzlich entsteht, als er daran denkt, wie wenig Zeit sie noch gemeinsam haben, bevor er das Land verlassen muss. Sie gehen weiter und er beschließt, ihr von dem Plan zu erzählen, den er sich ausgedacht hat, und nun so ausgereift ist, dass er in seinen Gedanken stets gegenwärtig ist. Er sieht zu diesem Plan keine Alternative. Drei Jahre warten, bis sie zusammen sein können, ist für ihn ausgeschlossen. Er weiß nur noch nicht, wie er ihr seine Idee vermitteln soll, und beginnt deshalb zaghaft: »Ich habe in der letzten Zeit überlegt, was wir, was ich tun kann, wenn wir nicht heiraten und nicht nach Schweden reisen dürfen. Das hier ist nichts, was wir Onkel Hans und Oma Friede erzählen dürfen. Es ist nur etwas zwischen uns, egal was auch passiert. Sie müssen weiter den Rest ihres Lebens in dieser Diktatur verbringen, sodass sie bei der Ausführung unseres Plans genauso überrascht sein müssen wie die Behörden. Wir dürfen über unseren Plan niemals im Haus sprechen. Das musst du mir versprechen. Es kann überall Stasi-Mikrofone geben!«

Sie nickt und sieht ihn ernst an. Er merkt, dass sie tausend Fragen hat, aber er benutzt den Blick, den Onkel Hans hat, wenn er nicht unterbrochen werden will, und beginnt zu beschreiben, was geschehen wird. Während er über seinen Plan redet, erreichen sie eins von Hitlers größten Bauprojekten, das hier oben den Namen der Koloss von Rügen trägt. Genau hinter dem Strand, jenseits eines Streifens windgepeitschter Kiefern, erheben sich fünf von ursprünglich acht sechsstöckigen Häusern. Jedes Haus hat eine Länge von 550 Metern und insgesamt erstrecken sich die Gebäude über eine Länge von drei Kilometern. Er war das erste Mal hier mit Per Murström. Per erzählte die fantastische Geschichte der geplanten Ferienanlage, die 20 000 Gäste beherbergen sollte. Der Gedanke war auch, Prora als Sammelpunkt für die Soldaten der unterschiedlichen Fronten zu nutzen, die mit ihren Familien zur Erholung kommen sollten, aber auch, um die Geburtenzahl zu erhöhen, damit die Macht des Deutschen Reiches in den nächsten 1000 Jahren sichergestellt wird. Der Komplex wurde niemals fertiggestellt, aber die gigantischen Bauwerke stehen immer noch als stumme Zeugen dieser vergangenen Zeit.

Tommy interessiert sich für den Ort, insbesondere für die Reste einer enormen Mole, die es nur etwa 50 Meter ins Wasser geschafft hat. Sie bleibt in seinen Gedanken haften. Der Plan der Nazis war es, in Kriegszeiten an diesem Pier große Truppentransportfahrzeuge vorzuhalten, die sich von hier schnell ins offene Meer bewegen konnten. Heute sieht Tommy nur im Vorbeigehen die großen halb fertigen Häuser, die der NVA, Nationale Volksarmee, als Kasernen dienten.

Heidemarie hört aufmerksam zu, als sie langsam neben ihm läuft, ohne etwas von der Umgebung wahrzunehmen. Seine Schilderungen über die Details verwundern sie mehr und mehr. Die Beurteilung, wie realistisch das ist, fällt ihr schwer, da sie noch nie zuvor Erfahrungen mit einem Aufenthalt auf See gemacht hat. Das Ganze klingt so abstrakt und es ist ihr klar, dass sie nur dann den Entschluss zu seinem Fluchtplan fassen kann, wenn sie ihm volles Vertrauen entgegenbringt. Ihr Leben in seine Hände zu legen ist nur selbstverständlich, wenn er bereit ist, sein Leben für sie zu opfern.

In dieser Sekunde entscheidet sie sich und sagt nur kurz: »Liebling, ich glaube an dich und deinen Plan.« Er sieht sie überrascht an und antwortet: »Aber du kennst ja noch gar nicht alle Details!« Sie stehen vor einer hohen, gemauerten Wand aus Backsteinen, die zeigt, dass hier echte Profis am Werk waren, als der Komplex vorwiegend Ende der Dreißigerjahre erbaut wurde. Tommy erklärt ihr: »Das sind die Anker für die 400 Meter lange Kaimauer, die hier gebaut werden sollten.« Heidemarie blickt ihn irritiert an. »Das ist sicher interessant für euch Baumeister, aber sind wir hierhergegangen, um diese Backsteinmauer zu sehen?«

Er sieht sie entschlossen an und erwidert: »Wir sind hier und ich erzähle dir das, weil du dich genau am 7. Oktober um 22 Uhr hier befinden sollst und mir mit einer Taschenlampe signalisierst, wo ich dich in der Dunkelheit finden kann.«

Sie sieht ihn skeptisch an, aber die Entschlossenheit in seinem Gesicht überzeugt sie, dass seine Gefühle für sie genauso tief und unsterblich sind, wie ihre für ihn. Als ein Zeichen, dass sie sich über die Durchführung des Planes einig sind, wohlwissend, dass sie ihr Leben aufs Spiel setzen, küssen sie sich innig. Sie vergessen für einen kurzen Moment, dass sie zwei junge Menschen sind, die gerade beschlossen haben, die wohlgeordnetste und boshafteste Staatsmacht in dieser Welt zu täuschen.

Als sie in der Abenddämmerung in das Haus in Saßnitz zurückkommen, fühlt sich Heidemarie rundherum gesund. Ihre Kraft und Lust zum Leben kommen schrittweise zurück und sie weiß nun, dass die Würfel gefallen sind. Es fühlt sich ein bisschen seltsam an, ein so fundamentales Geheimnis zu haben und es nicht mit den Personen teilen zu können, die in ihrem Leben so viel für sie bedeuten.

»Hoffen wir, dass wir das Richtige tun, wenn wir uns in dieses Abenteuer begeben. Nein, Abenteuer ist das falsche Wort. Wir können beide unser Leben verlieren oder für lange Zeit im Gefängnis landen. Aber was ist die Alternative? Dass ich hier in Opposition zum System bleibe und Tommy nach Schweden zurückreist und mich vergisst? Ist es wirklich richtig, ihn für meine Freiheit zu benutzen? Aber er will ja auch ein Leben mit mir. Ich weiß, dass unsere Gefühle echt sind und dass es nicht nur eine kurze Verliebtheit ist ...«

Während sie eine typisch deutsche Abendmahlzeit essen, bestehend aus Wurst in verschiedenen Varianten, Käse und Brot, schwirren ihr die Gedanken im Kopf umher. Dazu trinken sie einen sehr guten roten Wein, den er aus Schweden mitgebracht hat.

»Woran denkst du?«, fragt er. »An nichts Spezielles, nur dass wir es gut haben. Es war so schön, draußen zu sein und die frische Meeresluft zu genießen. Ich finde, dass wir jetzt nach oben gehen und uns für die Nacht fertig machen sollten. Was sagst du dazu?«

»Ist das nicht etwas zu zeitig? Es ist ja erst neun Uhr!«

»Nein, das ist in Ordnung. Wir können den Rest des Weines auch oben trinken.«

Tommy wartet in seinem blauen schwedischen Baumwollschlafanzug, bis sie fertig ist. Sie kommt nackt aus dem Bad und stellt sich mit den Händen in den Hüften vor ihm hin und sagt spöttelnd: »Was soll das denn bedeuten, Herr Oskarsson? Hatte ich mich zur Bekleidung nicht klar ausgedrückt?« Sie zieht ihm resolut den Pyjama aus und setzt sich auf ihn und spricht weiter: »Wir werden immer zusammenbleiben, was auch passiert. Ich liebe dich so sehr, dass es schmerzt. Du musst mir versprechen, dass wir eine gemeinsame Zukunft haben.« Als sie das sagt, gleitet sie langsam über ihn und das Einzige, was er in seinem erregten Zustand und voller Glück erwidern kann, ist: »Ich verspreche es, Frau Doktor.«

Kapitel 49

Mai 1977 – Vorbereitungen

Direkt neben der neugebauten Autobahn, die von Süden in das Zentrum von Örebro führt, befindet sich das Bootskaufhaus Repslagarn. Bereits als kleiner Junge war Tommy oft dort, um sich die neuen Bootsmodelle anzusehen. Und als er sieben Jahre alt wurde, erhielt er sein erstes Motorboot: ein kleines Galoschen-ähnliches Holzboot, das ihm sein Papa gebaut hatte. Es hatte einen schwarzen Außenbordmotor mit 10 PS der Marke Mercury. Dieses Boot führte dazu, dass Tommy fortan das Leben auf See liebte. Die Jahre vergingen und die Motoren des kleinen Bootes wurden immer stärker. Er lernte, damit umzugehen bis zu Geschwindigkeiten von fast 40 Knoten.

Tommy war oft bei Repslagarn. Und jetzt, wo er für zwei Wochen Urlaub zu Hause in Örebro ist, nutzt er die Gelegenheit, um das Boot abzuholen, das er bei einem früheren Besuch gekauft hat.

»Hallo, Tommy, schön, dich wiederzusehen. Wir haben dein neuestes Ungeheuer hier«, begrüßt ihn der Besitzer des Geschäftes, Bengt Svensson, mit dem ausgeprägten lokalen Akzent.

Er zeigt Tommy einen Teil seiner großen Werkstatt und dann steht es da – ein Fjordling 17, 5 Meter 20 lang und lackiert in matt schwarzer Farbe. Tommy bekommt eine Gänsehaut, als er zum ersten Mal das Boot sieht, das er vorher nur auf Fotos gesehen hat. Als es die Fabrik in Norwegen verließ, war die Farbe Weiß. Aber Tommy hat entschieden, dass es komplett in Schwarz umlackiert werden sollte, weil es so besser zu den zwei Mercury-Motoren von je 125 PS passen würde. Das war die offizielle Erklärung, aber der wirkliche Grund für die mattschwarze Farbe war, dass die ostdeutsche Küstenwache das Boot nicht so leicht entdecken sollte. Davon konnte Tommy aus verständlichen Gründen natürlich nicht erzählen.

»Das hier ist das schnellste Boot, was ich je verkauft habe. Ich habe gehört, dass es beim Grand Prix in den Stockholmer Schären im vergangenen Jahr über 50 Knoten erreicht hat«, sagt Bengt und schaut genauso verliebt auf das Motorboot wie Tommy.

»Aber warum hast du dich dafür entschieden, es ganz Schwarz lackieren zu lassen? Hätten es nicht ein paar schwarze Ränder auch getan?«

»Du weißt ja, dass ich die schwarzen Motoren am meisten liebe, und wenn das ganze Boot schwarz ist, dann ist es umso schöner«, antwortet Tommy, obwohl er sich dabei nicht ganz wohlfühlt. Er setzt fort: »Aber noch wichtiger ist, dass ihr die Motoren auseinandergenommen und sie bis ins Detail geprüft habt. Ich werde im Sommer und im Herbst eine Langstreckenfahrt unternehmen und da darf nichts schiefgehen.«

Er wirft Bengt seinen schärfsten Onkel-Hans-Blick zu. »Das musst du mir garantieren!«

Bengt guckt Tommy ein bisschen beleidigt an und erwidert: »Meine besten Mechaniker haben alles zu deiner Zufriedenheit getan. Boot und Motoren sind jetzt in einem viel besseren Zustand, als es vor sieben Jahren an mich geliefert wurde.«

Tommy widmet sich in den nächsten Stunden seinem neuen Boot und geht alle Details durch. Und zwar alles von den extra großen Tanks bis zur neuen Navigationsausrüstung, bestehend aus doppelten Kompassen, die viel zu teuer, aber notwendig sind. Anstatt zweier Kojen liegt ein aufblasbares Gummiboot mit dazugehörigem Außenbordmotor im Innenraum und unter der Achterbank ist ein Spezialkompressor installiert, der in kurzer Zeit das Floß aufblasen kann. Er ist sehr zufrieden mit allem, was er gesehen hat. Nachdem er den Scheck über den Rest des Kaufpreises übergeben hat, koppelt er den Anhänger an und fährt in Richtung Askersund.

»Worauf habe ich mich da eingelassen?«, überlegt er während der Fahrt. Als er durch die ruhigen Wälder mit den blauen Kilsbergen im Hintergrund fährt, scheint es ihm so, als wäre das Leben weit weg, das er in Saßnitz mit Heidemarie lebt. Es ist gerade so, als würde er zwei Leben führen – er fühlt sich gespalten und hat Angst, dass er aus irgendeinem Traum erwacht.

Er muss da allein durch. Mit niemandem kann er seinen Plan teilen. Keiner darf erfahren, dass seine Pläne mit einem Fluchtversuch aus dem am meisten bewachten Land der Welt zusammenhängen. In den nächsten zwei Wochen hat er geplant, fünfmal von Askersund im nördlichen Teil des Vätternsees zur Südspitze der Insel Visingsö zu fahren – eine Strecke von 110 Kilometer Seeweg.

Der Stapellauf des Bootes im Hafen von Askersund verläuft problemfrei und nachdem er alle Tanks mit reichlich 250 Litern gefüllt hat, schüttelt der Mann, der die Bootstankstelle beaufsichtigt, mit dem Kopf und fragt ungläubig: »Zum Teufel, wie weit willst du fahren?«

Tommy will eigentlich nicht antworten, aber sagt dann doch: »In den nächsten Tagen brauche ich noch mehr. Ich bin dabei, das Boot vor dem diesjährigen Grand Prix in Stockholm zu testen.«

Tommy startet die beiden schwarzen, beeindruckenden Außenbordmotoren und gleitet aus dem Hafen. Die Fahrt führt ihn durch die Schärenlandschaft, die herrlich in der Maisonne leuchtet. Außer einigen Fischerbooten ist er ganz allein auf dem heute spiegelblanken Vätternsee. Er fährt nach seinem Plan 16 Knoten, was eine gute Geschwindigkeit für die Motoren ist, die sich überhaupt nicht anstrengen müssen. Der Verbrauch ist genauso niedrig, wie er berechnet hat. »Jetzt ist es wichtig, dass ich genau weiß, wo ich mich befinde. Wenn es ernst wird, ist es dunkel und draußen auf der Ostsee sehe ich kein Land …«

Er berechnet jede Viertelstunde, wo er sich befindet, und stellt fest, dass er sein Ziel in genau zwei Stunden erreicht. Das bedeutet, dass vom Start reichlich dreieinhalb Stunden vergangen sind.

»Vielleicht sollte ich ein Radio gegen die Langeweile einbauen. Ach Unsinn, ich esse stattdessen eine Stulle ...« Er packt eine Scheibe süßliches Weißbrot aus Örebro mit Salami aus und dazu öffnet er eine Flasche seines Lieblingsgetränks – Pommac. Es ist nicht so einfach, das Boot bei der langsamen Fahrt auf direktem Kurs zu halten, da es vor und zurück schlingert.

»Zum Glück habe ich das hier mitgenommen«, denkt er und nimmt einen Nachttopf hervor, den er unter das Instrumentenbrett gepackt hatte. Er pinkelt hinein und entleert das Gefäß vorsichtig über der Reling.

Tommy fährt an Motala und Vadstena vorbei und schon sieht er die flachen Umrisse der Insel Visingsö am Horizont auftauchen. Als er die Südspitze der Insel erreicht, bringt sich sein Adrenalin in Erinnerung. Er fühlt sich ein wenig, wie Neil Armstrong sich gefühlt haben muss, als er 1969 die letzten Kilometer auf den Mond zusteuerte. Genau als er eine Fahrtstrecke von 110 Kilometern ab Askersund zurückgelegt hat, startet er seinen Chronometer und gibt den beiden schwarzen Biestern am Heck Vollgas. Sie heulen auf und das kleine Boot fliegt förmlich über das Wasser.

Jetzt geht es darum, die Geschwindigkeit bei exakt 45 Knoten zu halten und die Zeit zu prüfen. Fünf Minuten und 50 Sekunden und keine Sekunde länger. 8 200 Meter zurückgelegt. »Und dann bleibt noch ein kleiner Spielraum bis zum Strand«, sagt er laut vor sich hin.

Heute fährt er nicht an den Strand von Visingsö, sondern peilt einen Kurs von 191 Grad an. Da ist freies Wasser in Richtung Jönköping. »Verdammt, das hier wird nicht leicht zu bewältigen sein, und das noch im Dunkeln, umringt von Feinden. Auf was zum Teufel habe ich mich nur eingelassen?«

Durch seine Gedanken und Zweifel verliert er die Konzentration und kommt vom Kurs ab. Die Uhr hat er auch nicht unter Kontrolle, als das Boot auf der glatten Wasseroberfläche hin und her schlingert. Er sieht, dass sechs Minuten vergangen sind, und geht vom Gas, sodass das Boot langsam an Geschwindigkeit verliert. Auf den letzten 100 Metern gleitet es von allein und er wendet das Boot vorsichtig, sodass der Bug in die Richtung zeigt, aus der er gekommen ist. Er geht schnell zu der eingebauten Heckleiter und klappt diese herunter. Er wartet dreißig Sekunden, nimmt wieder Platz auf seinem Fahrersitz und gibt wieder Vollgas. Jetzt geht er in eine lange Rechts-Links-Kurve. Die Geschwindigkeit liegt wieder bei exakt 45 Knoten und das Chronometer tickt. Um sicher zu sein, internationales Gewässer in so kurzer Zeit wie möglich zu erreichen, muss er mindestens 15 nautische Meilen fahren, das entspricht 28 Kilometern. Nach dem sorgfältig in Tabellenform aufgeschriebenen Plan bedeutet das, dass er diese Geschwindigkeit mindestens 20 Minuten halten muss.

Unter diesen Verhältnissen jetzt ist das kein Problem für ihn. Er beginnt ab sofort zu genießen, wie sanft das Boot bei dieser Geschwindigkeit im Wasser liegt. Der Benzinverbrauch ist extrem hoch, sodass er sogleich nach Erreichen der 20 Minuten auf 30 Knoten drosselt, damit er ohne einen Benzinstopp nach Askersund kommt. Die restliche Fahrzeit bei dieser Geschwindigkeit beträgt 1 Stunde und 45 Minuten. Nach seinen Berechnungen sollte er demnach noch 50 Liter Benzin in den Tanks haben, wenn er in Askersund zurück ist.

Das ruhige Geräusch der Motoren, wenn sie nicht die volle Leistung erbringen müssen, macht ihn schläfrig, und er träumt sich zurück in seine Kinderzeit, als er mit seinem kleinen Rennboot auf dem See Hjälmaren umherfuhr. »Zu jener Zeit waren die Probleme klein, keiner der einem die ganze Zeit sagte, was man tun oder nicht tun soll. Man trieb so vor sich hin, umgeben nur von freundlichen Menschen, na ja, mit Ausnahme von einigen harten Jungs aus Baronbackarna, die uns mitunter jagten.« Er musste innerlich lachen über die Bilder, die in seiner Erinnerung auftauchten, während das Boot in gleichmäßigem Tempo geradeaus nach Norden in Richtung Askersund steuerte.

»Wie ist es eigentlich heute gelaufen?«, fragt er sich. »Im Großen und Ganzen recht gut, aber reicht noch nicht für eine harte Situation. Ich muss noch mehr trainieren, sodass jeder Moment im Rückenmark sitzt. Ansonsten kommt es so wie aus den Kriegsgeschichten von Onkel Hans. Diejenigen, die Panik bekamen oder nicht wussten, was sie tun sollten und nichts taten, gingen unter. Die Überlebenden waren diejenigen, die sich überlegt vorbereitet und konzentriert trainiert haben. Der Test heute ist eigentlich gut gelaufen. Ich muss mir heute Abend noch alles Verbesserungswürdige aufschreiben, um es im nächsten Testlauf umzusetzen.«

Es ist noch zeitig am Abend, als er an die Bootstankstelle heranfährt und von dem Besitzer begrüßt wird. »Hallo. Man muss sagen, das war eine anständige Tour. Willst du noch mal einen vollen Tank haben? Bist ein guter Kunde.« Er füllt die Boots-Tanks auf. 185 Liter gehen hinein, sodass Tommy zufrieden ist, als er sieht, dass noch 65 Liter übrig sind und nicht nur 50 Liter, wie er geglaubt hat. »Es war ja kein Wind und keine hohen Wellen. Übermorgen wird es sicher schlimmer, es wird vor starkem Wind gewarnt …«

Es ist die fünfte und letzte Trainingsrunde und Tommy befindet sich mitten auf dem See Vättern. Es ist 11 Uhr am Abend und es ist fast dunkel – nur ein kleines Mondlicht leuchtet hinter den Wolken hervor. Ein harter südlicher Wind wühlt die Wellen auf, die fast zwei Meter hoch sind und sein Boot vom Typ Fjordling schlägt hart in jede Welle. Er hält die geplante Geschwindigkeit von 16 Knoten auf dem Weg zur Südspitze von Visingö exakt ein, hat dabei jedoch große Mühe zu navigieren und die Kontrolle darüber zu behalten, wo er sich befindet. Sein Selbstvertrauen ist nach und nach gewachsen, weil er gelernt hat, alle Situationen besser und besser zu beherrschen. Und er muss zugeben, dass Onkel Hans und Heidemarie ihm geholfen haben, die Disziplin zu entwickeln, die ihm jetzt hilft, mit den meisten Schwierigkeiten fertig zu werden.

»Normalerweise sollte ich Angst um mein Leben haben, so einsam mitten in der Nacht auf dem hinterhältigen Vättern zu sein. Aber seltsamerweise fühle ich mich sicher bei dem, was ich tue«, denkt er sich. Die Fahrt von Askersund bei niedriger Geschwindigkeit bezeichnet er als »Fahrt zum Mond«. Das Boot nähert sich dem Punkt, wo die Phase eingeleitet wird, die er »Mondlandung« getauft hat. Und die Fahrt zurück hat Tommy als »Rückreise ins Leben« benannt.

Mit geübter Routine beginnt er die Beschleunigung und den Sprung über die hohen Wellen. Die Phase des Wendens und die Aufholjagd läuft gut. Und er ist jetzt mit Rückenwind auf dem Weg zurück. Das Boot springt zwischen den Wellen und die Motoren heulen mitunter auf, wenn die Propeller sich in der Luft drehen, bevor sie wieder ins Wasser tauchen. Es fühlt sich gut an, wenn die zwanzigminütige Fahrt unter Vollgas vorbei ist und er wieder auf angenehme 30 Knoten drosseln kann.

»Ich hoffe, dass es genauso gut gehen wird, wenn es am 7. Oktober außerhalb von Saßnitz ernst wird«, denkt er. »Ich Idiot wählte ein so spätes Datum, aber das war das Optimale, nachdem ich alle Faktoren in Betracht gezogen hatte.«

Er überlegt, ob er das richtige Datum gewählt hat. Der 7. Oktober ist ein Feiertag in der DDR. Es ist Nationalfeiertag. Und in diesem Jahr ist es ein Sonnabend. Da wird noch mehr als normalerweise gefeiert, da der nächste Tag frei ist. Die Feierlichkeiten bestehen aus einer Militärparade und alle demonstrieren mit, um ihre Solidarität mit der kommunistischen Herrschaft zu zeigen. Und abends wird kräftig gefeiert, wo viel Bier und Schnaps konsumiert werden. Tommy hatte von einigen Ostdeutschen auf der Arbeit gehört, dass auch die Armee und die Marine an diesem Tag eine extra Zuteilung von Alkohol erhalten. Und seine Hoffnung ist, dass die Küste und der Strand etwas weniger aufmerksam bewacht werden als üblich. Ein weiterer wichtiger Grund, die Aktion nicht vor dem 7. Oktober zu machen: Wenn er den Hafen in Trelleborg um 18 Uhr verlässt, ist es schon richtig dunkel. »Nein, jetzt muss ich konzentriert aufpassen, dass ich nicht auf eine der vielen Inseln auflaufe, die sich auf dem letzten Stück zurück bis Askersund befinden.«

Er navigiert mit voller Konzentration und obwohl sein vorsichtiges Ich ihm rät, die Geschwindigkeit herunterzunehmen, hört er die Stimme von Onkel Hans sagen: »Halte dich an den Plan, wenn du den nächsten Morgen erleben willst.« Er setzt seine Fahrt mit 30 Knoten fort und erreicht früh am Morgen ohne Probleme die kleine schöne Stadt am nördlichsten Punkt des Vätterns.

Am nächsten Tag ist er auf der Bank und unterschreibt den Vertrag über ein Bankfach. Ihm ist in den zurückliegenden Tagen bewusst geworden, dass das, was er sich vorgenommen hat, ihm das Leben kosten kann oder eine lange Gefängnisstrafe. Also muss er irgendeinen Weg finden zu regeln, wer über sein erspartes Geld verfügen darf und die Sachen, die er besitzt, wie das Auto, das Boot … Aber das Boot ist ja sowieso dann verloren, wenn er nicht zurückkommt. Das handgeschriebene Testament, das er verfasst hat, gibt seinen Eltern die Anweisung, sein Vermögen einer gewissen Dr. Heidemarie Jähnert in Saßnitz zu überlassen, nach der von der westdeutschen Botschaft in Stockholm als angemessen erachteten Methode. Mit dem Testament hinterlässt er auch einen persönlichen Brief an seine Eltern, in dem er erklärt, warum er ihnen über seine Pläne nichts erzählen konnte, und er bittet sie dafür um Verzeihung. Noch am selben Tag nach dem Abendessen übergibt er den Brief mit dem Schlüssel für das Bankfach seinen Eltern mit den Worten: »Diesen Brief dürft ihr öffnen, wenn mit mir etwas passiert ist. Macht euch jetzt keine Sorgen. Ich habe nur viel nachgedacht darüber, dass ich jetzt anders als früher viel umherreise. Irgendwie fühle ich mich beruhigter, wenn ihr euch, sollte ich mal nicht mehr da sein, um die Dinge kümmert, die mir sehr am Herzen liegen!«

Er sieht, dass sein Papa und seine Mama Tränen in die Augen schießen, aber er weiß auch, dass sie ihn niemals überreden würden, seine Arbeit im Ausland aufzugeben. Ihr Gespräch ist mehr von alltäglichen Sorgen geprägt als von großen lebenswichtigen

Themen, wie Liebe und Beziehungen. Er verspricht wie immer, dass er vorsichtig ist und dass er sich meldet, so oft er kann. »Es wird alles gut«, versichert er.

Tommy hat ab Trelleborg die Fähre MS Skåne um 18 Uhr genommen. Er verbringt die knappen vier Stunden auf Deck, um zu sehen, ob sein Plan in der Praxis funktioniert. Die Fähre fährt mit einer stabilen Geschwindigkeit von 16 Knoten. Als sie die Linie erreichen, wo das internationale Gewässer aufhört und das Gebiet der DDR beginnt, konzentriert er sich auf eine der Fregatten, die vermutlich zu den ostdeutschen Grenztruppen gehört. Er geht schnell zur anderen Seite der Fähre und sieht, dass auch da ein gleiches Fahrzeug auf Wacht liegt.

Nachdem er sich schätzungsweise zehn Meter über der Wasseroberfläche befindet, kann er einschätzen, dass die Fahrzeuge etwa fünf nautische Meilen Abstand zur Fahrrinne der Fähre haben. Tommy hat in der letzten Zeit alle zugängliche Literatur, die er bekommen konnte, studiert und damit unter anderem erkannt, dass man aufgrund der Rundung der Erde maximal sechs nautische Meilen aus 10 Meter Höhe überblicken kann.

»Wenn ich hier die Grenzlinie mit voller Fahrt überquere, ist die Chance groß, dass sie mich so spät entdecken, dass sie es nicht mehr schaffen zu reagieren. Ich hoffe auch, dass sie den Nationalfeiertag ordentlich gefeiert haben, damit sie nicht in Alarmbereitschaft sind«, denkt er sich, als die Fähre langsam weiter in Richtung Saßnitz fährt. »Aber alle an Bord sind sicher disziplinierte Ostdeutsche. Sie werden alles tun, um uns zu stoppen oder zu erschießen.« Seine pessimistische Seite bekommt wieder mal die Oberhand und er verfällt in seine übliche selbstmitleidige Melancholie.

Kapitel 50

Juni 1977 –
Die letzte Nacht mit den engsten Kollegen

Heidemarie sitzt im Labor, in das sie wegen ihres Heiratsantrags zwangsversetzt wurde. Die Arbeit ist an und für sich nicht uninteressant, aber ihr fehlt der Kontakt zu ihren Patienten und den anderen Ärzten im Krankenhaus. Nachdem sie aus der kommunistischen Partei ausgeschlossen wurde, hat sich der Kontakt mit den früheren Ärztekollegen verändert. Die treuen, jüngeren Kommunisten weichen ihr aus – sie sehen sie überhaupt nicht an. Verwunderlich ist, dass einige von den älteren Getreuen, wie zum Beispiel Dr. Sickert, mit dem sie ein Problem beim Meinungsaustausch über die groben Kanülen hatte, sich neutral verhalten und hin und wieder zu einem aufmunternden Besuch kommen.

Sie sitzt da und träumt wie im Wachzustand von ihrem neuen Leben in dem für sie exotischen Land Schweden und sagt sich: »Jetzt heißt es, schnell Schwedisch zu lernen. Es scheint grammatisch nicht so schwer zu sein, wenn ich glauben kann, was in den Lehrbüchern steht, die Tommy eingeschmuggelt hat. Nicht ganz so kompliziert wie unsere deutsche Grammatik!« Sie hat ihr übliches Energieniveau zurückbekommen und verschlingt die Bücher, auf die sie Zugriff hat, speziell interessieren sie die medizinischen Fachbegriffe.

»In weniger als vier Monaten werden wir in Schweden zusammen sein und dann ist es wichtig, dass ich vorbereitet bin. Ich muss schnell beginnen, wieder als Ärztin zu arbeiten, und nichts wird mich daran hindern.«

Sie hat im Gegensatz zu Tommy keinen Zweifel, dass ihr Plan gelingt. Das Einzige, was sie traurig macht, ist das Zögern, das sie gelegentlich bei ihm spürt. Mitunter ist er in ihren Augen wie Onkel Hans, entschlossen und klar, doch in der nächsten Stunde zweifelnd und besorgt auf eine Art, die sie nicht versteht. Er hatte zu Hause alles: eine geborgene Kindheit, einen guten Job und er lebt in einem freien Land. Da sollte es eigentlich aus ihrer Sicht keinen Platz für Zweifel und negative Gedanken geben. »Nein«, überlegt sie weiter, »an dieser Seite von ihm muss ich noch etwas arbeiten. Vielleicht wäre wieder mal ein Wochenende mit Onkel Hans für ihn sehr nützlich?«

Auf dem Bau unten im Hafen gibt es ein seltsames Gefühl der Leere. Alles ist im Prinzip fertig und der größte Teil der Belegschaft hat Saßnitz und die DDR für dieses Mal verlassen. Viele von den Kollegen hoffen, dass ABV schnell ein neues Projekt erhält, sodass sie zu ihren Freundinnen und den anderen steuerfreien Einkommen zurückkehren können. Wenn es kein neues Bauprojekt gibt, ist es ausgeschlossen ein neues Visum zu bekommen. Es sei denn, man bucht ein Hotel, das in DM bezahlt werden muss.

Tommy geht gemeinsam mit Anders Nyström und Lars Paulsson über die polierten neuen Betonflächen. »Bist du nervös, Tommy?«, fragt Anders ihn und sieht ein wenig spitzbübisch auf ihn. »Nein, warum?«, erwidert Tommy. »Denkst du an etwas Spezielles?«

Tommy guckt unruhig auf seine zwei Chefs, die sehr zufrieden wirken. Lars fühlt sich gezwungen, sich in das Gespräch einzumischen, und verdeutlicht: »Immer mit der Ruhe. Es fragt sich nur, ob die Fähre morgen bei ihrer ersten Probefahrt anlegen kann. Aber wir beide wissen ja, dass das wunderbar klappen wird. Wir haben alles geprüft, auch alle Messungen. Auch die Ostdeutschen haben bestätigt, dass alles korrekt ist.« Tommy nickt und antwortet mit seiner gewohnten Skepsis in der Stimme: »Ich glaube das auch, aber man weiß ja nie, es kann auch mal etwas schiefgehen!«

»Nun steh dir nicht im Weg, Tommy. Hör auf, so negativ zu sein. Wir sind ja nicht in Örebro, sondern du bist mit großen Jungs hier. Immer schön ruhig bleiben!«, sagt Anders und sie setzen ihre Runde über die gut aufgeräumte Baustelle fort.

»Ich hoffe, es läuft heute besser, als ihr damals die Fähre mit der Küstenartillerie versenken wolltet!« Das sagt der erste Kapitän, Jonsson, von der MS Skåne zu der Delegation von ABV, die hoch zur Brücke kommt. Man sieht es Anders an, dass er über die Begrüßungsformel nicht glücklich ist, aber er lässt sich nicht aus der Fassung bringen und erwidert: »Nein, es wird sicher alles gut gehen und wenn nicht, können wir uns bestimmt euer neues feines Pilotboot ausleihen. Ich habe gehört, dass es richtig teuer war.«

Er zielt auf die durch den wütenden Kapitän angebotene Entschädigung ab, die die Kosten für das zersprungene Restaurantfenster weit übertraf. »Ja, das Boot ist sehr gut und hat uns schon sehr genutzt, großen Dank dafür! Aber nun vergessen wir das und sprechen lieber darüber, wie wir die zur Verfügung stehenden drei Stunden gestalten.« Die Fähre liegt in dem alten Fähranleger neben dem neuen. Sie entscheiden, aus dem Hafen zu fahren und ein komplettes Anlegemanöver einschließlich einer Kontrollmessung der Leuchtfeuer zu machen, die ABV gemeinsam mit den Ostdeutschen außerhalb des Hafens im Wasser installiert hat. Ebenso muss die Funktion der feststehenden Richtfeuer kontrolliert werden, die oberhalb des Fährenstandortes aufgestellt wurden, und auch das letzte oben an der Mauer in Richtung Stadtzentrum.

Tommy hat gemeinsam mit den ostdeutschen Vermessungsexperten viel Zeit aufgewendet, damit die Leuchtfeuer absolut zuverlässig sind, denn sie sorgen dafür, dass die Fähre auch im Dunkeln den richtigen Kurs hält.

Die Sonne scheint und das Hochdruckgebiet, das seit der letzten Woche über dem südlichen Teil der Ostsee liegt, sorgt dafür, dass angenehme 25 Grad über der gesamten Insel Rügen herrschen.

Die See ist fast spiegelblank und die Tausenden Sturmmöwen liegen und schaukeln in den Wogen der großen Fähre, als sie aus dem Hafen fährt. Sie macht eine große Kehrtwende, sodass sie auf gleichem Kurs sind, wie die Fähre, wenn sie aus Trelleborg kommt. Als sie die Kreidefelsen passieren, blickt Tommy schnell nach oben und muss sofort an den Kuss mit Heidemarie denken.

»Es ist viel geschehen in den eineinhalb Jahren, die seitdem vergangen sind. Bald werden wir für immer zusammen sein.« Als er den süßen Gedanken hat, folgen ihm sofort seine negativen Überlegungen, was alles schiefgehen kann. Das ihm gut bekannte Gefühl von Unruhe und Übelkeit macht sich bemerkbar und er zwingt sich zur Konzentration auf die Dinge, die er in den kommenden Stunden erledigen muss.

Tommy steht neben dem jüngeren Besatzungsmitglied, der für die Navigation in dieser Schicht verantwortlich ist. Sie sind mit niedriger Geschwindigkeit unterwegs und die Fähre zielt auf das neue Leuchtfeuer, das leicht schwebend hundert Meter vorausliegt und den Punkt markiert, an dem die Fähre rückwärts in das neue Fährbett einfahren soll.

»Wenn wir an die Boje kommen, kannst du mir da den exakten Kurs und Abstand zur alten Kaimauer in Prora geben? Beides hatten wir für die Positionsbestimmung der Boje verwendet.«

Tommy zeigt auf die vor ihnen liegende große Seekarte. Tommy hört den jungen Seeoffizier, der einen schrecklichen südschwedischen Dialekt spricht, fragen: »Wofür verdammt habt ihr einen Fixpunkt genommen, der so weit weg von hier ist. Es gibt ja eine Fülle anderer markanter Punkte, die viel näher liegen. Seid ihr ein bisschen doof oder worum geht es?«

Tommy ist erst sprachlos, aber dann wird er ärgerlich, wie immer mit seiner provinziellen typischen Verzögerung: »Das kannst du leicht sagen, aber die Ostdeutschen verfügen nicht über die gleiche feine und exakte Navigationsausrüstung wie wir in Schweden. Sie verwendeten diesen Fixpunkt bereits beim Platzieren und Überprüfen der Leuchtfeuer-Positionen für die vorhandene Fähranlage. Daher war es praktisch, denselben Punkt jetzt für diese Boje zu verwenden.«

Der großspurige Offizier blickt Tommy ein wenig mitleidig an. »Es muss doch schön sein, dass ihr hier fertig seid und in unser geliebtes Schweden zurückkehren könnt. Da kommt ihr endlich von diesen unterentwickelten Kommunisten weg!«

Tommy wollte erst eine giftige Antwort geben, aber die Information, die er brauchte, hatte Vorrang: »Ja, das wird toll werden, nach Schweden zurückzukommen. Es war eine anstrengende Zeit hier. Aber kannst du mir nun den Kurs und den Abstand zum Fixpunkt geben, damit ich diesen in unsere Dokumentation einarbeiten kann, sodass die Kommunisten zufrieden sind?«

»Selbstverständlich. Wenn es euch hilft, den Bau fertig zu bekommen, so errechne ich das. Einen Augenblick!« Der Offizier arbeitet mit seinen verschiedenen Systemen und noch bevor die Fähre anlegt, teilt er mit: »Knapp 4,5 nautische Meilen und der Kurs ist 191 Grad.«

Tommy freut sich über die Antwort: »Perfekt, das haben wir auch herausgefunden, als wir die Schwimmboje ausgesetzt haben, vielen Dank!« Zugleich denkt er sich: »Dann habe ich das in meinem Plan richtig berechnet. Aber ich spiele jetzt mal mit und lasse den Südschweden mit seinem Wissen glänzen. Soll er glauben, dass die Ostdeutschen keine bessere Methode haben, als die Boje auf mein Liebesziel in Prora auszurichten.«

Als sie sich dem Fähranleger nähern, fragt Tommy, wie er das Radar anwenden kann, um den Abstand zwischen den verschiedenen Landungsbrücken zu erkennen, wenn sie vorbeifahren. »Wie nahe siehst du mit dem Radar den Rumpf der Fähre?«

»Wie du weißt«, entgegnet der Seeoffizier, »schaukelt das Schiff teilweise, so kann man sagen, dass wir mindestens zwanzig Meter sehen.« Tommy sieht ihn neugierig an und fragt: »Und angenommen es gibt ein Hindernis zwischen der Fähre und den zwanzig Metern, dann seht ihr das nicht?«

»Genau«, ist die Antwort. »Aber wenn wir so hineinfahren,

dann haben wir ohnehin eine verstärkte Konzentration auf die Brücke. Bitte entschuldige mich jetzt. Jetzt beginnt nämlich die kritische Phase und es wird spannend zu sehen, ob ihr richtig gebaut habt oder den ganzen Scheiß noch mal machen müsst!«, sagt der junge Offizier und konzentriert sich auf die letzten dreihundert Meter Fahrt hinein in das Fährbett, das ABV unter Blut, Schweiß und Tränen in den zurückliegenden zwei Jahren erbaut hat.

Am gleichen Abend sitzt die kleine Leitungsgruppe im Nachtclub ganz oben im Rügen Hotel und feiert den Testerfolg des Fährhafens. Anders erhebt sich und beginnt seine Dankesrede: »Heute können wir alle stolz darauf sein, dass wir die Fertigstellung dieses Projektes geschafft haben«, er zeigt dabei auf den Fährhafen, der in der Abendsonne unter ihnen leuchtet. »Nicht nur pünktlich und mit einem guten wirtschaftlichen Ergebnis, sondern auch in einer fantastisch guten Qualität. Und, dass das heute mit der Testfahrt mit der MS Skåne alles so gut lief, war das i-Tüpfelchen. Auch wenn wir nur noch wenige hier sind, so waren es doch viele, die mit uns die Reise gemacht haben. Wir werden einen Dankesbrief an alle Beteiligten schicken. Aus meiner Erfahrung gibt es bei so großen komplizierten Projekten zwei glückliche Momente. Der erste ist, wenn man den Vertrag mit dem Auftraggeber unterschreibt und die Ehre erhält, das Projekt bauen zu dürfen. Der zweite ist der Augenblick, wo alles fertig ist, und dem Bauherren der Schlüssel übergeben werden kann. Die Zeit dazwischen ist eine Kombination aus Sorgen, Stress und Problemen. Doch, obschon fast betrunken, kann ich sagen, dass es hier bei unserem ersten Projekt in der DDR nicht so schlecht gelaufen ist, und die Jüngeren unter uns haben durchaus eine ungemein spannende und angenehme Freizeit erlebt!«

Er schaut auf Tommy, der verlegen auf den Tisch sieht. »Wir haben durch unser Projekt bei den Behörden hier in der DDR einen Fuß in die Tür bekommen und ich bin sicher, dass es noch weitere Großprojekte für uns geben wird. Persönlich hoffe ich, dass wir schon nächstes Jahr mit dem Bau einer großen Raffinerie in Leuna bei Leipzig beginnen können. Aber lasst uns hier und jetzt den zweiten glücklichen Moment genießen, dass dieses Projekt erfolgreich abgeschlossen ist!«

Sie essen und trinken gut und genießen das Gefühl, das man spürt, wenn eine Arbeit getan ist. Tommy wird das erste Mal bewusst, wie wichtig es für ihn war, an diesem Projekt mitgewirkt zu haben. Wie viel er doch aus dieser Arbeit in einem Team gelernt hat, wo der Leiter nicht versucht hat, die wichtigste Rolle zu spielen, sondern das Team den Weg zum Erfolg hat selbst gestalten lassen. Er versteht immer besser, wie der Projektchef Anders sie behutsam geformt hat und ihnen die nötige Freiheit gab, damit jeder Einzelne wachsen kann. Er erinnert sich: »Es ist noch gar nicht so lange her, als auch Onkel Hans versucht hat, mir das zu erklären.« Wer das Lob bekommt, spielt keine Rolle. Wenn ein guter Leiter richtig führt, dann bekommt schlussendlich jeder die Wertschätzung, die er verdient. Wenn nicht, bringt es langfristig nicht den gewünschten Erfolg. Was seiner Erfahrungen nach die Schweden von den Deutschen unterscheidet, ist, dass es hier in Deutschland mehr Vorbereitungen, mehr Übungen und kleine, kleine Verbesserungen gibt, die zum Ergebnis führen, während das Modell, das Anders und sein Team anwenden, mehr auf Freiheit und dem Recht aufbauen, auch mal Fehler machen zu dürfen, die dann korrigiert werden.«

Tommy ist so in seine Gedanken vertieft, dass er die sonnengebräunten deutschen Frauen nicht bemerkt, die sich einen Platz im Nachtclub erkämpft haben, um zu einer Welt zu gehören, die sie selten besuchen können. Sie schauen auf den Tisch mit den für sie exotischen Schweden, die aber nicht so aussehen, als hätten sie irgendwelche Ambitionen, mit ihnen ein spannendes Abenteuer zu beginnen. Enttäuscht tanzen sie mit sich selbst und denken, dass vielleicht in den Ländern der Freiheit doch nicht alles so gut ist …

Es ist im Prinzip der letzte gemeinsame Abend. Sie sitzen lange und sprechen miteinander und trinken dabei sowjetischen Sekt, der in den exklusiveren Hotels natürlich verfügbar ist. Als sie gemeinsam mit dem Fahrstuhl nach unten fahren, muss Tommy mit einem Lächeln auf den Lippen an den ersten Kuss denken, den ihm Heidemarie in genau diesem Fahrstuhl gegeben hat.

Tommy geht durch die herrliche Sommernacht zum Haus von Onkel Hans, in dem er seit Februar wohnt, als die Behörden auf ihre Beziehung aufmerksam wurden. Er schleicht die Treppe zu dem Teil ihres Hauses hoch und öffnet vorsichtig die Tür. Wie erwartet wacht sie sofort auf und springt aus dem Bett und umarmt ihn.

»Wie war es heute? Hat alles mit der Fähre geklappt? Bist du zufrieden?«

Er strahlt sie an. »Es verlief alles nach Plan und wir feierten mit dem üblichen Team und auch einigen Flaschen Sekt!«

»Aber du hast mit keiner braun gebrannten Schönheit getanzt, die hier gerade Urlaub macht?«, fragt sie streng. »Natürlich nicht, Frau Doktor«, erwidert Tommy, »aber als wir danach mit dem Fahrstuhl nach unten fuhren, konnte ich es mir nicht verkneifen, an eine Frau zu denken, die mir den Kuss meines Lebens gab!« Sie lächelt ihn an und antwortet zärtlich: »Meinst du diesen hier?« Sie vergessen abermals, dass sich ihre gemeinsame Zeit hier in Saßnitz unaufhaltsam dem Ende neigt.

Kapitel 51

Juli 1977 – Abschied

»Ich bin so froh, dass wir noch eine Woche zusammen sein können, bevor dein Visum ausläuft und du zurück nach Schweden musst. Es ist auch eine Möglichkeit für mich, Plätze und Menschen ein letztes Mal zu besuchen, bevor wir gemeinsam dieses Land hier verlassen. Vermutlich dauert es sehr lange, bevor ich zurückkommen kann, und vielleicht ist das niemals möglich«, sagt Heidemarie.

Sie sind in dem roten Saab auf dem Weg nach Warnemünde, wo Tommy die erste Übernachtung im Neptun Hotel gebucht hat. »Glaubst du, dass du es bereuen wirst? Es ist ein endgültiger Beschluss, den wir gefasst haben!«

Sie sieht ihn irritiert an und antwortet: »Nein, wir haben beide über ein Jahr darüber nachgedacht, also gibt es nichts mehr zu überlegen. Klar, ich werde Oma Friede und Onkel Hans enorm vermissen und bestimmt werde ich auch Heimweh bekommen. Aber mit dir in Freiheit zu leben, das ist mir mehr wert, und es ist ja auch deren größter Wunsch, dass ich diesen Weg gehe. Beginnst du wieder zu zweifeln, oder wie?«

«Selbstverständlich nicht. Mein deutsches Ich wird mein zweifelndes schwedisches Ich bekämpfen und alles wird gut!«, antwortet er optimistischer als ihn seine Gefühle spüren lassen.

»So muss es klingen. Es scheint, dass dich Onkel Hans gelehrt hat, mehr vorwärtsgerichtet zu denken und nicht so vorsichtig und rücksichtsvoll, wie ihr Schweden es normalerweise macht.

Ich frage mich übrigens, wie deine schwedischen Landsleute mich aufnehmen werden, so direkt und konsequent, wie ich bin.«

»Mitunter ist es in Schweden besser, wenn man nicht direkt sagt, was man denkt, sondern ein wenig abschwächt. Ansonsten ärgern wir uns vielleicht ein wenig.«

»Du meinst, wenn ich etwas über dich sage, was ich für falsch halte, dann schmollst du mehrere Stunden lang, meinst du das?«

»Ich bin niemals eingeschnappt oder böse auf dich«, antwortet er lächelnd. Sie muss auch lächeln und genießt ihren ersten gemeinsamen Urlaub.

Nach Rostock haben sie Hotels in Berlin und in Dresden gebucht, um zum Schluss zwei Tage mit Oma Friede in Lützen zu verbringen. Als sie auf die Einfahrt des Hotels fahren und das Auto an den in eine Livree-ähnliche Uniform gekleideten Portier übergeben haben, kommt ein junger, gut gekleideter Manager in Tommys Alter auf sie zu und sagt: »Guten Tag, Tommy, und herzlich willkommen. Und das hier ist die entzückende Frau Dr. Jähnert, nehme ich an?« Heidemarie ist verwundert und geschmeichelt über die freundliche Begrüßung.

Der Manager ist Dr. Bernd Zimmermann, stellvertretender Hoteldirektor. Tommy hat ihn und seinen bekannten Chef, Klaus Wenzel, bei den vielen Besprechungen kennengelernt, die sie in diesem von Schweden erbauten Hotel hatten. »Ich hoffe, dass Sie einen schönen Aufenthalt in unserem Haus haben werden. Und wenn Sie heute Abend Zeit haben, so würden Klaus und ich Sie gern zu einem Glas Sekt in die Skybar einladen. Passt es um 19 Uhr?« Heidemarie nickt Tommy kurz zu und er antwortet: »Das klingt ganz ausgezeichnet, Bernd!«

Als sie von ihrem Zimmer in der achten Etage die Aussicht sieht, ist sie begeistert. »Oh Tommy, das ist ja fantastisch, welche Aussicht und das feine Hotel und die Begrüßung. Ich bin so glücklich!«

Er gibt ihr ein Zeichen, dass der Raum vermutlich abgehört wird und sie nickt verstehend zurück, bevor sie fortsetzt: »Es ist schön zu sehen, wie unsere zwei Länder gemeinsam etwas so Wertvolles wie dieses Hotel hier vollbringen können. Es fühlt sich gut an, wenn du hierbleiben kannst und mithilfst, unser Land mit eurer Technologie aufzubauen. Ich helfe dir und unterstütze dich mit allen Kräften.«

»Ja, und dafür bin ich dir dankbar. Das nächste große Projekt, das wir hoffentlich in Leuna durchführen werden, ist ja nicht so weit von Lützen entfernt. Vielleicht können wir da bei deiner Oma wohnen?« Sie grinst, als sie antwortet: »Ja, das ist eine verdammt gute Idee. Es ist schön, wenn wir dort zusammen sein können. Aber jetzt denke ich, dass wir runter an den Strand gehen. Er sieht so verlockend aus.«

Als sie die weiße Fähre sieht, die aus dem Hafen in Richtung Gedser in Dänemark steuert, wo sie in zwei Stunden anlegen wird, fühlt sie stärker als je zuvor, wie sie all die Jahre verdrängt hatte, dass sie wie in einem Gefängnis eingesperrt lebt.

»Wie kann es sein, dass sich 17 Millionen Ostdeutsche damit abfinden, dass sie so behandelt werden, Jahr für Jahr?«, sagt sie plötzlich, als sie auf ihrem Badehandtuch auf dem feinen weißen Sand sitzen. Tommy rückt an sie heran, sieht sich hastig um, ob jemand mithört.

»Das eignet sich jetzt nicht für ein Gespräch!«

Sie sieht ihn verärgert an: »Aber du siehst doch auch die Fähre da?« Sie zeigt verzweifelt auf das weiße Schiff, das langsam nach Norden verschwindet.

»Wenn du da an Bord gehst, hast du in weniger als zwei Stunden ein freies Leben. Wir Ostdeutsche dürfen warten, bis wir Rentner sind, bevor wir an Bord gehen können. Wie ist es denen geglückt, dass wir alle vergessen haben, dass es ein anderes Leben außerhalb dieser Diktatur gibt? Mein früherer Mann und seine Kollegen sind ja nur ein Teil der Unterdrücker. Auch wir tragen durch unser übertriebenes Pflichtbewusstsein und Gehorsam eine Mitschuld. Wie konnte ich nur so dumm sein, dass ich das nicht begriffen habe, bevor ich den naiven Schweden neben mir getroffen habe.« Sie knufft ihn und springt geradeaus in die kühle Ostsee.

In Tommy kommt eine besondere Erinnerung hoch, als sie der im Smoking gekleidete Kellner am Eingang zur Bar empfängt: »Willkommen Frau Doktor Jähnert, willkommen Herr Oskarsson. Darf ich Sie bitten, mir zur Bar zu folgen.« Er denkt umgehend an den Abend und noch mehr an die Nacht, die er hier mit Charlotte vor einer Ewigkeit verbracht hat. Sein Puls steigt und Heidemarie, die natürlich alles sieht, was er tut, und mitunter auch ahnt, was er denkt, fragt besorgt: »Ist alles okay mit dir? Du siehst ein wenig gestresst aus.«

»Nein, es ist alles gut. Ich denke nur daran, dass eine solche Persönlichkeit, wie Klaus Wenzel, sich die Zeit nimmt, uns zu treffen!« Sie sieht ihn etwas skeptisch an, sagt aber nichts mehr. Der junge Hoteldirektor, der nicht älter als 40 ist, sieht aus wie ein sonnengebräunter, blonder Matrose. Und mit seinem charmanten, singenden norddeutschen Dialekt zieht er Heidemarie sofort auf seine Seite. So wie er vor 15 Jahren den damaligen Staatschef der DDR, Walter Ulbricht, oder vielmehr noch seine Frau Lotte dazu brachte, seine Idee vom Bau eines Luxushotels direkt am Strand mithilfe des schwedischen Bauunternehmens Siab zu unterstützen. Jetzt hat er eine Gruppe junger, gut ausgebildeter Talente um sich gesammelt, die nach westlichem Vorbild den Tourismus in der DDR ausbauen wollen. Durch seine guten Kontakte zu höheren Parteifunktionären und vor allem zu dem Chef der KoKo, Alexander Schalk-Golodkowski, hat Klaus Wenzel in kurzer Zeit im Lande den Status einer lebenden Legende erreicht.

»Tommy, wenn ihr nach Dresden fahrt, musst du dir den Platz ansehen, der vor der Ruine der Frauenkirche liegt. Der ist nach unserer Meinung perfekt für ein Fünf-Sterne-Hotel. Das wäre sicher auch ein interessantes Projekt für ABV«, sagt Bernd Zimmermann zu ihm.

»Das klingt sehr spannend. Das werde ich natürlich tun. Hast du eine Lageskizze für mich?«, fragt Tommy pflichtbewusst. Er kann ja nicht sagen, dass er in zwei Monaten das Land für immer verlässt, ohne Möglichkeit zurückzukommen. Er mag Bernd und unter anderen Umständen hätten sie sicher Freunde werden können.

Eine Stunde später sitzen sie allein an einem Tisch am Fenster mit bezaubernder Aussicht über die Ostsee und die Sonne versinkt langsam am Horizont. »Wie nett Klaus ist. Ich habe vergessen, dass es auch deutsche Männer gibt, die höflich und charmant sind. Stell dir vor, wenn solche wie er und dein Freund Bernd in diesem Land mehr zu sagen hätten ... Dann könnte eine Wendung zum Besseren möglich sein. Ich hörte zwischen den Zeilen jedoch heraus, was es für ein Balanceakt ist und der geringste Fehltritt zu einer Katastrophe führen kann. Und worüber hast du mit Bernd gesprochen?« Tommy, der fast ein bisschen eifersüchtig geworden ist, als sie so über Klaus gesprochen hat, erwidert nur kurz: »Über ein neues Bauprojekt in Dresden.«

»Das ist gut. Lass uns da vorbeifahren. Aber jetzt will ich mit dir tanzen.« Das Orchester spielt das nächste Lied und Tommy muss schmunzeln, als er die ersten Töne von Feeling hört. »Warum schmunzelst du?«

»Weil das Leben voll von so wunderbaren Momenten ist.«

Der Unterschied zwischen der frischen Seeluft und der dieselbelasteten Stadtluft in Ostberlin könnte nicht größer sein. Sie laufen Unter den Linden entlang bis zum Brandenburger Tor, das Heidemarie ein letztes Mal sehen will, bevor sie das Land vermutlich für immer verlässt, wenn nicht die Mauer irgendwann in der Zukunft geöffnet wird.

»Ich hoffe, dass wir eines Tages durch dieses Tor gehen können, ohne das Leben riskieren zu müssen. Wäre das nicht fantastisch? Das ist etwas, was ich von ganzem Herzen will. Das sollten wir nie vergessen, Tommy, wenn die Probleme zu Hause in Schweden die Erinnerung an diese Stunden verblassen lassen.« Er sieht sie erstaunt an und sagt: »Ach, bist du zu Hause in Schweden? Das ist das erste Mal, dass ich das von dir höre. Jetzt bin ich überrascht!«

»Warum? Das haben wir geplant und so wird es kommen. Daran besteht kein Zweifel!«

Heidemarie hat Tommy am Nachmittag allein gelassen und ist in den Stadtteil Prenzlauer Berg gefahren, um ihren jährlichen Pflichtbesuch bei ihrer Mutter zu machen. Als sie von der Küste nach Berlin gefahren sind, hat sie Dinge über ihre Kindheit und ihre Eltern erzählt, die er nie zuvor gehört hat. Es war eine traurige und auch ein wenig emotionale Geschichte über die Beziehung zu ihren Eltern, die er verglichen mit seiner glücklichen, sicheren Erziehung nur schwer nachvollziehen konnte. Das erklärte auch, warum er sie dorthin nicht begleiten sollte und auch nicht wollte.

Im Auto hatte sie gesagt: »Solange ich mich erinnern kann, haben mich meine Eltern bei jeder erdenklichen Gelegenheit zu Oma Friede gegeben. Als ich dann größer wurde, vielleicht dritte Klasse oder so, haben sie mich in den Sommerferien zu Onkel Hans nach Saßnitz geschickt. Meine Mutter ist Lehrerin und eine treue Kommunistin von der schlimmsten Sorte – die Liebe ihres Lebens ist die kommunistische Partei. Mein Vater ist Chemiker und ist das ganze Gegenteil von ihr. Er kümmert sich nicht um Politik, sondern sein großes Interesse im Leben ist seine tägliche Menge Bier und so viele Frauen zu verführen, wie er kann. In diesem Spannungsfeld bin ich in Halle in einer kleinen Wohnung aufgewachsen, die ich schnell hassen lernte. Meine Eltern arbeiteten und verbrachten ihre Freizeit so weit wie möglich getrennt voneinander. Mit mir mussten sie wohl oder übel umgehen, doch ich machte mich besser so wenig wie möglich bemerkbar. Stattdessen wurde Oma Frieda zu meiner Mama und mein Onkel Hans so etwas wie eine Vaterfigur, zu der ich aufblicken konnte. Durch sie erhielt ich so viel Liebe und Wertschätzung und später – das verstand ich aber erst während meines Medizinstudiums – eine große Portion Selbstsicherheit und Selbstdisziplin, was mich vorangebracht hat. Als ich mit dem Studium begann, ließen sich meine Eltern scheiden. Das berührte mich aber nicht. Meine Mutter fand einen neuen Mann hier in Berlin, der ihr Interesse für die Partei teilt. Ich besuche sie einmal im Jahr und jedes Mal schwöre ich mir, dass es das letzte Mal war. Zwischen uns gibt es keine Wärme und kein Gefühl der Zusammengehörigkeit, sondern jedes Mal dieselbe Propaganda, wie gut doch die kommunistische Partei für die Entwicklung Ostdeutschlands sei. Mein Vater, der nach der Scheidung nach Dresden gezogen ist, lebt mit wechselnden Partnerinnen, die meisten in meinem Alter. Du kannst dir ja vorstellen, wie die Besuche verlaufen, wenn jedes Mal eine andere Frau mit am Tisch sitzt und sich an unserer Unterhaltung beteiligen will. Für mich ist es gut, dass wir diese Reise machen. So kann ich einen Schlussstrich unter diesen Teil meines Lebens ziehen. Das kann ich dir garantieren, wenn wir eigene Kinder haben werden, bekommen sie meine ganze Liebe und nicht die kalte Ablehnung, die ich von meinen Eltern erfuhr.«

Nach diesen Erzählungen kann Tommy nun besser verstehen, was sie so selbstsicher und gleichzeitig so zärtlich und liebevoll gemacht hat.

Während Heidemarie ihre Mutter besuchte, nutzte er die Gelegenheit, über den Checkpoint Charlie nach Westberlin zu fahren, um Dinge für Oma Friede und Onkel Hans einzukaufen, die sie brauchten, aber die es im Osten nicht gibt. Als sie am Abend wieder im Hotelzimmer sind – mit Aussicht auf den Fernsehturm am Alexanderplatz –, merkt er sofort, wie niedergeschlagen und traurig sie durch den Besuch bei ihrer Mutter ist. Er versucht, sie so gut er kann, zu trösten, aber sie sagt, dass sie nur Schlaf brauche und am nächsten Tag alles wieder wie gut sei.

Tommy steht auf dem Platz vor der Ruine der Frauenkirche im Zentrum von Dresden. Es ist sein erster Besuch hier und er ist zutiefst beeindruckt, oder eher benommen, von der Mischung aus Schönheit und Zerstörung, was die Stadt an der Elbe kennzeichnet. Dresden liegt wie in einem Kessel, allseitig von Bergen umgeben. Das machte die Stadt auch zu einem geeigneten Ziel für die großen Luftangriffe, denen die Stadt am 13. und 14. Februar 1945 ausgesetzt war, obschon doch der Kriegsausgang längst entschieden war. Tommy liest auf der vor den Mauerresten der Kirche aufgestellten Informationstafel, dass an den zwei Tagen der Bombardierung ca. 25 000 Menschen ihr Leben lassen mussten. Die Ruine der Frauenkirche steht als Mahnung an die nachfolgenden Generationen, niemals wieder einen neuen Krieg zu beginnen.

»Es ist schwer zu verstehen, was dieses Land in den vergangenen 40 Jahren durchgemacht hat. Klar ist, dass die Länder, die Deutschland angegriffen hatte, mit Recht zurückgeschlagen haben und das Ergebnis sieht man deutlich an dieser Stelle. Dass das Land als Strafe geteilt wurde, ist auch logisch. Aber dass nur ein Landesteil eingesperrt ist und in einer Diktatur leben muss, verstehe ich nicht. Das ist das, was Onkel Hans versucht hat, mir zu erklären, nämlich dass auch der östliche Teil Deutschlands einmal begnadigt werden muss ...«

Tommy beginnt, das große Ganze zu sehen und wie die Zeit dafür arbeiten wird, dass Deutschland irgendwann wieder vereint wird. Auf diesen Tag zu warten, ist aber für ihn und Heidemarie keine Alternative. Er spaziert weiter und schaut auf die Skizze von Bernd. Von dem ganzen Areal, das vor der Kirche gesprengt wurde, sind nur die alten Bordsteine übrig geblieben, der Rest ist ein großer trostloser Parkplatz. Auf dieser Fläche haben Bernd und seine Kollegen ein großes Fünf-Sterne-Hotel eingezeichnet, das vielleicht in den kommenden Jahren von ABV mithilfe vieler Schweden gebaut werden wird. »Aber nicht mit mir. Wenn wir den Weg nach draußen nehmen, den wir gewählt haben, dann gibt es keine Wiederkehr.«

Tommy schüttelt den Kopf und wandert weiter zum Gartenlokal unten am Fluss, das sie als Treffpunkt nach ihrem Besuch bei ihrem Vater ausgemacht haben. Sie kommt wie ein Wirbelwind angeschossen und sagt aufgeregt: »Tommy, Tommy, er hat es wieder getan. Was für ein Narr, aber wie schön – so vermeide ich in jedem Fall ein schlechtes Gewissen, wenn ich ihn nie wiedersehen werde.«

Sie setzt sich und wirft ihr Haar nach hinten, um so zu zeigen, was sie fühlt. »Was meinst du? Was ist passiert?«

»Du glaubst es nicht. Er saß mit seiner neuen blonden Flamme mit großen Brüsten in der kleinen, hässlichen Küche. Sie passt in sein übliches Beuteschema. Nicht einmal einen Kaffee bot er mir an und auch kein Glas Wasser! Aber mich fragen, ob ich ihm 200 Westmark borge, das konnte er! Nach einer Weile belanglosen Austausches von nichtssagenden Floskeln bedankte ich mich, wünschte ihnen ein fantastisches, langes, gemeinsames Leben, legte 100 Westmark auf den Tisch und ging!«

Er sieht ihr an, wie aufgeregt sie ist, aber nicht auf die gleiche zerstörende Weise wie am Tag zuvor nach dem Besuch bei ihrer Mutter, mehr eine positive, anregende Empörung.

»Bist du traurig, wenn wir die Übernachtung hier überspringen und direkt zu Oma Friede nach Lützen fahren? Es sind ja nur knapp 25 Kilometer. Wenn du willst, kann ich ja mal deinen feinen Saab fahren. Ich brauche einfach mehr Zeit mit ihr. Ich fühle es einfach, Liebster!« Sie sieht ihn mit ihrem zärtlichsten Blick an und alle seine Gegenargumente sind augenblicklich wie weggeblasen.

»Selbstverständlich, mein Liebling, fahren wir jetzt sofort zu Oma Friede. Aber wenn wir noch heute ankommen wollen, dann fahre doch lieber ich!« Sie gibt ihm einen freundschaftlichen Schubs und sie wenden ihren Blick von der schönen Stadt ab, die sie vermutlich niemals wiedersehen werden.

Oma Friede ist überglücklich, dass sie schon einen Tag früher zu ihr kommen. Sie hat Tommy fast die Rippen gebrochen, so fest hat sie ihn umarmt. »Danke Gott, dass es dich immer noch gibt, Junge. Ich fühle, dass ich nun glücklich sterben kann, an welchem Tag auch immer. Ich weiß nun, dass Heidemarie in guten Händen ist. Ja, ich weiß das, ich sehe es in deinen Augen. Junge, du sollst wissen, dass ich hier in meinem Herzen spüre, dass du alles tun wirst, um sie durchs Leben zu tragen. Aber besiegt zuerst die bösen Kräfte.«

Heidemarie sieht sie streng an: »Aber Oma, du bist ja noch nicht einmal 75 Jahre alt. Du wirst ein langes Leben haben. Morgen werde ich dich sorgfältig untersuchen und sehen, ob du immer meinen Rat befolgt hast!«

»Ja, das wird wahrscheinlich gut sein, kleines Mädchen! Aber lass uns erst zusehen, dass wir etwas in den Magen bekommen!«

Die drei Tage bei Oma Friede wird Tommy niemals vergessen – so viel Liebe, Lachen und Tränen in so kurzer Zeit. So viele Gespräche über alles zwischen Himmel und Erde lassen ihn verstehen, woher Heidemaries Klugheit kommt. Ihre Oma ist eine fantastische Frau, die verfolgt, was in der Welt geschieht. Sie schaut sogar alle Nachrichtensender und politische Reportagen auf den westdeutschen Fernsehkanälen. Sie hat auch eine gute Vorstellung davon, was in der schwedischen Politik passiert.

Als sie am Sonntag gemeinsam beim Frühstück sitzen, bevor sie wieder nach Saßnitz zurückfahren, sagt Oma Friede plötzlich: »Ich werde euch in Schweden besuchen kommen, aber da bleibe ich mindestens sechs Monate!«

Heidemarie blickt erschreckt auf Tommy und erwidert schnell: »Aber Oma, du weißt doch, das dauert Jahre bis dahin!«

»Mitunter denke ich, ich habe dir nicht beigebracht, mich zu verstehen. Ich weiß genau, welche Pläne ihr habt und ich vertraue voll und ganz darauf, dass ihr die richtige Entscheidung trefft. Seht zu, dass ihr wegkommt, und verliert keine Träne mehr. Die brauchen wir, wenn wir uns in Schweden wiedersehen!«, sagt ihre Oma und schaut beide mit einem Blick voller Liebe an. Mit Tränen in den Augen verlassen Heidemarie und Tommy das Haus von Oma Friede und begeben sich auf ihre vierstündige Autoreise nach Saßnitz.

Am gleichen Abend steht Tommy vor seinem gepackten Auto, mit allem, was er nach zwei Jahren in Saßnitz nach Hause mitnehmen will. Er umarmt Heidemarie zärtlich und lange und nickt ihr zustimmend zu als Bestätigung, dass der Plan feststeht und ausgeführt wird. Während der Autofahrt sind sie jedes Detail des

Planes durchgegangen und auch die Alternative, sollte das Wetter am 7. Oktober nicht mitspielen. Er erkennt, dass sie weiß, was sie tun muss, und sie vertraut voll darauf, dass er die kommenden zehn Wochen nutzt, um die einzelnen Schritte des Plans zu üben.

Als die zwei jungen Menschen voneinander Abschied nehmen, steht Onkel Hans etwas im Hintergrund. Und als er an der Reihe ist, von Tommy Abschied zu nehmen, werden plötzlich seine Beine schwer. Voller Tränen in den Augen sieht er Tommy an, den er wie einen Sohn lieben gelernt hat, den er selbst nie hatte.

»Tommy, mein Junge, du weißt nicht, wie sehr du mir geholfen hast, über meine schweren Gedanken hinwegzukommen. Ich weiß, dass du und Heidemarie zusammenkommen und ich hoffe, dass wir uns auch schnell wiedersehen werden. Pass auf dich auf und sei vorsichtig …« Danach versagt ihm die Stimme und er umarmt Tommy nur noch fest.

Eine Stunde später steht Tommy auf dem Achterdeck und sieht, wie Saßnitz langsam aus seinem Blickfeld verschwindet. Er empfindet eine große Traurigkeit, dass die zwei Jahre nun vorbei sind und dass er Heidemarie zurücklassen muss. Mit großem Respekt und einer gewissen Ungeduld freut er sich jetzt darauf, die Flucht zu verwirklichen, die sie so lange geplant haben.

»In zehn Wochen komme ich zurück, verlass dich drauf!«, sagt er sich in Gedanken. Aber sein zweifelndes Ich flüstert ihm ins Ohr: »Aber bist du sicher, dass du nach Schweden zurückkehrst? Die Ostsee ist tief und kalt und voller Feinde!«

Kapitel 52

7. Oktober 1977 – Kreidefelsen

Tommy wartet außerhalb der westlichen Hafenmauer im Hafen von Trelleborg, dass die Fähre MS Skåne den Hafen verlässt, um ihre Reise nach Saßnitz zu beginnen. Es ist fast 18:00 Uhr und in einigen Minuten wird er mit seiner gefährlichen Rettungsaktion beginnen. Die Wetteraussichten für diesen Teil der Ostsee sind günstig mit mäßigem Wind und zeitweilig bedecktem Himmel. Nach Mitternacht soll sich die Wolkendecke auflockern.

In den zurückliegenden Wochen hat er sich dem Training für die geplante Aktion gewidmet – außerhalb von Nynäshamn mit Kurs nach Süden in Richtung Gotland. Das hat gut funktioniert, obwohl das Wetter mitunter sehr schlecht war. Das Boot und die Motoren sind auf Hochleistung getrimmt und von den besten Mechanikern kontrolliert, die er ergattern konnte. Er hat auch ein schweineteures Echolot einbauen lassen. Das braucht er zur Kontrolle, wenn er sich dem Strand nähert.

Er geht zur Beruhigung seiner Nerven die Checkliste durch. Sein Puls ist viel zu hoch und er zwingt sich zu den Atemübungen, die ihm Heidemarie beigebracht hat. Er hört, dass die Fähre ablegt, und er startet die zwei schwarzen Außenbordmotoren, die ihn in den kommenden sechs Stunden zu ihr bringen und beide hierher zurück.

Der Bug der weiß lackierten Fähre erscheint neben ihm. Er kann ihn fast berühren, so nahe fühlt es sich an. Aber er wartet, bis die Mitte des Schiffes ihn erreicht, bevor er hinausgleitet. Er bringt sich so nahe an den Rumpf, wie er sich traut. Die Fähre hat immer noch eine Geschwindigkeit von fünf Knoten und er hat keine Schwierigkeiten, einen Abstand von ungefähr fünf Meter zu halten. Er hat die Steuerbordseite gewählt, weil sich die Mondlandung von dort leichter starten lässt. Er sieht hoch zu den erleuchteten Fenstern und auf die Reling, aber es sind keine Personen oder Besatzungsmitglieder zu sehen. Er vertraut darauf, dass die Konturen seines mattschwarzen Bootes im Hintergrund des schwarzblauen Meeres verschwinden und das Schiffsradar ihn nicht erfassen kann.

Die Fähre beschleunigt nun auf die normale Dauergeschwindigkeit von 16 Knoten. Tommy hat große Mühe, sich neben der Fähre zu halten, hat aber eine Position gefunden, wo er mit den entstehenden Wellen surft.

»Teufel noch mal, das ist schwerer, als ich glaubte. Ich fahre mit den Wellen, da wird es sicher besser«, überlegt er. Er sieht, dass es gut funktioniert, und nun muss er die nächsten drei Stunden so bleiben.

Zur gleichen Zeit kauft Heidemarie auf dem Bahnhof in Saßnitz eine einfache Fahrkarte nach Berlin. Dabei achtet sie darauf, dass sie als Ärztin wiedererkannt wird. Anschließend besteigt sie den Berlinexpress, der um 18:00 Uhr abfährt. Beim ersten Halt in Bergen, der größten Stadt Rügens, schleicht sie sich diskret aus dem Zug und geht rüber zur Bushaltestelle und steigt in den Bus nach Binz ein.

Es war ein schwerer Tag für sie. Sie musste Abschied nehmen von Onkel Hans, ohne ihm sagen zu können, dass sie nicht wieder kommt. Sie zeigten sich einen kurzen Moment bei den offiziellen Feierlichkeiten zum Nationalfeiertag auf dem Platz vor dem Rathaus in Saßnitz und gingen dann nach Hause und aßen früh zu Mittag. Sie erzählte ihm, dass sie am Abend nach Berlin fahren will und im Laufe der nächsten Woche zurückkommen würde. Er hatte sie ein wenig skeptisch angesehen, aber mitgespielt und so getan, als würde er die Geschichte glauben. Sie zog praktische

Kleidung an und packte die notwendigen Sachen in einen abgetragenen Rucksack ein. Als sie sich verabschiedeten, musste sie sich aufs Äußerste zwingen, sich nicht zu verraten. Sie umarmte ihn kurz und ging mit ihren schnellen Schritten hinaus in den Oktoberabend.

In der Messe des ostdeutschen Küstenbewachungsschiffes in Boltenhagen sitzt die Besatzung und feiert den Nationaltag mit einem Abendessen bestehend aus Eisbein und Sauerkraut. Zu Ehren des Tages gibt es auch zwei Bier und zwei Schnäpse Doppelkorn. Der junge Radarfunker, Sven Piefke, hat mit Appetit seine Ration gegessen und getrunken und spürt, wie ihn eine angenehme Müdigkeit überkommt. »Meine Schicht beginnt ja erst in einer Stunde, also kann ich mich noch etwas ausruhen ...«

Sie liegen auf ihrer gewohnten Position an der Grenze zwischen dem internationalen Gewässer und der ostdeutschen Staatsgrenze. Der diensthabende Radarbeobachter sieht, dass die schwedische Fähre MS Skåne wie immer im Fahrplan ist und im festgelegten Korridor in etwas mehr als einer Stunde in ihr Gebiet einfährt. Ansonsten gibt es nichts Interessantes zu berichten.

Oberhalb der Landbefestigung für den Pier in Prora, der vor Kriegsausbruch 1939 nicht mehr gebaut werden konnte, liegen Thorsten Löhmann und Günter Hartmann, beide Soldaten in dem Regiment hier in Prora und verantwortlich für die Grenzbewachung. Sie haben eine geeignete Stelle gefunden und sich in den weichen Sand eingegraben. Sie liegen nun behaglich auf dem Rücken und sehen zu den langsam vorbeiziehenden Wolken hinauf. Weil Nationalfeiertag ist, haben sie sechs Flaschen Radeberger Bier dabei und rauchen jeder eine Zigarette der Marke Kabinett.

»Heute lassen wir es ruhig angehen und genießen das Leben. Hoffentlich stört uns keiner, bevor wir um Mitternacht auf Wache gehen!«, sagt der zwei Jahre ältere Thorsten zu Günter, der gern genau das tut, was ihm gesagt wird. »Das klingt nach einem wirklich tollen Plan. Hier passiert ja nie etwas.« Günter streckt sich etwas und beginnt von seiner Freundin Brunhilde zu träumen, die er schmerzlich vermisst.

»Das hier sieht gut aus. Der Kraftstoffverbrauch ist viel niedriger als berechnet! Es scheint, als würde ich vom Sog der Fähre vorwärtsgetrieben und die Motoren können auf niedrigere Umdrehungen gehen, wie bei meinen einsamen Probefahrten. In einer halben Stunde erreichen wir das ostdeutsche Hoheitsgebiet. Jetzt geht es darum, ganz nahe an der Fähre zu bleiben und nicht die Konzentration zu verlieren«, sagt Tommy zu sich selbst.

Er späht nach rechts und sieht ein beleuchtetes Schiff, vermutlich eines der Grenzboote, die die Grenze überwachen. Er vertraut darauf, dass die Besatzung ausreichend müde ist, wenn er hier in einer Stunde wieder vorbeikommt. »Ich hoffe, dass sie nichts Verdächtiges auf ihrem Radar entdecken. Jetzt wo ich so nahe an der Fähre bin, kann es eigentlich unmöglich sein«, denkt er, aber lässt den Gedanken sofort fallen und konzentriert sich auf den einzuhaltenden Fünf-Meter-Abstand vom weißen Bug.

Heidemarie geht mit schnellen Schritten durch Binz bis nach Prora. Es ist acht Uhr abends und sie liegt genau im Zeitplan. Sie hat ein altmodisches Tuch auf dem Kopf und einen alten, abgenutzten Mantel an, damit sie nicht erkannt wird. Es ist doch tatsächlich ihr eigener Hinterhof, nicht nur bildlich gesprochen, an dem sie vorbeigeht. Er gehört zum reetgedeckten Haus, in dem sie mit Andreas gewohnt hat.

»Es fühlt sich wie eine Ewigkeit an, wie aus einem anderen Leben«, denkt sie, als sie das unbewohnte Haus sieht, dass einsam dort steht, wo der Kiefernwald beginnt, der den Strand von den großen Gebäuden trennt, die sich nach links auftürmen. Sie befindet sich am südlichen Ende des einstmals geplanten Urlaubsparadieses Prora. Sie geht vorsichtig durch den Wald, um zu vermeiden, dass sie in eine Militärstreife gerät. Aber das Risiko besteht nicht unmittelbar, vor allem nicht jetzt am Abend, wo die meisten, die keinen wichtigen Auftrag haben, in irgendeiner Form den Nationalfeiertag feiern.

Sie erreicht den gut geschützten Punkt, den sie zuvor ausgewählt hat, und deckt die vorbereitete Grube ab. Sie holt ein sorgfältig verpacktes Paket heraus, das den schwarzen Neoprenanzug enthält, den Tommy von den Tauchern des Fährhafens organisiert hat. Die Sachen, die sie getragen hat, legt sie in die Grube und deckt sie gründlich wieder ab. Sie kontrolliert, ob sie alle notwendigen Dinge, die sie auf der letzten Etappe auf ostdeutschen Boden braucht, greifbar hat.

Die Fähre fährt nun an den weißen Kreidefelsen vorbei und Tommy guckt nur kurz nach oben, denn er hat keine Zeit zu verlieren bei den letzten Vorbereitungen zur Mondlandung. Der Kompass ist auf 191 Grad eingestellt und die beiden Chronometer auf null. Das Echolot funktioniert und wird ihm eine große Hilfe sein, wenn er sich dem Strand nähert. Er hat sich entschieden, bei einer Wassertiefe von einem Meter und zwanzig Zentimetern zu wenden. Das ungleiche Paar, die große Fähre und der kleine, mattschwarze Fjordling gleiten nun gemeinsam langsam und sicher in Richtung der den Wendepunkt markierenden Boje, wo die Fähre beginnt, rückwärts in das Fährbett einzuparken. Tommy beginnt dort seinen Sprint zum Festland in Prora.

Sie steht nun dicht neben der Kaimauer bis zu den Knien im Ostseewasser. Sie empfindet, dass das Wasser noch immer etwas von der Sommerwärme hat. In ihrem schwarzen Wasseranzug und mit ihrem mit schwarzer Kohle eingeriebenen Gesicht wird sie im Dunkeln nicht gesehen. Auf dem Rücken trägt sie den alten Rucksack mit ihren wichtigsten Habseligkeiten, wasserdicht in einen Plastebeutel von ICA in Trelleborg eingepackt. In der Hand hat sie die starke Taschenlampe mit Halogenlicht, das Tommy zu ihr führen soll.

Plötzlich hört sie ein Stück von ihr entfernt Wasser von der Spitze der Stützmauer plätschern. Sie hört eine tiefe Männerstimme, die sagt: »Verflixt ist das schön, ins Meer pinkeln zu können, ohne dass es jemand sieht. Solltest du auch probieren, Günter, oder hast du so eine große Blase? Mehr als zwei Bier schaffe ich nicht«, sagt Torsten, der gerade sieht, dass sich die Fähre ihrem Ziel in Saßnitz nähert. »Jetzt kommt die Fähre, aber da scheißen wir drauf. Komm, wir legen uns wieder hin und du erzählst mir, was du mit Brunhilde alles anstellst, wenn du auf Urlaub nach Hause fährst!«

Heidemarie wird starr, als sie die Stimmen von oben hört, die vermutlich von irgendeiner Militärstreife kommen. Aber sie kann nichts dagegen tun. Es bleibt nur, auf das Glück zu hoffen und dass die geilen Männer da oben mehr an Brunhilde denken, als daran, Republikflüchtlinge zu stellen. Sie erkennt nun, dass die Fähre steht, startet ihr Chronometer und geht hinaus in das dunkle Wasser in Richtung der Boje, die am Horizont blinkt. Das hat sie bereits im flachen Wasser ausprobiert. Sie hat nun nur noch exakt fünf Minuten, bis Tommy sie aufnimmt. Sie zweifelt keine Sekunde daran und geht nun Schritt für Schritt weiter. Die Stoppuhr zeigt nun vier Minuten an und sie schaltet die blinkende Handlampe ein.

Genau in dem Moment, wo die Fähre die Boje erreicht, startet Tommy seine Stoppuhr und gibt den ausgeruhten Mercury-Motoren Vollgas. Er beschleunigt in wenigen Sekunden auf 45 Knoten und fliegt jetzt förmlich über die Wellen. Sein Gehirn funktioniert wie ein Autopilot und er hat keine Angst, nur das Gefühl, wie in einem Tunnel zu sein. Der Himmel ist nur teilweise von Wolken bedeckt und der Mond beleuchtet schwach die leichte Wellenbewegung in der Binzer Bucht. Im Hintergrund sind die schwachen Lichter der kleinen Stadt Binz zu sehen. Nach vier Minuten sieht er genau vor sich ein Licht, das er niemals vergessen wird. Es ist das schnell blinkende Licht der Handlampe, die er ihr gegeben hat. Er liegt genau auf Kurs und es dauert eine weitere Minute und vierzig Sekunden, bevor er auf Leerlauf schaltet. Das Boot bleibt fast stehen und gleitet an das blinkende Licht heran. Das Echolot zeigt drei Meter, zwei Meter … er sieht den Schatten einer dunklen Gestalt zwanzig Meter vor sich und wendet den Fjordling.

Sie steht bis zur Taille im Wasser, als sie ein dumpfes Knurren oder eher ein Heulen vom Meer hört, das plötzlich verschwindet. Sie sieht ein schwarzes, kleines Boot auftauchen, das wendet, und nun sieht sie auch, dass der Mann an Bord eine Leiter am Heck herunterlässt und ihr die Hand ausstreckt, um ihr an Bord zu helfen. Sie sieht hoch und trifft seine glücklichen Augen. Sie fühlt in diesem Augenblick eine Wärme und Zugehörigkeit, die sie für den Rest des Lebens in sich tragen wird. Dieser Augenblick dauerte nur einige Sekunden. Danach sagt er mit energischer Stimme: »Setz dich dahin und wirf den Rucksack vorn ins Rettungsboot. Zieh dir die Rettungsweste über und schnall dich an.«

Bevor sie antworten kann, klappt er die Heckleiter ein und setzt sich schnell auf seinen Sitz. Er stellt seine Chronometer auf null, wirft einen Blick auf die Checkliste, die am Instrumentenbrett festgemacht ist, und stellt den Kurs für die nächsten zwei Minuten ein. Er gibt wieder Vollgas und nun ist ihr klar, warum sie sich anschnallen musste. Der Schock über die plötzliche Beschleunigung und Geschwindigkeit, mit der das kleine Boot über das Wasser fliegt, macht sie fast atemlos. Sie ist nicht fähig, etwas zu sagen. Das wäre auch völlig bedeutungslos, da sie sieht, wie er mit seiner Navigation beschäftigt ist.

Nach der langen Rechtskurve haben sie wie geplant den gleichen Kurs, dem die Fähre folgt. Als sie den Königstuhl passieren, leuchten die weißen Kreidefelsen im Mondlicht und sie ist hingerissen von dem Anblick und denkt daran, was sie vor eineinhalb Jahren da oben gesagt hat. Er unterbricht abrupt ihre Gedanken, als er ihr auf die Schultern klopft: »Du musst mithelfen und gucken, ob vor uns irgendwelche Hindernisse sind. Schau einfach nach vorn und warne mich, wenn da draußen etwas ist«, schreit er, um die heulenden Monster hinter ihnen zu übertönen. Sie macht, was er sagt, und starrt auf das vom Mond beleuchtete Meer vor ihr. Es geht so schnell, dass sie Schwierigkeiten hat, etwas deutlich zu erkennen, und die Wellen tun ihr Übriges und bringen alles zum

Schwanken. Sie verlassen die Insel Rügen und nähern sich sehr schnell dem letzten tödlichen Hindernis vor der Freiheit.

Der noch immer müde Sven Piefke sitzt und glotzt den ereignislosen Radarschirm vor ihm an. Er erlaubt sich, von dem Leben nach seiner dreijährigen Dienstzeit bei der Marine zu träumen. Er sieht sich selbst in weißer Uniform auf der Brücke eines Schiffes der Handelsflotte und wie er den schönen Frauen auf dem Kai in Havanna zuwinkt. Er sieht das kleine Echo nicht, das mit 45 Knoten über seinen Radarschirm huscht und ostdeutsches Territorium verlässt, um die Fahrt in das internationale Gewässer mit Kurs auf Trelleborg fortzusetzen.

Plötzlich vermindert Tommy die Geschwindigkeit und die Fahrt wird angenehmer. Sie schaut ihn ängstlich an, aber er lächelt nur zurück und sie fragt: »Ist etwas falsch?«

Er nimmt ihre Hand und sagt mit viel Wärme und Liebe, die er innerlich fühlt: »Willkommen in der Freiheit, mein Liebling!«

Epilog

Am Donnerstag, den 9. November 1989 öffnete Günter Schabowski, Mitglied des ostdeutschen Politbüros und Sprecher, unbewusst die seit dem 13. August 1961 geschlossene Mauer. Auf der Pressekonferenz der neugebildeten Regierung stellte der italienische Journalist, Riccardo Ehrmann, eine Zusatzfrage zu Schabowskis komplizierter Erklärung, wie das neue Ausreisegesetz gehandhabt werden wird.

Günter Schabowski blätterte verwirrt in den Zetteln, die er vor sich liegen hatte, und erklärte: »Wir haben beschlossen, eine Regelung einzuführen, die es jedem Bürger ermöglicht, über die ostdeutschen Grenzstationen aus dem Land zu reisen.« Ein erstauntes »Aaahh« ging durch den Saal und der aufgeweckte deutsche Journalist, Peter Brinkmann, bohrte weiter und fragte: »Ab wann gilt dieses Gesetz?«

Schabowski schob seine Brille auf die Stirn und suchte weiter in seinen Papieren und antwortete mit einem der berühmtesten Versprecher des letzten Jahrhunderts: »Das tritt nach meiner Kenntnis umgehend, sofort in Kraft.« Einige Stunden später überrannten Hunderttausende Ostdeutsche die überraschten Grenzsoldaten, die freiwillig die Schlagbäume öffneten.

Nachdem Michail Gorbatschow 1985 Generalsekretär der KPdSU geworden war, hatten sich die sowjetischen Gefolgsstaaten schrittweise zu mehr Selbstständigkeit entwickelt. Die ostdeutsche Regierung unter Leitung von Erich Honecker stand der für sie erschreckenden Entwicklung ablehnend gegenüber. Während vor allem Polen und Ungarn diese neue Freiheit für Reformen und

Modernisierung nutzten, blockierten Honecker und sein Politbüro alles Neue.

Im Frühjahr und Sommer 1989 öffnete Ungarn seine Grenze nach Österreich und eine große Anzahl Ostdeutscher hatten nichts Eiligeres zu tun, als dies auszunutzen. Im Herbst wurde die Entwicklung durch große Proteste in den ostdeutschen Städten verstärkt, wo die Bürger, ermutigt von dem Wechsel in Moskau, auf die Straße gingen und riefen: »Wir sind das Volk.«

Im Zusammenhang mit den Feierlichkeiten zum Nationalfeiertag am 7. Oktober in Ostberlin sagte Gorbatschow zu den anwesenden Journalisten etwas wie: »Wer zu spät kommt, den bestraft das Leben.« Kurze Zeit danach wurde Honecker abgesetzt und der historische Prozess der friedlichen Wiedervereinigung von Deutschland konnte am 3. Oktober 1990 vollendet werden.

In der Zeit von 1968 bis 1989 führten die schwedischen Bauunternehmen Siab, ABV und JCC eine große Anzahl an Projekten in der DDR durch. Unter anderem wurden Hafenanlagen, Hotels und Industrieanlagen gebaut. Die meisten Projekte hatten eine ausgezeichnete Rentabilität und stärkten die Zusammenarbeit zwischen beiden Ländern. Diese Verträge halfen der zeitweilig unter einer Rezession leidenden schwedischen Bauindustrie sehr. Die Arbeit im Ausland war aber auch für schwedische Bauarbeiter und Ingenieure eine gute Möglichkeit, vorteilhafte Anstellungsverträge und ein befristetes Leben in einem ganz anderen Umfeld zu bekommen, jedoch mit begrenzten Kontakten zur DDR-Gesellschaft.

Genau wie in der fiktiven Beschreibung von Heidemaries und Tommys Liebesgeschichte, entstanden eine große Anzahl an Ehen zwischen schwedischen Männern und ostdeutschen Frauen. Moralisch kann man sich die Frage stellen, ob es von schwedischen Bauunternehmen richtig war, einer Diktatur, wie der DDR, zu helfen und dazu noch zu stärken. Es gibt keine eindeutige Antwort auf diese Frage, aber ein Aspekt ist, dass es der von Egon Bahr entwickelten Politik entsprach. Egon Bahr war ein westdeutscher SPD-Politiker und Architekt der westdeutschen Ostpolitik. Demnach sollte eine Annäherung durch Handel die DDR zu einer demokratischeren Staatsform verändern.

Vielleicht waren die vielen Bauprojekte ein kleiner Beitrag zum großen Ganzen, sodass die Mauer endlich 1989 geöffnet werden konnte. Von 1961 bis 1989 gelang es 40 000 Menschen, über die innerdeutsche Grenze und die Ostsee nach Westdeutschland und Westberlin zu fliehen. Es gibt keine zuverlässigen Zahlen, wie viele ihr Leben beim Fluchtversuch verloren, aber eine realistische Ziffer liegt bei rund 1 000 Todesopfern.

Nach den verfügbaren Zahlen versuchten 5 600 ostdeutsche Bürger über die Ostsee zu fliehen, wie auch die fiktiven Hauptpersonen in diesem Buch. Zuverlässige Quellen berichten, dass es davon 901 Menschen gelang, bis nach Dänemark oder Schweden zu kommen. Mindestens 170 verloren ihr Leben beim Versuch über die Ostsee in die Freiheit zu gelangen. Die übrige Mehrheit landete im Gefängnis.

Das Buch schildert relativ wahrheitsgemäß die technische Errichtung der Fähranlage in Saßnitz. Die Figuren sind dagegen reine Fantasiegebilde des Verfassers und Ähnlichkeiten zu tatsächlichen Personen sind bloßer Zufall.

Für die Neugierigen, die gern wissen wollen, was mit den Hauptfiguren des Buches nach deren Flucht im Jahr 1977 geschah, so glaubt der Verfasser, dass folgendes Szenario am wahrscheinlichsten ist:

Walter Mahlstedt konnte das schreckliche Gefängnis in Bautzen nach eineinhalb Jahren verlassen. Der schwedischen Regierung gelang der Austausch gegen zwei ostdeutsche Spione, die versucht hatten, Betriebsgeheimnisse in einer Anzahl schwedischer Unternehmen in Erfahrung zu bringen. Er kam als gebrochener Mann zurück, ließ sich im Wald außerhalb von Markaryd nieder und startete ein Unternehmen mit Elchsafari als tragende Idee. Er kehrte niemals mehr nach Deutschland zurück. Nach der Wiedervereinigung wurde in den schwedischen Medien bekannt, welche

Rolle er in der DDR hatte und das bedeutete das Aus für Walter. Er nahm sich 1991 das Leben.

Andreas Jähnert erkannte bereits 1986, wie sich alles entwickeln würde. Er sorgte dafür, dass seine Personalakte bereinigt wurde von den verschiedenen illegalen Aktionen, an denen er beteiligt war. Er vernichtete konsequent sensible Dokumente. Nach Deutschlands Wiedervereinigung gründete er ein sehr erfolgreiches Unternehmen mit Fokus auf Sicherheit und Bewachung. Das Unternehmen wurde Ende der neunziger Jahre von einem weltweit führenden Unternehmen in der Sicherheitsbranche mit Hauptsitz in Stockholm aufgekauft. Dadurch wurden Andreas und Marlene und ihre zwei Kinder außerordentlich vermögend.

Onkel Hans fand am Ende Ruhe und Liebe. In einer Delegation von Waldbesitzern aus Bayern, die ihn auf Rügen 1990 besuchte, gab es eine Frau aus Rosenheim in seinem Alter. Sie hatte ein Jahr zuvor ihren Mann bei einem Unglück in einem ihrer Waldgebiete verloren. Die lebhafte Frau aus Süddeutschland und der stille Mann aus dem Norden leben nun zusammen auf ihrem Hof außerhalb von Rosenheim. Das Haus in Saßnitz schenkte Onkel Hans Heidemarie und Tommy.

Oma Friede besuchte Heidemarie und Tommy und deren Kinder bis zu ihrem Tod 1988 jedes Jahr in Schweden. Leider erlebte sie die deutsche Wiedervereinigung nicht mehr, die sie sich so herbeigesehnt hatte. Sie war jedoch froh, dass ihre geliebte Enkelin in Schweden in Freiheit leben konnte. Gemeinsam mit »dem Mann, den der Himmel geschickt hat«. Oma Friede wurde niemals müde, Tommy so zu nennen. Bei ihren Besuchen lehrte sie den Kindern von Tommy und Heidemarie nicht nur ein feines Deutsch, sondern auch die im Leben wichtigen Werte zu respektieren.

Heidemarie und Tommy schweißte ihre erfolgreiche Flucht nach Schweden noch mehr zusammen. Die Stasi untersuchte lange und gründlich ihre Flucht, aber fand keine direkte Antwort, wie sie die DDR verlassen hat. In ihrem Schlussbericht gaben sie an, dass sie vermutlich irgendeine berufsmäßige Fluchtorganisation benutzt hat, um über Ostberlin nach Westberlin zu fliehen.

Nie kam irgendein Verdacht zu Tommys und Heidemaries Flucht über die Ostsee auf. Onkel Hans wurde in langen Verhören in die Mangel genommen, aus denen sich aber nichts ergab, was auch logisch war, da Tommy und Heidemarie ihn nicht in ihre Pläne einbezogen hatten.

Nach der Ankunft in Schweden und einer intensiven Sprachausbildung wurde Heidemarie als Ärztin im Krankenhaus in Örebro angestellt. Durch ihre deutsche Art fand sie viele Freunde. Es gab aber auch welche, denen ihre Dreistigkeit und das Vermögen, immer ihre Meinung zu sagen, nicht gefielen. Ihre neuen Schwiegereltern liebten sie vom ersten Tage an. Das Leben in Freiheit war für beide wunderbar. Sie bekamen zwei Kinder und feierten die deutsche Wiedervereinigung mit großer Freude und Dankbarkeit.

Sie reisten Weihnachten 1989 mit der MS Skåne zu Onkel Hans nach Saßnitz und sahen nach zwölf Jahren zum ersten Mal wieder die kleine Stadt und ihren geliebten Onkel, Tommys großes Vorbild und Freund. Sie fühlten sich schon nach einigen Tagen in dem großen Holzhaus wieder wie zu Hause. Im Sommer 1990 zogen sie zurück nach Deutschland und sie eröffnete eine Arztpraxis im Erdgeschoss des Hauses.

Ja, genau, es gab ja auch noch Charlotte. Ein halbes Jahr nach ihrer Flucht bekam sie einen blonden Jungen, den sie auf den Namen Tommy taufte. Sie lebte mit ihrer amerikanischen Familie und drei Kindern in einer Vorstadt von Washington. Sie arbeitete als Sportlehrerin und war mit ihrem Leben sehr zufrieden. Seit ihrer Flucht hatte sie Deutschland nicht wieder besucht. Wenn sie mitunter auf ihren ältesten Sohn blickte, dachte sie an die Tage am schönen See bei Berlin zurück, mit dem komischen Namen, den sie vergessen hatte. Aber den naiven blonden Schweden, der tief in ihrem Herzen war, würde sie nie vergessen. Den liebte sie noch immer...